本书受国家社会科学基金项目“灌区农业水价政策绩效评估与优化研究”（12CJY064）的资助

湖南农业大学经济学院学术文库

灌区农业水价政策绩效评估与优化研究

Study on Performance Evaluation and Optimization of Agricultural Water Price Policy in Irrigation District

黎红梅◎著

经济管理出版社
ECONOMY & MANAGEMENT PUBLISHING HOUSE

图书在版编目（CIP）数据

灌区农业水价政策绩效评估与优化研究/黎红梅著．—北京：经济管理出版社，2019.6
ISBN 978－7－5096－6640－1

Ⅰ.①灌…　Ⅱ.①黎…　Ⅲ.①农田灌溉—水价—物价政策—研究—中国　Ⅳ.①F726.2

中国版本图书馆 CIP 数据核字(2019)第 112016 号

组稿编辑：曹　靖
责任编辑：曹　靖　王　洋
责任印制：黄章平
责任校对：王淑卿

出版发行：经济管理出版社
（北京市海淀区北蜂窝 8 号中雅大厦 A 座 11 层　100038）
网　　址：www.E－mp.com.cn
电　　话：(010) 51915602
印　　刷：三河延风印装有限公司
经　　销：新华书店
开　　本：720mm×1000mm/16
印　　张：14.25
字　　数：248 千字
版　　次：2019 年 10 月第 1 版　　2019 年 10 月第 1 次印刷
书　　号：ISBN 978－7－5096－6640－1
定　　价：68.00 元

目　录

第一章　导论

第一节　选题背景、意义和研究目标

一、选题背景

自 20 世纪 90 年代中后期开始，资源安全问题逐渐成为社会各界关注的焦点。资源安全成为一个国家或地区可持续发展的重要保障，这引发了诸多国家对矿产资源、水资源、石油及粮食等涉及国家安全的战略性资源的高度关注。

兴水利、除水害，事关经济发展、社会进步、人类生存，历来是治国安邦的大事。水资源一直是人类生存的物质基础，是经济社会发展的前提，是实现经济社会可持续发展的保障。随着全球经济的发展，人口的不断增加，城市日渐增多和扩展，各地用水量不断增多，水资源的开发与利用在趋近极限的情况下仍不能满足当今社会发展的需求。

水资源紧缺与浪费现象严重及生态环境的恶化是中国用水紧张的基本特征，成为国家经济建设发展的瓶颈。我国水资源分布极不均衡，地域分布差异较明显，淡水资源仅占全球水资源的 6%。近年来，我国人均水资源拥有量仅为 2200 立方米，仅占世界平均水平的 1/4，是全球 13 个人均水资源最贫乏的国家之一。预计在未来的 20 年里，随着人口的持续增加，我国人均水资源量可能会下降至 1760 立方米，逐渐向国际公认的严重缺水警戒线（1700 立方米）逼近。这预示着我国水资源的紧缺性将进一步突显（李含琳，2012）。

我国是农业大国，农业用水消耗的水资源占水资源供给总量的60%以上。2016年，我国社会发展全年用水总量为6040.2亿立方米，其中，生活用水占总用水量的13.6%，工业用水占21.6%，农业用水3769.08亿立方米，占比达62.4%，人工生态环境补水（仅包括人为措施供给的城镇环境用水和部分河湖、湿地补水）占2.4%（2016年中国环境公报）。随着我国经济的持续稳定发展和城市化进程的不断推进，工业用水与生活用水势必将大幅度提升，在总量有限的情况下，农业用水肯定会被挤占，农业水资源将出现负增长，供需矛盾将更为突出。市场在资源配置中起决定性作用，价格调节可以使资源配置达到最优状态。但农业水资源与农民和国家粮食安全紧密相连，农业水资源的价格又需要政府发挥更好的引导作用。

目前，我国农业灌溉水价大多采用政府主导定价。由于农业生产是扶持产业，因此农业灌溉用水在定价过程中，既要兼顾灌溉农业发展的重要作用，又要兼顾考虑农业用水户对农业灌溉水价的承受能力，这就造成农业灌溉水价只占到供水工程成本的一半左右。政府主导农业灌溉用水定价，一方面，供水工程成本得不到足额收益进行成本补偿，供水单位财务长期处于亏损状况，供水工程也没有足额资金对灌溉设施进行维护和保养，造成供水工程年久失修，老化严重，不利于我国水利事业的持续健康发展，不利于保障国家粮食安全和主要农产品供求平衡；另一方面，由于用水户的水商品意识还不成熟，农业灌溉水价过低容易造成水资源浪费严重，与目前节约用水的主流相违背，不利于节约水资源。因此，现行农业灌溉水价过低，对供水单位及农田水利基础设施的良好运行存在严重制约，对保障国家粮食安全，大力推进农村农业现代化、全面实现乡村振兴有制约作用，加强对水资源的保护利用，促进节约用水，对于人类社会的可持续发展非常重要。

近些年，国家将农业水价改革放到保障国家粮食安全的高度。《水利工程供水价格管理办法》的实施将改“水费”为“水价”，从根本上解决了水利工程供水的商品属性和价格管理地位。2001年，国家计委会同水利部、农业部印发的《关于改革农业用水价格有关问题的意见》（计价格〔2001〕586号文）指出充分考虑农民承受能力是进行农业水价改革应坚持的基本原则，农业水价的改革须与供水管理体制的改革、渠系的改造、计量方式的改善等配套措施共同实施。2004年4月，中共中央、国务院办公厅下发《关于推进水价改革促进节约用水保护水资源的通知》，要求积极推进水价改革。但水价改革不是简单的提价或降价，而是一项综合性的系统工程，还应包括如何补偿、如何激励建设水利设施等。2005 年 4 月 29 日，在全国水价改革与节水工作电视电话会议上，曾培炎副总理着重强调推动水价改革与节水工作是维护广大人民群众根本利益的重大举措。2010 年国务院批准的国家发展改革委员会关于《2010 年深化经济体制改革工作意见》中明确提出“推进农业节水与农业水价综合改革”。2014 年 6 月，汪洋副总理专题部署农业水价综合改革工作。按照国务院部署，2014 年 10 月，国家发展改革委、财政部、水利部、农业部联合，在全国 27 个省（自治区、直辖市）、80 个县（市、区）启动了深化农业水价综合改革试点工作。2016 年 1 月国务院办公厅正式印发，为今后一个时期农业水价综合改革工作提供了基本遵循。历年来国家的高度重视，为农业水价改革提供了强大动力。这一系列举措表明了国家坚定不移地推进农业水价综合改革的决心。

我国新时期农业农村工作中的一个重大突破是实施农业水价综合改革，这对保障农村社会安定及维护农户利益起到了显著作用。自从实施该项改革措施以来，引起了全社会的极大关注，怎样更加合理地实施灌溉农业水价改革，既能保障农户的利益和国家的粮食安全，又能体现水资源价值、保障水安全。自实施改革以来，是否实现了预期的效果。解决上述问题需要不断地对农业水价政策进行补充、完善和创新，同时也需要科学地对其进行评估和分析，找出其中的不足加以解决。政府部门也十分关注农业水价综合改革的绩效评估，最近几年也有部分地方政府开始进行农业水价政策绩效评估，这对于农业水价综合改革的发展与完善具有重要意义。

二、研究意义

随着人口的持续增加、经济的快速发展，农业、工业、居民生活、环境等各方面的用水量不断增加，水资源的不可再生性、用水过程中的严重浪费等问题使水资源总量不断减少，水资源供需矛盾进一步加剧。仅靠工程手段、技术手段等已无法完全缓解水资源的供需矛盾。据此，各级政府将灌区管理、用水管理、节水制度及政策等措施逐渐提上议程。在此情况下，对农业水价政策绩效从不同视角进行评估，并不断完善和创新农业水价政策。

理论上，研究农业水价改革绩效有利于扩展公共政策绩效评估的范围，丰富公共政策绩效评估理论的研究内容。虽然农业水价政策是我国的一项重要公共政策，但我国目前缺少农业水价政策绩效评估体系。因此，对我国农业水价政策进行绩效评估探讨，可以进一步丰富公共政策绩效评估理论。

实践上，农业水价作为促进农业节水的重要经济杠杆，是农业用水与其他相关部门的重要经济纽带，农业水价的高低关系到灌区供水管理单位的生存与发展、农田水利工程的正常维修、养护与持续利用、农民增产增收、国家的粮食安全以及我国农用水利事业的发展等。同时，合理的农业水价也将会在促进现代农业农村的快速发展、提高用水户的节水意识和环境保护意识、提高农业用水效率等方面产生积极作用，最终实现灌区农业水资源的优化配置与可持续利用以及生态农业的发展。因此，以灌区供水管理单位的实际情况、农业用水供给与需求状况及当地水资源状况等为现实基础，对具体灌区农业水价政策进行全面系统评估将具有重要的现实意义。

三、研究目标

本书的总体目标在于运用管理学、经济学、社会学、生态环境学、系统论的理论和方法，基于实地调查，从不同视角构建我国农业水价政策绩效评估的指标体系，评估我国农业水价政策实施效果，分析存在的不足和问题，借鉴国际先进的经验，建立合理的农业水价确定、费用分担、激励补贴机制，完善农业水价管理制度设计，优化农业水价政策。为推进农业水价综合改革，对实现国家粮食安全、农户增产增收、提高农业用水效率、实现农业水资源优化配置与可持续利用以及维持农业健康稳定发展提供理论和实证支持。

为实现研究的总体目标，本书的阶段性目标如下：

目标一：梳理农业水价政策进行科学评估的理论基础，主要包括水资源价值理论、公共物品理论、可持续发展理论和公共政策绩效评估理论，并总结归纳这些理论思想对本研究的启示，为科学评估农业水价政策绩效寻求理论依据。

目标二：对我国农业水价政策演变历程进行回顾，深入思考我国农业水价政策改革的基本目标，以新一轮的农业水价综合改革为例，分析农业水价综合改革的成效，剖析农业水价综合改革面临的困境，为构建农业水价政策绩效评估指标寻求现实依据。

目标三：对灌区农业水价形成机制进行理论分析和现实考察。基于农业灌溉水既有商品性质又有准公共物品性质的特性，分别从供给者和需求者角度，深入讨论灌区农业水价市场定价机制存在失灵现象，同时分析农业灌溉水的正外部性成本，探寻农业水价综合改革在充分发挥市场机制作用的同时，如何更好地发挥政府作用的农业水价形成机制。

目标四：基于实地调研数据，分别从农户支付能力视角、种植结构优化视角和多维综合视角，构建灌区农业水价政策绩效评估指标，对我国灌区农业水价政策的绩效进行实证评估，并分析存在的问题。

目标五：基于灌区农业水价形成机制的分析和不同视角对灌区农业水价政策绩效评估的过程和结果，为灌区农业水价政策优化提出相应的政策建议。

第二节 国内外研究动态

一、国内研究动态

长期以来我国实行全民补贴的低水价政策，不仅造成供水单位成本回收困难，难以对灌区水利设施进行维修和保护；同时，低水价导致灌区水资源利用效率低下。随着水资源稀缺和水质条件恶化，政策制定者正在不断探寻新的措施以提高农业水资源配置和使用效率，其中农业水价改革就是措施之一。从1985年国务院发出94号文至今，农业水价改革坚持要求农业水价补偿供水成本，提高现行农业水价。国内学者基于农业水价改革这一具有重大实践价值的课题，主要围绕农业用水水资源属性、现行农业用水管理过程中出现的问题、农业用水定价理论与方法、农民对农业水价支付意愿与满意度、农业水价变化的影响效应以及农业水价改革的其他相关问题进行了研究。

1. 农业用水水资源属性的研究

城市用水是一种商品，已经得到共识，但关于农业用水水资源的属性，学者们的研究一直处在争议中。王克强等（2007）认为，灌溉水是一种商品，其价格水平可以通过市场供求关系来调节，冯广志（2010）则认为，灌区无法也不宜直接区分供水者和用水者，不存在严格意义上的商品水买卖关系。科学的界定农业用水及农业用水服务的基本属性，是完善农业水价形成机制的基础。绝大多数农业用水和农业用水服务都具有非排他性、非竞争性和收益外溢性的特点，属于农村准公共产品。农村准公共产品的供给主要责任在于政府。世界上几乎所有国家的政府都将农业灌溉设施建设和保障其服务功能的成本费用补助纳入本国的公共政策。WTO规则中的“黄箱政策”也允许政府对灌溉给予相应补贴，因此，我国应建立合理的农业水价政策的公共财政补偿长效机制（赵作枢，2011；姜文来，2008；方耀民，2008）。农业用水价格改革必须根据我国国情走渐进式、分类、分层次的市场化道路，充分考虑和解决好政策扶持和基础条件问题（李含琳，2012）。

2. 现行农业用水管理问题的研究

我国灌区现有的用水计量设施不能完全实现准确计量、合理配水和满足“计划用水、定额供水、按方收费、超量加价”的要求。农业基础设施薄弱，用水计量设施不规范、不配套、不完善，造成用水量损耗严重、分水不准、用水不清，给灌区用水管理带来一定的盲目性，制约了农业综合水价改革的推行（王薇和孙力，2015）。农业水价综合改革中存在农业水权转让、回购难以实现、田间“最后一公里”基础设施落后、灌溉定额难以统一、资金补贴难以维持等问题（许朗和陈燕，2016）。张庆华（2003）研究了农民用水合作协会的作用，认为农业水价的核算与水费的管理交给农民用水合作协会来统一管理，可以解决当前农业用水管理存在的一些问题。

3. 农业用水定价理论与方法的研究

农业用水定价一直是水价政策实施的关键部分。王浩（2003）在总结国外农业用水定价模式与理论的基础上，提出供求定价法是最适合我国目前发展情况的定价方法。喻玉清（2005）的研究认为，农业用水的商品价值主要是通过农业水价来进行反映，可以通过经济规律来有效调节农业水价。另外，完全成本法、影子价格法和模糊数学模型法在农业用水定价的研究中也有不少应用。由于农业用水不仅具有商品属性，还具有准公共产品属性。刘渝、李凌卉（2013）认为，在适度提高农业水价的同时给予农民收入补贴，能够在保证农民福利水平不降低的情况下，实现节约用水的目的。比较而言，在两部制水价征收方式下实行“明补”的政策方式更具有优越性，提高计量部分水价能更有效地起到激励节水作用，进一步推动农业水价综合改革，需要从供给侧完善供水计量设施和强化供水管理，从需求侧健全农田用水管理、农业水权制度、农业水价形成机制、精准补贴和节水奖励机制（孙天合等，2017）。此外，张仁田（2005）则强调水价的确定应该首先考虑公平性与效率性。

4. 农民对水费支付意愿与满意度的研究

从操作层面看，农业水价提升这一愿望目前依然难以实现。农业水价改革在强调“涨”的同时，还要充分考虑国家的粮食生产和用水农户的支付意愿和实际承受能力（姜文来，2003；郭善民和王荣，2004；陈丹，2007；冯广志，2010）。农户家庭特征、供水服务、灌溉特征三个方面均对农民水价支付意愿产生显著影响，供水服务因素的影响最为明显。少数用水户不愿对灌溉用水付费，首要原因是收入低，缺乏水费支付能力；其次是长期的无水价或低水价现状，农民形成灌溉是国家责任的传统观念；最后是农民对灌溉服务不满意（王建浩等，2018）。以山东省宁津县为例，基于农户对农业灌溉用水支付意愿的调查结果显示，户主文化程度、农业收入占总收入比重、土地规模、灌溉技术培训等对农户支付意愿影响显著（左喆瑜，2016）。供水工程建设成本、运行及管理成本、末级渠系配套、家庭人均粮食收入、农户支付意愿、灌溉用水质量等是影响农业水价满意度的主要因素（黎靖，2015）。

5. 农业水价变化影响效应的研究

农业水价变化对农户种植行为和农户家庭收入影响的研究。对于农业水价上涨，农民农业生产行为上的直接反应为降低水稻种植面积，提高旱作作物面积，或者休耕土地，严重影响我国粮食安全（韩洪云和赵连阁，2007）。由于稻谷和旱作作物单位面积的土地生产率和劳动力、灌溉水、化肥、农药投入的差异，农户作物种植结构的调整必将引起农户家庭收入、农村劳动力和灌溉用水需求的变化及可能的农村生态环境的变化。目前农业水价的调整虽然未能使农业种植结构发生变化，但却提高了农业用水效率（张永凯和薛波，2016）。廖永松（2009）采用三个具有代表性灌区农户的调查数据，定量估计了灌溉水价改革对农民收入的影响，发现提高灌溉水价会降低农民收入。随着灌溉水价的提升，水田转化旱地虽然会导致农药、化肥投入的减少，但也可能会导致水田生态小环境的消失，因此，农业水价提升的环境效应既有正面的也有负面的，总体效果需要进一步研究（韩洪云和赵连阁，2007）。农业水价的提高会对经济产生一定的负面影响，但起到的节约水资源和保护水环境的正面环境效益和社会效应会更大（周芳和马中，2014）。

农业水价变化对灌溉用水量定额影响的研究。为减轻政府财政负担，缓解农业水资源供需矛盾，我国农业水价改革一直在持续地摸索中。作物灌溉定额是反映一个地区农业节水发展情况的重要指标。一般认为，随着灌溉水价提升，灌溉用水量会呈下降趋势（李智和张慧芳，2011；廖永松，2009；毛春梅，2005）。王文浩等（2013）认为，利用水价这一经济杠杆对灌区灌溉用水量进行调节切实可行，适当提高水价，能够促进灌区农业灌溉节约用水，有利于灌区水资源的可持续利用。但也有学者用平均灌溉定额弹性系数来表征水价变动和灌溉定额变动，发现灌溉定额的变化幅度没有价格变化幅度大，说明灌溉水价调整对促进节约用水作用是非常有限的（姜文来和雷波，2010）。

农业水价变化对节水灌溉技术采用影响的研究。农业劳动力、灌溉水价、平均灌溉次数、灌溉用水收费方式等影响农户的灌溉选择行为（许朗等，2017）。农业水价变化不仅能够显著影响农户灌溉行为，还能有效地促进农业节水技术的应用和推广（雷波等，2007；于法稳等，2005）。李艳等（2005）从博弈论角度分析水价与节水灌溉之间的关系表明，农业水价的提高能够激励节水灌溉技术的采用。节水灌溉和节水技术采用的激励机制缺乏是农业灌溉用水效率低的一个重要原因（任梅芳，2011；王克强，2009）。韩青（2005）分析了激励机制在农户技术选择中所起的作用，认为有效的激励机制可以增强农户选择先进节水技术的预期。节水灌溉技术替代传统灌溉技术的成本远超出农户的理性支付能力，政府必须采取以补贴政策为主的制度安排，以便于有效引导节水灌溉技术市场的发展（刘军弟等，2012）。解桂英等（2013）认为，组建农民用水户协会，规范农民用水者协会章程，健全灌溉用水、工程维护、水费征收、管理等各项规章制度，由农民用水协会参与水权、水价、水量的管理和监督等可以减少用水量。

6. 农业水价改革其他相关问题的研究

农业水价改革面临农民承受能力有限与价格偏低的两难境地。需要综合考虑农业水价的社会承受能力、把握农业水价改革的基本走向、健全农业水价改革的配套措施、完善农业水价监控体系，推进农业水价综合改革（江野军和江四新，2014）。农业水价改革要考虑供水单位、农户、产业收益和生态环境等多方面因素，尤其要重视用水户的经济和心理承受能力。通过普及节水措施、种植经济作物等方式增加农民收入，通过改进农业用水计量方式等明确用水户合理负担的水费，通过补贴激励等方式分解农业水价构成，降低用水户的用水成本，通过采取综合措施来提高农业水资源利用效率（尹小娟和蔡国英，2016）。经济发展不平衡导致农业水价改革在不同地区产生不同效果，农田水利工程设施薄弱以及精准补贴和节水奖励落实困难对水价改革形成严重制约（曹云虎和陈华堂，2015）。上游水价普遍较低而终端水费较高、水管单位普遍亏损运行而水价上调空间较小、上下游水价管理方式不协调（上游按方计价，下游普遍高收费）等制约了农业水价改革工作（丁杰等，2012）。

用水价格应体现水资源成本、供水成本和环境成本（李梅和吴朝阳，2012）。农业水价改革要建立分灌区、分作物的阶梯水价标准以及完善相关配套政策、组织管理和基础建设（刘思妤等，2016）。对农业水资源开发、利用和保护全程进行全成本核算的基础上，按照水源类型、用途类别、区域类型及用水效率等，实行差异化农业水价；注重配套制度与设施建设，保障农业水价形成新机制的有效实施（张亮，2012）。在农业水价调整范围内适当提高地表水价格，降低地下水价格的调整策略，适度加大对地下水资源的开发利用，引导农民科学合理用水，优化农业用水结构（胡珊等，2012）。农业水价改革可以推行定额内用水实行优惠水价、超定额用水实行累进加价（尹越等，2017）。农业水价改革需要进一步健全农业水价定价模式、建立农业水价协商机制、完善农业水价补贴政策（柳一桥，2017）。政府应该向农民倡导节水观念，普及水权意识，说明水资源价值，普及合理的灌溉模式，只有共同节水才能实现共赢，实现水资源可持续合理利用，加快建设节水型社会的目标。在水权制度不断完善、水市场不断健全的前提下，农业灌溉节约的水量可转移给其他用水主体，农户可以从中获得额外的补偿和更大的节水激励（邢夏洁和袁汝华，2017）。"阶梯水价""一提一补"用水价格调节机制在节水灌溉中发挥了积极作用，体现了农业水价市场化改革方向（李垚等，2012）。推广农作物抗旱育种技术以及促进田间灌溉技术升级、加强农业节水宣传和培训、设计并实施系统和综合的农业水价改革能够提升农民节水意愿（李颖等，2017）。需要综合考虑农民的承受能力、水管单位的运营能力、国家粮食安全保障能力、自然环境的承载能力，根据各地的自然条件和经济发展水平等因素综合看待农业水价问题，要加强对农业水价效应宏观方面因素的考虑（伊热鼓和姜文来，2017）。建立供水企业、农民用水户、政府及非农企业"三方满意"的农业水价形成机制（何寿奎，2014）。农业水价综合改革要合理计算农业节水成本，建立精准补贴和节水奖励机制，确定用水总量约束指标体系，制定用水管理政策措施（田贵良等，2017）。建立科学合理的水价分担体系，使不同的主体合理分担相应成本十分必要（邱书钦，2016）。农业用水价格的改革，应该遵循"国家宏观决策、地方全面实施、政策适应调整"的思路（张希君和李含琳，2012）。通过价格杠杆可以实现较好的节水效益，但也要关注改革过程中对特色优势农业的冲击以及不同类型水资源之间的消费替代转移问题（刘宇等，2016）。农业水费问题不只是一个资金投入、技术改造、制度改革的问题，更是一个需侧重强调农民行为响应的综合性问题，需要运用心理学、行为决策和经济学理论，寻求和设计一套能全面解决相应问题的综合性配套方案或政策体系（张维康等，2016）。

二、国外研究动态

国外学者对农业水价的研究主要围绕灌溉水资源定价方法、灌溉水价对农户行为影响、灌溉用水价格需求弹性及农业水价制定方面进行研究。

1. 灌溉水资源定价方法的研究

不同国家的具体水价确定方式存在很大差异。Johanson（2002）概括为容量定价、非容量定价、协议定价和市场定价四种。Latinopoulos（2008）认为，灌溉水资源定价还可设计为流域定价或灌区定价。Konstantinos 等（2014）通过建立模型，模拟英国东部农户对水价等政策的反应显示，按量定制农业水价法能够节省灌溉用水，提高农业用水效率。Shira 等（2014）通过评估水价改革，发现针对不同农作物实施差别化定价法，可以在不损害中小农户利益的条件下，最大限度地降低用水大户的总灌溉用水量。

2. 灌溉水价对农户行为影响的研究

Moore 等（1994）通过对美国 4 个地区连续五年 5 种农作物的统计数据的分析发现，农业灌溉水价的变动主要影响着农户的农业种植结构，但对每次的灌溉用水量影响不明显。联合国亚太经济社会委员会的研究报告（1996）指出，在充分估计用水户支付水费的能力和意愿的前提下，将灌溉水价提高到合理水平，能有效形成对用水户节水的经济刺激。Bertbel 等（2000）认为，当灌溉水价调整到影响农户收入和农业就业水平时，农户会降低对农业用水的需求。但将灌溉水价作为控制用水的单一工具时，对减少灌溉用水量的作用并不十分有效（Moore M. R.，Gollehon N. R. and Carrey M. B.，1994；De Fraiture and Prerry，2002；Molle，2009）。

3. 灌溉用水价格需求弹性的研究

水需求价格弹性是研究水资源管理的一种必需且重要的手段（Pennacchio，1986）。农业水价政策的实施在一些国家或地区仍然受到较大限制，提高灌溉水价难以发挥显著的经济效果（Perry，2001；Ray，2002）。Speelman 等（2009）通过对南非西北部各省灌溉用水相关利益者的分析，认为灌溉水价的变化对农户用水需求变化很敏感，同时，灌溉水价的变化也显著影响农户家庭收入。Frija 等（2011）运用 DEA 分析方法，对突尼斯的灌溉用水价格需求弹性与农户生产技术效率之间的关系进行了评估，研究结果表明，生产技术效率越高的农户，灌溉用水价格需求弹性系数越小。

4. 农业水价制定方面的研究

农业水价的制定牵涉到的问题很广，政府对农业水价进行制定时，要充分考虑供水方与用水方之间的供需关系，同时也要对市场情况进行详细调查。因此，政府在农业水价制定中扮演着重要角色。但是，农业水价的制定也仅是完成了第一步，接下来的政策执行更为艰难。农业作为基础性的产业，有着一定的弱势性，而农业水利工程需要大量的投资以及高昂的维护成本，政府应当一定程度地补贴供水者和用水者。但是进行补贴又反映了市场调控作用的失败，这些补贴行为也使得价格难以约束农民的用水行为。Becker（2002）在研究了印度西部地区的农业水价政策及灌溉用水的情况后发现，因为政治因素的影响，大幅提高农业水价是不可能的，而只考虑经济因素所得出的合理水价标准也难以在政治上行得通。因此可以发现，在政府进行补贴之后所实行的低水价政策，不利于提高农业生产率和农业水资源的配置效率。

Ward 等（2013）发现制定灵活的农业水价政策是发展中国家应对气候变化、保障地区粮食安全、稳定人民生活的重要手段。Alireza Nikouei 等（2013）认为，实施农业水价政策的重要目标是保证国家粮食安全、提高经济效益、实现水资源可持续利用。S. A. Ohab - Yazdi 和 A. Ahmadi 等（2015）认为，利用经济手段对农业用水定价，非常有利于对农业用水进行需求管理。

三、研究述评

文献检索结果显示，国内外学者就农业水价政策促进农民节水行为、提高农业用水效率、提高农民水商品意识等方面进行了充分研究，但对农业水价政策绩效进行全面评估的研究还比较少。本课题首先拟在梳理我国农业水价政策演变历程，总结农业水价综合改革取得的成效以及剖析农业水价综合改革存在的问题的基础上，对农业水价形成机制进行理论分析和现实考察，其次构建农业水价政策绩效评估指标体系，最后基于实地调查的数据，采用因子分析法、二元 Logistic 回归模型、线性规划模型、层次分析法及综合评分法，对我国现行农业水价政策绩效进行系统评估，同时也为优化我国农业水价政策提供理论基础和实证依据。

第三节 研究方法与研究思路

一、研究方法

1. 文献归纳法

一是在提出研究问题的过程中，本研究查阅了大量的相关文献，并对这些文献进行归纳总结提炼，找到研究问题的突破口。二是在研究各章节内容的过程中，深入分析相关文献，进行归纳总结，借鉴吸收前人研究成果，在此基础上再进一步研究。三是在实地调查之前，本研究对前人相关理论研究和实证研究成果进行归纳总结，形成调查问卷和访谈提纲初稿，在进一步预调查后，形成最终问卷调查表和访谈提纲。

2. 定性分析法

对我国现行的农业水价综合改革成效以及面临的困境、灌区农业水价形成机制、灌区农业水价政策绩效评估指标的构建及后续政策优化的政策建议，进行了大量的定性分析。

3. 定量分析法

定量分析法在本研究中主要体现在：一是研究中运用的定量研究方法主要有描述性统计、因子分析法、Logistic 模型、线性规划模型、层次分析法及综合评分法等计量模型方法。二是数据的录入在 Excel 表格中进行，计量分析中运用的是 STATA10. 0 软件。

4. 规范分析法

基于我国当前农业水价综合改革中面临的困境，以及对灌区农业水价定价机制的分析和从不同视角对我国灌区农业水价政策绩效评估的结果讨论，对我国灌区农业水价后续政策的优化提出政策建议，进行了规范分析。

5. 案例分析法

基于灌区农业水价定价机制理论分析的结果，以湖南省铁山灌区为例进行了现实考察。

二、研究思路

本书按照以下思路进行。①剖析研究背景、对国内外相关研究动态进行文献综述，界定研究目标，提出研究问题。②梳理对农业水价政策进行科学评估的理论基础，主要包括水资源价值理论、公共物品理论、可持续发展理论和公共政策绩效评估理论，并总结归纳这些理论思想对本研究的启示，总结公共政策绩效评估的常用方法，为科学评估农业水价政策绩效寻求理论依据。③对我国农业水价政策演变历程进行回顾，深入思考我国农业水价政策改革的基本目标，以新一轮的农业水价综合改革为例，分析农业水价综合改革的成效，剖析农业水价综合改革面临的困境，为构建农业水价政策绩效评估指标寻求现实依据。④对灌区农业水价形成机制进行理论分析和现实考察。基于农业灌溉水既具有商品性质又具有准公共物品性质，分别从供给者和需求者角度，深入分析灌区农业水价市场定价机制失灵的现象，同时分析农业灌溉水的正外部性成本，探寻农业水价综合改革在充分发挥市场机制作用的同时，如何更好地发挥政府作用的农业水价形成机制。⑤基于实地调研数据，分别从农户支付能力视角、种植结构优化和多维视角，构建灌区农业水价政策绩效评估指标，对我国灌区农业水价政策的绩效进行实证评估，并分析存在的问题。⑥基于灌区农业水价形成机制的分析和不同视角对灌区农业水价政策绩效评估的过程和结果，为优化灌区农业水价政策提出相应的政策建议。

具体的研究技术路线见图 1－1。

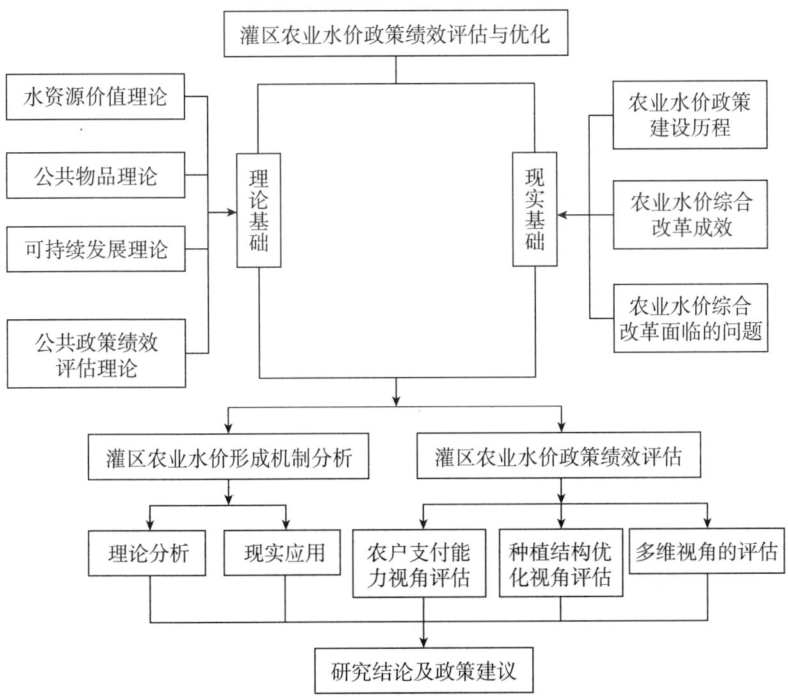

图 1－1　具体的研究技术路线

第四节 研究内容与可能的创新之处

一、研究内容

本书的内容主要分为九章。

第一章是导论，该章是整个研究的概况性介绍。首先，本章介绍了研究问题的背景，界定了研究目标和研究意义。本研究以灌区农业水价政策为研究对象，评估灌区农业水价政策的绩效。因此，对研究中的农业水价政策的属性进行了界定，属于公共政策，对“绩效”和“绩效评估”两个核心关键词的含义进行了解释。其次，本章全面综述了国内外学者关于农业水价相关内容的研究动态，并对综述的文献进行了述评，找到了研究问题的视角。同时，本章还对研究方法和研究基本思路等问题进行了阐述。

第二章是相关概念界定及理论基础。首先，对本研究涉及的几个基本概念进行了定义界定。基本概念有农业水价、公共政策、绩效与绩效评估。农业水价指的是农业供给用水所收取的价格。根据《中国水资源公报》的用水统计情况、《水利工程供水价格管理办法》对供水对象的分类和农业本身的行业分类，本书将农业用水界定为农田灌溉用水，简称灌溉用水。说明灌溉水价和农业水价在本书表达的含义一致。介绍绩效在经济学领域的两种度量方式，为后文的实证研究做铺垫。绩效评估需设计特定的指标体系，采用数理统计方法，按照规范的评价流程，通过定量或定性分析，对业绩做出客观、公正和准确的评判，指出农业水价政策绩效评估要按照严格的规范程序进行研究。其次，对本研究重点相关的主要理论思想进行阐述，并分析这些经典理论对本书研究的启示。水资源价值理论、公共物品理论、可持续发展理论及公共政策绩效评估理论为本研究提供了研究基础。最后，梳理公共政策绩效评估的常用方法，并介绍这些常用绩效评估方法的简单原理。本章研究为评估我国农业水价政策绩效寻求理论依据。

第三章是我国农业水价政策演变历程与农业水价综合改革。本章首先梳理了我国农业水价政策演变历程。我国农业水价由中华人民共和国成立初期的无偿供水转变为有偿使用，大致经历了起步、探索和综合推进三个阶段。在不同阶段，我国政府都颁布和制定了标志性的政策。其次，本章详细解读了当前农业水价综合改革的基本目标。再次，对我国当前农业水价综合改革阶段取得的成效进行了定性分析。最后，深入分析了我国当前农业水价综合改革面临的困境。本章研究为后文采用调研数据对我国农业水价政策绩效评估寻求现实依据。

第四章是灌区农业水资源定价机制分析。首先，从管理学角度界定了农业水费征收的基础水量为灌溉用水量即毛灌溉用水量，为本章对灌区农业水价形成机制进行理论分析奠定基础。其次，从农业灌溉用水供需双方的角度，探讨农业灌溉水价的市场形成机制，力求充分发挥农业灌溉水价对灌溉水的资源配置作用。再次，基于农业灌溉水市场不是一个理想的竞争市场以及农业灌溉正外部性的存在，分析了在农业灌溉水定价过程中，政府定价机制的作用。最后，分析农业灌溉用水双重定价机制的理论基础和现实动力。

第五章是灌区农业水价形成的现实考察——以湖南省铁山灌区为例。本章以湖南省岳阳铁山灌区为例，首先，介绍灌区的自然地理、社会经济、灌区的水利建设及灌区的灌溉管理制度。其次，采用调研访谈、官方网站及文献等各种途径收集到的数据，总结灌区农业用水特点，并从农业用水供给和农业用水需求两个角度分析铁山灌区农业用水状况，进而根据农业灌溉水价征收的历程，分析灌区农业灌溉水价现状。最后，从供水者角度，基于全成本模型和从用水者角度，考虑用水者经济承受力对铁山灌区的农业水价进行核定合理性评价。

第六章是基于农户水费支付能力视角对灌区农业水价政策绩效评估。本章采用湖南省 225 农户和河南省 209 户的调研数据。首先，介绍数据来源，分析样本农户的基本特征。其次，分别从农户水费与农业生产成本、农户水费与用水设施成本分担两个维度分析湖南和河南两省的农户用水情况。最后，分别采用湖南和河南两省的调研数据，基于农户支付能力角度，运用因子分析方法，计算两省农户对水费支付能力的综合评分来评估农业水价政策绩效。

第七章是基于种植结构优化视角对灌区农业水价政策绩效评估。首先，本章界定了农户种植结构变化的几个相关概念。分析了农户种植结构变化的七大驱动因素以及灌溉用水对农户种植结构变化的影响机理。自然资源条件、农产品生产成本、农业政策及农民社会化服务体系作为影响农户种植结构变化的驱动因素，同时也是影响灌溉用水的直接和间接因素。其次，采用湖南省铁山灌区和欧阳海灌区 200 户农民的有效调研数据，运用统计描述分析方法，分析农户种植结构总体变化情况，特别关注灌溉电费在每亩水稻种植成本中的占比情况，农户种植水稻的主要水源以及农户普遍采用的灌溉方式，水稻生长全过程的土壤准备、秧田准备、移栽/播种准备、作物生长、开花、灌浆的六个时期中，各个时期灌溉用水情况，农户水费收取方式以及农民用水组织运行状况。再次，采用调研数据，构建农户种植结构变化影响因素实证模型，对二元 Logistic 回归结果进行深入讨论，得到影响农户种植结构变化的显著因素为户主年龄、地区差异、水源距离田块的距离、土壤类型及灌溉水资源是否匮乏。其中，农业灌溉水资源是否匮乏对农户种植结构变化在 1% 的水平上有显著正向影响，灌溉水资源匮乏比灌溉水资源不匮乏的农户改变种植结构的发生率高 47.28 倍，因此，灌溉水价调节灌溉水资源的供求，灌溉水资源的供给影响农户种植结构的变化。最后，考虑现行农业水价、考虑折旧后的水价、同时考虑折旧和管理成本后的水价三种状态下，构建线性规划模型模拟水价变化对农户种植结构的影响，模拟结果显示农业水价变化会导致农户种植结构的变化，随着农业水价的提高，农户种植经济作物的面积会增加，种植水稻的面积会减少。

第八章是基于多维视角对灌区农业水价政策综合绩效评估。本章采用河南省调研数据，选择层次分析法与综合评分法相结合的分析方法对灌区农业水价政策综合绩效评估。首先，通过层次分析法来构建农业水价政策绩效评估指标体系，并确定各项指标的权重。其次，运用综合评分法对各项指标进行综合评分。最后，根据评分结果对灌区农业水价政策的综合绩效得分和分项绩效得分及单项指标绩效得分结果进行分析。

第九章是研究结论与政策建议。本章对研究结论进行总结，为我国农业水价政策后续优化提出政策建议。

二、可能的创新之处

1. 对农业水价政策绩效评估进行系统研究

本研究从不同视角提出了一个评估灌区农业水价政策效果的框架，并尝试通过指标选取和规范分析，来预测和解决灌区农业水价政策中深层次的问题，有利于更好地贯彻落实农业水价政策，促进节约用水、稳定粮食生产与生态环境协调发展，提高农业用水效率和可持续利用及后续农业水价政策的完善。

2. 研究内容的创新

以往的学者大多从节水效应的视角，评估农业水价政策的节水绩效，本研究尝试从农户种植结构视角评估农业水价政策绩效，还尝试既考虑经济绩效，又考虑社会绩效，还考虑包括节水绩效在内的生态绩效的多维视角，评估农业水价政策的综合绩效。

3. 评估方法的创新

选择公共政策绩效评估方法时，要考虑政策本身特征、评估方法的特点及政策所处的环境等因素。由于每种评估方法都有自身的优点和缺陷，因此应该注意多种评估方法的搭配使用，尽量避免单独使用一种方法，以确保绩效评估结果的客观性、科学性和有效性。选择公共政策绩效评估方法时，还要遵循定性和定量评估方法相结合。本研究采用定性评估方法中的专家评估法和对象评定法，以及综合评估方法中的因子分析方法（因子分析方法是主成分分析方法的推广和拓展），对农户支付能力视角的农业水价政策绩效进行评估。采用定量评估方法中的前后对比分析方法和综合评估方法中的层次分析方法和综合评分方法，从经济绩效、社会绩效和生态绩效等多维视角的农业水价政策综合绩效进行评估。本研究除科学选择这些常规的公共政策绩效评估方法外，还尝试创新地运用二元 Logistic 回归分析方法和线性规划模型评估农业水价变化对农户种植结构的影响效应。

第二章　相关概念界定及理论基础

第一节　基本概念界定

一、农业水价

农业水价指的是农业供给用水所收取的价格。国家对农业水价的制定进行了明确的界定，表明农业水价是水利工程供给农业生产用水所收取的价格。关于农业用水的界定有以下几种：①根据《中国水资源公报》的用水统计情况，用水的分类有两种：一是生活用水包括城镇居民、公共用水和农村居民、牲畜用水、工业用水取用的新水量，不包括企业内部的重复利用量。农业用水包括农田灌溉用水和林牧渔用水、生态用水仅包括人为措施供给的城镇环境用水和部分河湖、湿地补水。二是单指居民生活用水、生产用水和生态用水。②《水利工程供水价格管理办法》将水利工程供水对象分为农业用水和非农业用水。其中，农业用水是指由水利工程直接供应的粮食作物、经济作物用水和水产养殖用水。非农业用水是指由水利工程直接供应的工业、自来水厂、水力发电和其他用水。③按照农业本身的行业分类，农业有大农业指农林牧渔业，即产业结构中第一产业的内容、小农业（仅指种植业）及其他农业，因此，农业用水也就有大农业用水和小农业用水之分，大农业用水包括农田灌溉用水和林牧渔用水。小农业用水则是专指种植业用水，即农田灌溉用水。本书界定的农业用水仅指农田灌溉用水，简称灌溉用水。因此，本书中表达的灌溉水价和农业水价的含义一致。

由于农业具有基础性与弱势性的基本特征，国家在农业水价政策制定时都切实地指出了农业水价具有公益性、政策性及非强制性的特点。因此，在市场经济条件下，农业水价的制定也并不是完全依照市场条件和其商品属性来进行定价。而是要对其特殊性进行充分考虑之后再确定。农业水价的特殊性主要体现在三个方面：①公益性。农业生产是社会有效运作的基础，农业生产在保障国家粮食安全方面起到重要作用，同时对维护社会稳定、保障经济发展起到关键性作用。因此，农业本身就具有公益性特点。农业用水是农业生产的基础，是农业生产过程中必不可少的资源，是农业生产这项服务于全社会活动的关键参与要素，所以农业用水也具有公益性。农业用水的公益性特征就要求农业水价制定不可能完全依照市场调节。②政策性。我国农业水价制定在不同阶段有不同政策明确。在2004年《水价办法》颁布前，我国农业水价制定是由国家来完成，并不是由市场调节。如2003年5月，国务院下发并明确了《水利工程水费核订、计收和管理办法》（以下简称《水费办法》），在《水费办法》规定中，农业用水价格的形成机制和价格构成就由国家制定。2004年1月1日，国家发展和改革委员会与水利部共同制定了《水利工程供水价格管理办法》（以下简称《水价办法》）。自《水价办法》于2004年1月1日施行之日起《水费办法》废止。《水价办法》结合全国农业灌溉用水收费的实际情况，按照农业用水作为商品，遵循市场经济商品价格管理的基本要求，明确了农业用水价格的形成机制和农业水价的构成。《水价办法》体现了农业水价形成机制的政策性和市场性的双重性。另外，我国基本上都组建了专门的供水管理机构来对农业生产供水，这些供水机构也承担着相当大的责任。除要对当地的农业用水灌溉进行管理外，还要负责供水系统的日常维护与管理。在出现旱情之后当地的农业供水部门还要负责抗旱工作，针对旱情的不同程度及时对农业水价进行调整。甚至在旱情严重的时候提供无偿供水，来达到稳定当地农业发展、保障农民生产生活的目的。因此农业水价具有政策性。③非强制性。等价交换原则是商品经济市场的一个重要原则，所谓等价交换，是指交换双方的商品价值量相等的交换。但是农业水价是服务于农业生产这一特殊的生产过程，水费征收部门也无法强制性收取农业水费。保障农业用水的供给充足，维持农业生产是关系到国计民生、关系到国家粮食安全的大事，因此我国在过去很长一段时期基本上都是采取先用水再收费的水费征收模式。同时，大部分农民传统观点都认为水应该是无偿的，多方面原因造成了水费征收难的普遍问题。还有一些地方出现了偷水现象，这也难以杜绝。因此，农业水价还具有非强制性特点。

二、公共政策

公共政策是指政府根据不同时期的目标，通过对社会中各种利益进行选择与整合，在追求有效增进公平分配社会利益的过程中所制定的行为准则。公共政策作为国家为了解决公共问题、实现公共目标及公共利益所制定实施的方案，需要通过一系列的法律法规、行政命令、规定或者政府文件指示等手段，对有关团体、机构或者个人进行行动规范及指导，以此来实现社会利益。社会利益的实现必须要能够实现大多数人的个人利益，而公共政策作为社会利益的权威性分配，也要反映大多数人的利益才具有合法性。

一般来说，公共政策具有四个特点：①权威性。公共政策具有普遍的约束力，需要社会成员的共同认同和执行。②公共性。由于公共利益的社会共享性和它所具有的相对普遍的影响力，因此确保公共利益的增进和分配是当代公共政策的根本目的。③选择性。无论是公共政策目标的确定、方案的设计和决断，还是公共政策的执行、调整、评估和终结，都是相关公共组织进行选择的结果。可以说，公共政策的选择性特征贯穿于公共政策运行过程的始终。④多样性。公共政策的多样性表现为公共政策问题的多样性、公共政策类型的多样性和公共政策功能的多样性。

公共政策的功能表现为：①替代功能。公共政策的替代功能是指公共政策通过自我否定或“扬弃”，实现公共政策更新的作用。②规范功能。公共政策的规范功能是指公共政策在社会实际生活中为保证社会的正常运转所起的规范作用。这一功能主要表现为公共政策针对目标群体的行为所起的作用。③推动功能。公共政策的推动功能是指公共政策对社会经济发展的促进作用。这一功能主要表现为公共政策针对社会发展方向和速度所起的作用。

水资源作为一种具有自然特性、需求特性、供给特性和经济特性的基础性、战略性资源，具有显著的公共产品属性。在农业水价改革中，对农业水价采取什么样的公共政策，直接影响到水资源的利用效率。

三、绩效

“绩效”可以拆分为“绩”与“效”两个字，其内容也包括“绩”与“效”两个方面，是人力资源管理中常用的一个概念。“绩”指业绩，“效”为效率、效果、态度、品行、行为、方法、方式。绩效在经济学界一般指在一定制度安排下行为努力的结果，这种结果可以用货币计算的收益来度量，也可以用满意程度等指标的非货币收益来度量。绩效是有效检验政策措施实施效果的方式，也是一个组织或者某项政策为了实现预期目标的实施效率。绩效有短期绩效和长期绩效的区分，农业用水价格改革应更加关注长期绩效。在本课题研究中，绩效指在农业用水价格改革背景下产生的经济绩效、社会绩效和生态绩效，农户农业用水的满意度以及农业水价变化引起农户生产行为变化的情况等。在农业用水价格改革过程中，农户农业生产产出的增加、农业用水效率的改善、农业用水公平程度的提高、用水成本或交易费用的降低、用水管理和节水激励水平的提高等都是绩效的改善。

四、绩效评估

绩效评估指设计特定的指标体系，采用数理统计等科学方法，依据评价指标体系，按照一定的评价流程，通过定量或定性分析，对绩效做出客观、公正和准确的评判。绩效评估的本质是衡量工作完成或项目实施的效益及效果，以便于对已进行或已完成工作做出客观公正的判断。

绩效评估一般包括五个步骤：①构建绩效考核层次体系。根据不同的评估对象以及相应的评估目标，将绩效评估系统划分为不同的评估层，一般包括目标层、准则层和指标层。②确立指标体系。针对不同的评估对象与评估目标，选取合适的评价指标，建立相应的指标集并对指标进行详细说明，指标体系可以根据实际工作需要细分为相应的子指标。③确定指标权重。运用层次分析法、专家小组法等定量定性方法，确定不同层次指标的权重。④建立绩效评估模型进行并计算。⑤分析综合评价结果。对评估结果进行分析提出相应的对策。

农业水价改革对经济、社会、生态环境等诸多方面都会产生绩效。在对农业水价政策进行绩效评估时需要综合考虑各个因素，多角度评估其绩效。

第二节 理论基础与启示

一、水资源价值理论与启示

水资源价值理论是研究水资源价值的理论指导，在水资源价值研究中举足轻重，也是水资源价值核算的基础。水资源价值理论涵盖内容较为广泛，主要包括水资源价值的理论基础、水资源价值的内涵和水资源价值流。其理论核心是对水资源价值的判断与水资源价格的确定。

（一）水资源价值的理论基础

水资源价值理论的基础理论主要包括劳动价值理论、均衡价值理论、效用价值理论和外部性理论等。

1. 劳动价值理论

马克思在继承亚当·斯密、李嘉图研究成果的基础上，丰富了劳动价值理论。马克思劳动价值理论认为价值的实质在于人类具体劳动的凝结，商品生产所需要的社会必要劳动时间决定了商品的价值。同时，劳动价值理论还认为商品具有价值和使用价值双重属性，使用价值是商品的自然属性，价值是商品的社会属性。农业灌溉水资源作为一种商品，其商品价值由水利工程建设、管理水资源等劳动所投入的社会必要劳动时间和水资源自身的稀缺性、有限性、不可替代性等自然属性共同决定。现代社会中，人类社会开发利用水资源不再是纯自然的过程，需要通过工程措施、管理措施等来实现水资源的开发与利用。灌区水资源的供给凝集了灌区水管单位工作人员、水利工程建设者等的劳动，因此，农业灌溉水资源具有了劳动价值。

2. 均衡价值理论

均衡价值理论是现代经济学价值理论之一。均衡价值理论认为产品市场的供给与需求决定了产品的价格。产品供给与需求均等时的价格为均衡价格，此时供给曲线与需求曲线相交于均衡点。商品的供给价格即为卖者提供一定数量商品所愿出售的价格，由生产商品的边际成本决定；商品的需求价格是买者对一定数量的商品所愿支付的价格，由该商品的边际效用决定。因此，农业灌溉水资源的价格应由灌溉水资源的供给方即灌区水管单位和灌溉水资源的需求方即农业用水户共同决定，所以，灌区农业灌溉水资源的价格制定时应综合考虑灌区水管单位的供给成本及灌区农业用水户的经济和心理承受能力。

3. 效用价值理论

效用价值理论是西方经济学理论的一个基础，其特点是以主观心理解释价值及形成过程，认为产品的价值由产品满足人类欲望的能力决定，即商品的价值由该商品的边际效用决定。边际效用是指每增加购买一单位的某种商品给消费者带来的总效用的变化量。效用价值理论认为效用是价值的源泉，是形成价值的一个必要而不充分条件，价值的形成须以物品的稀缺性为前提。根据效用价值理论，农业灌溉水资源的价值由其有用性和稀缺性决定。农业灌溉水资源是维持农业生产的必要的生产投入要素，体现了农业灌溉水资源的有用性，农业灌溉水资源的不可再生性及数量的有限性体现了农业灌溉水资源的稀缺性。水资源日益紧缺、供需矛盾逐渐加剧突显了水资源的价值问题。

4. 外部性理论

资源与环境经济学的理论基础之一是外部性理论，它为资源配置效率低、自然环境外部不经济性问题做出了很好的理论解释。庇古将外部性定义为一个经济主体（生产者或消费者）在自己的生产和消费活动中对其他经济主体产生的一种有利或不利影响。外部性的存在始于生产或消费活动，外部性的存在阻碍了市场经济实现资源优化配置，功能的发挥。因此，为了实现灌区农业水资源的优化配置，需要着重考虑农业用水市场的外部性。

（二）水资源价值的内涵

水资源是生物生存不可替代的物质，是经济活动不可缺少的投入要素，也是自然环境基本的构成要素之一。我国对水资源价值内涵的研究是基于劳动价值理论中的自然资源价值观展开的，并融入了市场经济理论。水资源价值的内涵主要体现在稀缺性、资源产权和劳动价值三方面：①稀缺性。水资源具有价值关键在于水资源具有稀缺性。水资源的稀缺性主要表现为：一是总量供给不足。尽管地球表面的70%被水覆盖，但可供人类生产生活的淡水资源仅占所有水资源的2.5%，并且有近70%的淡水固定在南极和格陵兰的冰层中，还有一部分为土壤水分或深层地下水，不能被人类利用。地球上只有不到1%的淡水或约0.007%的水可为人类直接利用。我国水资源总量居世界第6位，但是人均占有量只相当于世界人均的1/4，已被列为全球13个贫水国之一。据统计，目前我国农业缺水300亿立方米，城市缺水60亿立方米。水的稀缺已经成为我国最大的忧患之一。二是水资源时空分布不均。在某一地区或者某一时期水资源紧缺，而在另一地区或者另外一时期水资源又很丰富。我国目前有16个省（区、市）人均水资源量（不包括过境水）低于严重缺水线，有6个省、区（宁夏、河北、山东、河南、山西、江苏）人均水资源量低于500立方米，远低于全国人均水资源量2240立方米。我国水资源地区分布也很不平衡，长江流域及其以南地区，国土面积只占全国的36.5%，其水资源量占全国的81%；长江流域及其以北地区，国土面积占全国的63.5%，其水资源量仅占全国的19%。因此，不同地区不同时期水资源价值的大小不同，其价值的大小也会随之呈现动态变化，因为水资源价值是由水资源的稀缺性来决定的。②资源产权。产权通常包括所有权、使用权、收益权和转让权，它与资源配置、经济效率、外部性等问题密切相关。我国宪法规定，水流（即水资源）等自然资源属国家所有，《水法》也规定水资源属于国家所有，任何单位和个人开发利用水资源，即是使用权的转让，需要支付一定的费用。③劳动价值。水资源中的劳动价值是区别天然水资源价值和已开发利用的水资源价值的重要性质，是劳动价值论的具体体现。水资源所有者为了在开发利用和交易中处于有利地位，需要通过水资源保护、水文监测、水资源规划等一系列手段对其拥有的水资源的数量和质量进行调查和管理，这些工作所消耗的劳动和资金构成水资源价值的劳动价值。

（三）水资源价值流

价值流是指创造价值的所有过程，在商品的价值形成、增值、转移和交换等过程中，人们通过有目的的劳动把自然物（物质流）变成经济物（能量流），价值就沿着生产链不断形成增值和转移，并通过交换关系得到实现（价值流）。水资源价值流是指单位水资源在不同的时空条件下，因自然环境、社会环境和经济环境等因素的差异而导致水资源价值的变化过程。在水资源形成、转化和使用过程中带来水资源价值的增值、转移和交换。①水资源价值流的特点。首先，水资源因时空分布不均，地区经济发展不均衡，因而水资源价值流具有时空变化的特性。其次，由于水资源具有流动性和传递性，导致水资源价值流具有连续传递性。再次，水资源从下游往上游的传递，使其具有逆向传递性。最后，由于政府的宏观调控，水资源价值流具有政策影响性。②水资源价值流的方向由多用途性和有限性决定。在水流流动过程中，有可能被农业、工业、居民生活、养殖、发电、航运及生态环境所利用，不同用途会产生不同收益，由于水资源的有限性，其开发利用存在许多相互排斥的方案。依据机会成本理论，某断面水流的间接收益就等于该断面水流的机会效益。对于农业用水这类消耗性用水，水流在某断面的间接价值等于该点水流所具有的机会效益。由于处于上游的水流比处于下游的水流具有更多机会，所以上游断面的水流的间接价值要大于下游断面水流的间接价值。

水资源价值的理论基础为本研究提供了研究基础，其中劳动价值理论从劳动者的角度分析了灌区农业灌溉水资源的劳动价值；均衡价值理论从农业灌溉水资源的供需方即灌区水管单位和农业用水户的角度分析了农业灌溉水资源的均衡价值；效用价值理论从水资源的有用性及稀缺性的角度分析了灌区农业灌溉水资源的价值；外部性理论分析了灌区农业灌溉水资源合理优化配置的重要性。因此，在社会主义市场经济条件下，水资源价值理论是劳动价值理论、均衡价值理论、效用价值理论和外部性理论等理论的统一，在此价值理论的指导下，合理制定农业水价，实现农业水资源可持续利用。

二、公共物品理论与启示

1. 公共物品的判别标准

公共物品理论于1954年由萨缪尔森在其发表的《公共支出的纯粹理论》一文中首次提出。其主要观点是：在自由市场经济条件下，公共物品的效果难以发挥，因为公众对公共物品的管理难以达到像对其私人物品的爱护程度，因此公共物品难以实现私人物品所达到的优化水平。该理论在桑德莫与布坎南等西方经济学家的推动下得到不断的完善与发展。其后在奥斯特诺姆的《公共物品治理之道》一书中，提出使用“排他性”及“竞争性”作为判别标准来对公共物品与私人物品进行划分。而理论中的“排他性”指的是，如果不付费的话是享受不到公共物品所能提供的服务的，因此公共物品能够对不付费的人进行排除，这就是“排他性”。而“竞争性”指的是每一个人都能使用该物品或者对该物品进行消费。因此根据这两个原则，可以简单地将物品划分为四种情况：第一是私人物品，具有排他性和竞争性；第二是俱乐部物品，具有竞争性，但不具有排他性；第三是纯公共物品，排他性和竞争性都不具有；第四是“公共池塘资源”，具有排他性，但不具有竞争性。在奥斯特诺姆的“公共池塘资源”理论中，“公共池塘资源”具有使用的竞争性、排他性的高成本性和资源的可再生性的特征，根据公共物品是否严格满足非竞争性和非排他性，将之分为纯公共物品与准公共物品。因此，农业灌溉用水属于一种公共池塘资源，属于准公共产品。

2. 公共物品的供给

现在对于公共物品供给的讨论在学术界也并未停止过。最为流行的是将公共物品的供给划分为三种：第一是政府供给公共物品；第二是私人供给公共物品；第三是第三部门供给公共物品。第一种划分主要是受公共物品应该由政府提供的传统观点的影响，但是政府供给的公共物品难以得到有效维护，因此在市场投入中并不理想。第二种划分主要是由于经济的发展，对私人供给的公共物品的需求越来越强，并且出现了商业价值。第三种划分指第三部门提供的公共物品，第三部门主要指非政府组织与非营利组织，是位于政府与市场之外的领域。而第三部门提供的公共物品既能满足政府在财政支撑上难以提供的公共物品，又能满足在市场竞争中虽然有需求但是缺乏利益驱动的公共物品供给。因此第三部门的公共物品供给能够弥补其他两种方式的缺陷。

根据农业灌溉用水的特点和我国农田水利基础设施建设的演变历程，我国大中型农田水利工程属于政府提供的公共物品。随着农地流转制度的创新，农村新型农业经营主体参与小微型农田水利设施建设投资的意愿越来越强，另外，农业部门的正外部性效应在推进农业农村现代化进程中，吸引非政府组织与非营利组织关注农业农村发展的能力越强，因此，随着改革的推进，我国农业灌溉用水的供给会出现多元化，由过去单一由政府提供的大中型农田水利工程到现在新型农业经营主体和非政府组织、非营利组织参与投资建设的小微型农田水利设施，即私人提供的公共物品与第三部门提供的公共物品。

三、可持续发展理论与启示

可持续发展理念作为一种新的发展观念，在各行各业都已经越来越普及。但是不同学者因为不同研究视角，对可持续发展也做出了不同定义。其中最为普遍的三种角度分别是经济学角度、社会学角度及生态学角度。由世界环境与发展委员会（WCED）发表的《我们共同的未来》的报告中对可持续发展的定义是：在满足现在发展需求的基础上，又不对后代人满足其需求的能力构成危害的发展称为可持续发展。这个定义指出了首先要满足当前发展的需求，其次再对需求进行制约，主要强调了在发展过程中要注重可持续性。可持续发展所要解决的核心问题有人口问题、资源问题、环境问题与发展问题。

水资源作为一种稀缺资源，属于可持续发展要解决的核心问题中的资源问题。水资源的稀缺性以及对水污染的防治，使水资源的可持续发展也显得尤为重要。我国的农业水价改革其中针对水资源的可持续发展也提出了要求，一方面要努力提高用水户的节水意识；另一方面要关注农田灌溉技术的节水效益，尽量减少灌溉用水的浪费，促进农业灌溉的节水行为。这不仅保障了水资源的可持续发展，同时也保证了我国农业健康安全稳定的发展。

四、公共政策绩效评估理论与启示

公共政策的绩效评估指的是对政府的公共政策是否得到了有效实施进行正确

的评估。主要是通过采取科学合理的方法，在构建完整的评估指标体系之后，运用规范严谨的流程，对政府公共政策的实施效率效果运用科学方法进行整体评估，并加以深入分析的过程。政府的政策影响着整个社会的方方面面，每一项不同政策都会对广大群众的生产生活产生巨大影响，因此，对政策绩效进行评估，使其变得更加规范与合理至关重要。

公共政策的绩效评估与一般企业的经济绩效评估不一样，公共政策绩效评估不仅要考虑投入与产出的效率，更重要的是要考虑政策实施以后对全社会所产生的影响。此外，还不同于其他绩效评估的是公共政策的绩效评估注重的不仅是实现预期目标，而且人民对政策的满意度也要作为重要内容纳入评估范畴。因此，公共政策的评估指标设计也将更加复杂一些，不仅包含效益、效率等评估指标，还要关注政策实施的公正性，保证以人为本的原则以及对社会可持续发展的作用，所以说公共政策绩效评估是一种更为综合全面的评估。

农业水价政策是我国重要的一项公共政策，因此对农业水价政策绩效评估要按照公共政策评估标准进行评估。所以本研究从用水户对水费支付能力、农户种植结构变化，以及考虑经济绩效、社会绩效和生态绩效的综合视角，合理科学地对农业水价政策进行系统评估与分析。

第三节　公共政策绩效评估方法

一、公共政策绩效评估内涵

公共政策是指政府机关或政府官员为协调经济社会活动而制定的政策。公共政策的管理过程包括公共政策制定、公共政策实施、公共政策评估等一系列活动。公共政策绩效评估应该着眼于公共政策全过程，包括对公共政策执行前的评估、执行过程的评估、实施效果的评估。通常，公共政策绩效评估的内容包括政策预定目标的完成程度、公共政策的非预期影响、与政府行为相关的各种因素变化、公共政策成本支出、公共政策收益成本分析等方面。

二、公共政策绩效评估常用研究方法

公共政策绩效评估常用研究方法可以分为三类：定性评估方法、定量评估方法和综合评估方法。具体如表 2 – 1 所示。

表 2 –1　公共政策绩效评估方法分类

评估方法分类	内涵	具体方法
定性评估方法	在对评估对象特性描述基础上，制定出定性的评估标准进行评价	价值分析法
		专家评估法
		对象评定法
		自我评定法
定量评估方法	依据统计数据，建立数学模型对评估对象的各项指标及其数值进行评估	社会指标法
		前后对比分析法
		统计抽样法
		成本/效益分析法
		成本/效能分析法
综合评估方法	运用多指标对多评估对象进行评价的方法	综合评分法
		综合指数法
		功效系数法
		层次分析法
		主成分分析法
		DEA
		模糊综合评价法
		聚类分析法
		人工神经网络分析法
		灰色关联度分析法

三、常用主要方法介绍

（一）定性评估方法

1. 价值分析法

价值分析法是指通过分析公共政策实施产生的价值来评估公共政策绩效的一种方法。价值分析法的步骤包括：确定价值评价标准；对标准进行分析；按照标准对公共政策绩效进行评估。价值分析法简单直观，但带有一定的主观性。为保证评估结果的科学性，在评估公共政策绩效时往往与其他方法配合使用。

2. 专家评估法

专家评估法是指在组织专家审定公共政策的记录，观测实施执行情况，并对公共政策对象和以前的公共政策参与者进行调查，在与公共政策实施人员交流意见的基础上，撰写评估报告以鉴定政策成效的一种方法。专家评估法主要包括专家会议法和德尔菲法。专家评估法的优势在于能够发挥评估专家专业性、权威性优势；不足在于评估结果往往受到评估专家个人特征的影响。因此，在具体实施中要科学合理地选择专家团队，通过严密组织安排来确保评估过程的严谨性。

3. 对象评定法

对象评定法是指通过对公共政策对象亲身感受和体验的调查，对公共政策效果进行评定的一种方法，因此对象评定法能够保证评定结果的科学性、针对性、客观性。但这种方法的主要问题在于公共政策实施目的往往与个人利益不相一致，公共政策对象往往从自身利益出发进行效果评估，难免使评估效果缺乏客观性。

4. 自我评定法

自我评定法是指公共政策实施主体对公共政策的影响和实现预期目标的具体情况进行评估的一种方法。自我评定法的显著特点在于政策执行人员参与到政策实施的整个过程，对公共政策实施的背景等信息比较了解，可以根据评估结果及时调整政策目标和措施，保证评估结果得到及时反馈，但这种方法也存在片面性和随意性等问题。

（二）定量评估方法

1. 社会指标法

社会指标法是指公共政策评估专家以量化指标反映社会状况与趋势的方法。社会指标法主要特征是运用量化指标将抽象事物或现象直观化，将很多模糊、抽象的政策绩效转化为直观具体的指标。社会指标法实施的步骤主要包括：设计指标体系的总体构架；确定指标名称、定义与口径范围；确定指标计算方法与计量单位；确定指标计算时间和空间范围。

2. 前后对比分析法

前后对比分析法通常用于政策的过程、执行评估和事后评估。通过参数对比分析，使人们对政策执行前后情况进行比较。在使用中，一要根据政策特征选择适合模型，二要与政策前评估结合使用，三要重视评估的非预期目标。

3. 统计抽样法

统计抽样分析法就是采用公共政策绩效的样本统计值来分析、估计和推断公共政策实施效果的一种量化分析方法。统计抽样的目的在于以样本值计量来估计总体值。应用这种方法一要与其他方法相结合使用，二要确保统计样本的代表性。

4. 成本/效益分析法

成本/效益分析法（Cost－benefit Analysis）最初在19世纪由法国经济学家朱乐斯·帕帕特提出，是一种通过比较项目的全部成本以及全部收益来对项目价值进行评估的方法。成本/效益的分析过程为：①确定项目的目标，为实现项目目标构建可行方案；②运用数学模型计算各种方案的效益及成本；③根据相应的评价标准得出综合评价，确定各个方案的优劣。成本效益分析法主要有以下三种评价标准：成本与效益之间的比率更加小的方案更为优秀；相同的效益条件，最优方案的成本最小；相同的成本条件，最优的方案为效益最大的方案。成本/效益分析法作为一种经济决策方法现在广泛地运用于政府部门决策中，以求在政府决策中以最小成本获取最大利益。

5. 成本/效能分析法

成本/效能分析法是根据公共政策预期发生的成本与产生的效能来评估公共政策实施效果的一种方法。该方法主要应用于难以用货币计量效益的公共政策，由于不能使用货币或不便于使用货币对公共政策效益进行计算，所以在各个公共政策产生相同效能的前提下，选择支出成本最小的公共政策。

（三）综合评估方法

1. 综合评分法

综合评分法是一种先通过不同评价标准分别对各评价指标进行评分，再进行加权相加，得出政策绩效总分的方法。其计算顺序大概可以划分为以下几个步骤：首先确定各单项评价指标得分；其次计算各组的综合评分和评价对象的总评分；最后将各评价对象的综合评分按原先确定的评价目的，予以运用。其计算的函数式为：

$$Z_n = B_i \times W_i \tag{2-1}$$

$$Y = \sum (Z_n \times W_n) \tag{2-2}$$

式（2－1）和式（2－2）中，Z_n 为一级指标的评价值；B_i 为具体二级指标评价值；W_i 为相应的指标分权重；Y 为总评价指标的评价值；W_n 为相应的一级指标权重。

2. 综合指数法

综合指数法是指对公共政策绩效评估进行总体分类，赋予不同类别相应的权重，并在大类之下设置相应小类，按重要性赋予相应的权重，并计算出加权平均分以对公共政策绩效进行总体客观评价。

3. 功效系数法

功效系数法是根据多目标规划原理，对每一个评价指标确定一个满意值和不允许值，以满意值作为上限，不允许值作为下限，通过计算指标达到满意值的程度，确定指标分数，对各指标进行加权评价，对研究对象进行综合评价的一种方法。

4. 层次分析法

层次分析法（Analytic Hierarchy Process，AHP）是一种用来进行权重计算与决策分析的方法。在20世纪70年代由美国经济学家萨蒂提出。作为一种分析方法其特点是能够将一个多目标的复杂决策问题按照一定的逻辑分解成多个目标，将复杂问题能够简单化处理。层次分析法运作原理是将总目标作为一个整体，根据总目标要求将其划分为多个小目标，再将小目标进一步划分为多个指标。将各指标进行两两比较，计算出每个指标的权重，最后算出每一个指标所在总目标的权重。可以将层次分析法简单地分解为四个计算步骤：①先构建层次结构模型；②构造判断矩阵；③层次单排序及一致性检验；④层次总排序及一致性检验。作为一种决策方法，层次分析法具有简单易行、方便计算等特点，能够将复杂的问题简单化，并且具有一定的准确性。

5. 主成分分析法

主成分分析法是通过尽可能少的原始变量的主要组成部分来描述或解释整体，使评价目标的多变量数据能够实现优化、简化，从而达到降维、简化和解释数据的效果。

6. 数据包络分析法

数据包络分析法（Data Envelopment Analysis，DEA），在1978年由美国的运筹学家 A. Charnes 和 W. W. Cooper 提出。DEA 由数理经济学、运筹学及管理科学交叉产生，其运作原理是运用线性规划方法，依据多项投入指标及产出指标中具有可比性的同类型项进行相对有效性评价，是一种实用的数量分析方法。DEA 旨在帮助企业管理者对企业的生产力进行评估，近年来广泛运用于快餐分销店、银行支行、健康诊所、技术创新、资源配置、金融投资等各个领域。数据包络分析法的基本使用思路分为以下几个步骤：第一步对评价目标进行明确；第二步选择决策单位，表示产出对投入的比率，对相应的评价单元进行构建；第三步根据相应的输入和输出指标构建评价体系，选择合适的模型进行实际评估。

7. 模糊综合评价法

模糊综合评价法就是运用模糊数学和模糊统计方法，对受多种因素影响的公共政策做出全面评价的一种有效的多因素决策方法。模糊综合评价法的特点包括：评价的结果为集合；适用于定性指标的定量评价；评价结果具有唯一性。

8. 聚类分析法

聚类分析是研究“物以类聚”的一种理想的多元变量统计分析法。聚类就是按照给定的类定义，从数据本身特征出发，依据指标变量的相似性，找出能够度量指标之间相似程度的统计量，并以此作为划分类型的依据，将相似程度大的一些指标聚为一类，将另一些相似程度较大的指标又聚为一类，关系密切的指标聚到一个小的分类单位，关系疏远的指标聚到一个大的分类单位，逐步分型归类，直到把所有指标都聚合完毕，最终得到一个由小到大的能反映个体或群体之间亲疏关系的分类系统。

9. 人工神经网络分析法

人工神经网络分析法是通过模仿生理神经网络的结构和功能设计出来的一种信息处理系统。对于公共政策绩效神经系统而言：一要明确输入层、隐含层、输出层；二要精选样本；三要注意和定性方法结合使用。由于人工神经网络方法在实际中运用极高的人工智能，采用的算法较为复杂，导致其不能处理和描述模糊信息，需要和定性分析法结合使用。

10. 灰色关联度分析法

灰色关联度分析法是通过描述样本序列与参考序列之间曲线几何形状的相似程度，反映样本序列与参考序列之间的关联度。序列曲线越接近，表示关联度越大；反之，则表示关联度越小。

本书对农业水价政策的绩效评估，采用了定性评估方法中的专家评估法、对象评定法；定量评估方法中的社会指标法、前后对比分析法、统计抽样法；综合评估方法中综合评分法、层次分析法、因子分析法。因子分析法是主成分分析方法的推广和拓展。另外，还采用了二分类 Logistic 回归计量分析方法和线性规划模型评估了水价变化对农户种植结构变化的影响效应。

第三章　我国农业水价政策演变历程与农业水价综合改革

农业水价综合改革作为我国一项重要的农业政策，对于提高农民种粮积极性、保持农业稳定发展至关重要。在研究农业水价综合改革绩效评估时，必须先对农业水价政策的演变与现状进行了解，因此本章从农业水价政策演变历程与现阶段我国农业水价综合改革的基本现状两方面对农业水价综合改革进行论述，为下一步评估体系的构建打下基础。

第一节　农业水价政策演变历程

我国农业水价由新中国成立初期的无偿供水转变为有偿使用，大致经历了三个阶段：一是起步阶段（1949～1984 年）；二是探索阶段（1985～2003 年）；三是综合推进阶段（2004 年至今）。我国农业水价改革各阶段及其重要标志具体见表3－1。

表 3－1　农业水价改革各阶段及其重要标志

农业水价改革发展阶段	各阶段重要标志
起步阶段（1949～1984 年）	1965 年制定《水利工程水费征收使用和管理办法》 1982 年出台《关于核定水费制度的报告》
探索阶段（1985～2003 年）	1985 年发布《水利工程水费核定计收和管理办法》 1988 年颁布《中华人民共和国水法》 1997 年颁布《水利产业政策》 2001 年印发《关于改革农业用水价格有关问题的意见》 2002 年发布《关于水价改革的指导意见》 2003 年发布《水利工程价格管理办法》

续表

农业水价改革发展阶段	各阶段重要标志
综合推进阶段（2004 年至今）	2004 年下发《关于推进水价改革促进节约用水保护水资源的通知》 2005 年下发《关于加强农业末级渠系水价管理的通知》 2008 年开展农业水价综合改革 2011 年“中央一号”文件聚焦农业水利和农业水价综合改革 2014 年印发《水利部关于深化水利改革的指导意见》 2015 年“中央一号”文件提出加快推进农业水价综合改革 2016 年印发《关于推进农业水价综合改革的意见》

资料来源：作者综合整理。

一、起步阶段（1949～1984 年）

1965 年之前我国水价政策处于刚刚萌芽阶段，当时我国对农业用水并没有制定详细的政策进行管理，因此在这阶段我国在农业用水方面都是采取的无偿供水。这个阶段的农田水利设施建设，采取的是国家统一出钱、农民出力的方式。当时的供水计划也都是由国家计划进行统一制定，在这个阶段全国大力兴建农田水利工程，农业有效灌溉面积迅速扩张。但同时，这段时期无偿用水政策也造成了农业水资源使用过程中比较严重的浪费问题。

为了改变农业无偿用水导致用水浪费的状况，为了促进节约用水，也为了农业进一步发展的需要，我国政府于 1965 年制定并下发了《水利工程水费征收使用和管理办法》（以下简称《征收管理办法》）。《征收管理办法》是我国农业水费改革的起点，也是我国农业用水有偿使用的标志。虽然《征收管理办法》规定了由水管单位统一向供水受益单位收取使用农田水利设施的管理费用和维护费，但在全国范围内农业水价政策一直没有得到有效实施。

到了 20 世纪 70 年代末，虽然农田灌溉面积一直在扩张，但农田灌溉效率却没有得到相应提高，当时的灌溉水利用系数大约只有 0.3。政府各部门普遍对农业水价都没有引起重视，由于政策实施不力，导致这一时期农业水价的调控作用也完全没有得到体现。农业水价对农民用水决策和农业用水量的影响微乎其微，农业水价的杠杆作用并没有充分发挥。

为了发挥水价杠杆的调节作用，1982 年水利部出台了《关于核定水费制度的报告》。在报告中明确农业供水作为一种有偿服务，其定价由利润和供水成本两部分构成。

二、探索阶段（1985～2003 年）

在 20 世纪 80 年代初，我国迎来了改革开放热潮，全国宏观环境都发生了巨大变化，农业水价政策也迎来变革，其中水利工程管理单位最先迎来了变化。新的水价管理政策要求水管单位要实现统一的企业化管理，为了配合新政策形势，我国在 1985 年发布了《水利工程水费核定计收和管理办法》。为适应水管单位企业化管理的要求，对水管单位的责任与权力进行了重新划分，要求水管单位充分调研当地经济发展情况和水资源实际状况，然后再核算供水成本。允许分类制定当地的农业灌溉水价，主张粮食作物与经济作物分别依照供水成本和略高于供水成本的价格来核定水费，这是我国早期对农业水价制定的科学探索。

1988 年《中华人民共和国水法》的颁布，从法律层面确立了我国农业水价制定的法律依据。从此，我国的农业水价政策全面进入探索阶段。20 世纪 80 年代初期随着家庭联产承包责任制在全国各地开始推行，我国的农业生产环境迎来了巨大变化。以农户为单位的家庭经营方式的经营规模呈现越来越小的势态。这导致了农民对农田水利设施建设的能力减弱，同时由于水土资源条件的限制，我国农业发展速度变慢，每年增加的有效灌溉面积也呈现减少趋势。

进入 20 世纪 90 年代，家庭联产承包责任制的效应充分显现，10 多亿人口的温饱问题得到解决。我国的经济发展水平也取得了长足进步。随着人民生活水平的提高，物质需求越来越强烈，工业快速发展，这个时期的工业用水以及生活用水的需求快速增加，出现了工业以及生活用水挤占农业水资源的现象。在发展过程中，人们对水资源稀缺性的认识越来越深刻，将水资源纳入商品化管理的呼声也越来越强烈。但是由于农业水价具有公益性特征，这使农业用水成本难以得到回收。供水单位面临水费实收率低、农业水价低于用水成本等问题，基本都处于亏损状态，甚至一些灌区出现了严重亏损现象。

为了解决这些问题，水利部在 1997 年制定了《乡镇供水水价核订原则（试行）》，主要强调了农业供水价格的制定应该以满足补偿成本为基础。该原则的实施大大改善了我国农业用水收不回成本的问题。但是我国农业生产在 1995 年后受到国际市场的冲击，国外的农产品开始进入我国农产品市场，受其影响，我国农产品的利润空间越来越小。为了追逐更高收益，大量农民开始外出打工，不再进行农业生产活动。因此，农业水价虽然得到了科学制定，但是由于务农人数减少，土地抛荒现象严重，供水成本的收回依然面临着困难。

为促进农业用水管理的良性循环和真正实现农业水价的杠杆调节作用，国家计委在2001年印发了《关于改革农业用水价格有关问题的意见》（以下简称《意见》），《意见》明确了我国基于现行农业水价政策基础上进行改革，指出我国农业水价改革要联系实际，农业水价的制定要充分考虑农民的承受能力和供水单位的服务，力图通过该《意见》建立合理的水价形成机制和管理办法。随后，2002年发布的《关于水价改革的指导意见》中，再次强调了在水价制定过程中农民承受能力的重要性。紧接着，在2003年水利部制定了《水利工程价格管理办法》，该办法主要对供水单位的性质做出了界定，其中明确供水单位作为“供水经营者”的身份，这为供水单位的权利及义务做出了明确界定。该办法还指出农业水价作为农业这一基础性产业的一部分，对农业水价进行制定时不需要考虑利润及税收，还要适当地对其进行补偿。

三、综合推进阶段（2004年至今）

随着我国农业水价改革速度不断加快，改革力度也进一步加深。2004年4月，国务院办公厅下发了《关于推进水价改革促进节约用水保护水资源的通知》（以下简称《通知》），这标志着我国农业水价进入综合推进阶段。《通知》指出农业水价并不是简单的加减法，而是一项包括水利设施在内的系统性工程。同时要求对农业水费计收办法进一步改进完善。紧接着，在2005年12月国家计划委员会和水利部联合下发《关于加强农业末级渠系水价管理的通知》，强调在进一步加深农业水价改革的基础上，对农业末级渠系的水价进行管理，以进一步完善农业用水价格管理，逐步推进农业末级渠系的用水计量收费制度和终端水价制度。

从2008年开始我国实施农业水价综合改革，构建农田水利良性运行机制是改革的主要目的，保障粮食安全也是改革的重要目标，同时也希望通过改革实现农民增产增收。2011年的“中央一号”文件聚焦农业水价综合改革，指出要确保农田水利工程的良性运行，积极探索水费征收办法，尽量降低农民的水费支出，为进一步推进农业水价综合改革指明了改革途径。水利部2014年印发了《水利部关于深化水利改革的指导意见》，该指导意见明确了水利改革，包括管理制度改革，水权交易制度的构建和创新都是农业水价综合改革的内容。2015年的“中央一号”文件再次强调农业的基础性以及在我国发展中的重要地位，而农业水价综合改革的有效实行对于我国农业发展起着至关重要的作用。2016年国务院办公厅印发了《关于推进农业水价综合改革的意见》，对农业水价综合改革做了全面部署，要求着力提高农业用水效率。

目前已经在全国选取了80个农业水价综合改革试点县，这些试点县都围绕农业水价综合改革的进一步完善做了许多探索性改革的尝试，全社会节水型价格改革取得了一定成效，但在改革中也面临一些瓶颈。因此，继续推进农业水价改革仍然是我国农业今后一定时期内的重要任务。

第二节　农业水价综合改革的基本目标及其成效

一、农业水价综合改革的基本目标

农业灌溉是农业生产中的一部分，农业水价对农业灌溉起着调控作用，影响着农业综合生产能力，对农民的生产积极性与农业水资源利用效率也有着重要影响，并且其本质上与“三农”问题的解决息息相关。因此，国家对农业水价综合改革十分重视，根据国家对农业水价综合改革提出的最新要求，农业水价综合改革的具体目标如下：

（一）完善农田水利配套工程及供水计量设施

要实施农业水价综合改革，配套的水利设施建设与供水计量设施必不可少。水利设施的建设要按照满足用水供给、经济实用及方便计量收费等原则，对农田的末级渠系配套工程及供水计量设施进行完善。同时所有已经在建或者改建的农业灌溉用水项目，也必须对供水计量设施同步进行建设。井灌区也要同步推进改革，保证水价计量到井、到户，逐步实现“一井一表”。另外，地下水超采地区也要求配套完善供水计量设施。

（二）提高农业供水效率和效益

农业用水需求管理一直是一个突出问题，政府部门非常重视。农业用水供给也面临很多问题，这也是国家农业供给侧结构性改革的重要内容之一。加强农业供水管理，保障合理的农业用水需求得到满足，加速农业用水方式的改革。为了提高农业供水效益，不仅要做好农田水利工程体系的建设与完善，而且后期的维护及保养工作也要得到保障。供水计划的制订要科学合理，供水管理体系也要进一步健全。提高供水单位的服务质量，保证供水单位服务的高效与科学，进一步完善服务的运行机制，保障农业灌溉用水的供给充足，并且供水成本要进一步降低，供水单位的工作效率和经营效益才会得到提高。

（三）大力推广节水技术的运用

以市场配置资源为基础，发挥政府的引导作用，转变生产经营方式，鼓励规模化、集约化生产，加大节水灌溉中介机构的培育，进一步提高农业用水效益。政府要积极开展节水农业技术的培训工作，加强农民节约用水意识的培养，同时也要普及科学用水技术，将节水灌溉技术带入农户家中。

（四）加强水费的计收及使用的监管

完善现有水费征收制度，并建立科学、透明的使用管理制度。针对实际用水量、农业用水配额、农业水价的征收标准等进行公开宣传，进一步提高农业水价政策的透明度。建立健全农民用水合作组织，真正发挥农民用水合作组织在水费计收方面的作用，进一步提高农业水费的实收率。加强水费征收的监管，防止出现乱加价和任意收费的现象。在完善现有管理制度的基础上，加强对水费使用的监督，确保收上来的水费每一分都用在“刀刃”上。

（五）建立健全现有农业水价形成机制

价格是市场机制的核心。但由于目前相当多的农田水利缺少计量设施、水权制度缺乏，能够反映农业用水资源稀缺程度的农业水价机制还不健全。因此，要建立健全合理反映供水成本、有利于节水和农田水利体制机制创新、与投融资体制相适应的农业水价形成机制。

（六）建立精准的补贴及节水奖励机制

农业水价制定的基本原则是将供水价格逐渐提高到能够维持水利工程运行维护的成本，以保证农田水利设施工程的良性运行。政府对农业水价的制定要进行科学且全面的考察，不仅要考虑供水成本、水资源的稀缺程度，还要考虑农户的节水行为、农户的承受能力和支付意愿以及农业的正外部性和准公共产品的属性，要建立激励机制鼓励节水行为，政府的补贴效用也要得到充分体现。因此，要基本建立可持续的精准补贴和节水奖励机制。

另外，不同地区的经济发展水平不一样，自然资源禀赋有差异，因而农民的水价承受能力也不一样。因此，水价出台以后，也不能一成不变，要根据其实施效果进行合理调整。同时农业水价政策还要做到因地制宜，针对不同地区的水资源丰富程度及农户承受能力，进行有针对性的分级分层制定。

二、农业水价综合改革已取得的成效

（一）提高了农民的水商品意识

在农业水价综合改革之后，农业用水的商品属性已经得到了普遍认可，农民用水户建立了初步的水商品意识。农业水资源的价格主要是用来补偿水利工程管理单位进行修建维护水利工程。建设水利工程不仅要消耗人力，同时也需要物力、财力的投资，工程建设好以后还需要对工程进行维护与更新等，除供水单位管理人员的工资外还需要支付其他的管理费用，这些费用都需要从水费的收取中进行补偿。因此，水商品观念的普及，不仅只是促进农民用水户的节水行为，同时也是供水管理单位能稳定运行的基础。水费为农业供水单位提供了正常运行的成本，农民的抵触心理得到了一定程度的缓减，避免了水费作为行政事业性收费被随时取消的可能性，保障了收取农业灌溉水费的合法地位。

（二）提高了农民参与用水管理的积极性

农业水价与农民的生产生活密不可分，农业水价综合改革只有在广大农民用水户的积极支持和配合下才能持续推进。伴随着农业水价综合改革的进一步深入，农民用水合作协会也随之建立，农民也开始参与农业灌溉的管理。在履行改造、建设和保养灌溉工程的职责之余，农民用水合作协会还能担当起协调农户与农户之间、农户与水管单位之间用水矛盾的责任。农民用水合作协会的建立不仅为农民直接参与农田水利设施的建设与管理搭建了平台，还为进一步推进农业水价综合改革和实施提供了良好的条件。

（三）加大了农业节水灌溉工程的建设与改造的力度

农业水价综合改革推动了农业用水的节水灌溉工程的建设与改造，各级政府加大了对灌区节水设施的建设与改造的力度。伴随着节水灌溉技术的进一步发展，全国的有效灌溉面积也明显提高。如图 3 - 1 所示，我国的有效灌溉面积在逐年增加。由 2009 年的 59261.4 千公顷逐步增加到了 2016 年的 67140.6 千公顷，增加的有效灌溉面积达 7879.2 千公顷，增加率达 13.3%。农田灌溉用水的有效利用系数也由 2009 年的 0.43 大幅提高到了 2015 年的 0.52，农田灌溉用水量占全社会用水总量的比例也在逐年显著下降。

（四）促使分类农业水价、全额补给成本的新探索

随着农业水价综合改革的进一步推进，关于农业水价的形成有了一些新的探

索和做法：一是根据作物类型进行区分，针对不同的作物实施不同的水价，并逐步实现了全成本水价；二是由地方财政来承担定额内的供水成本费用，进一步强化了用水总量的控制与管理；三是农业水价分担模式的创新，不仅进一步扩展了农业水价形成和征收的范式，而且为农业用水的各个利益相关者做出了切实贡献。

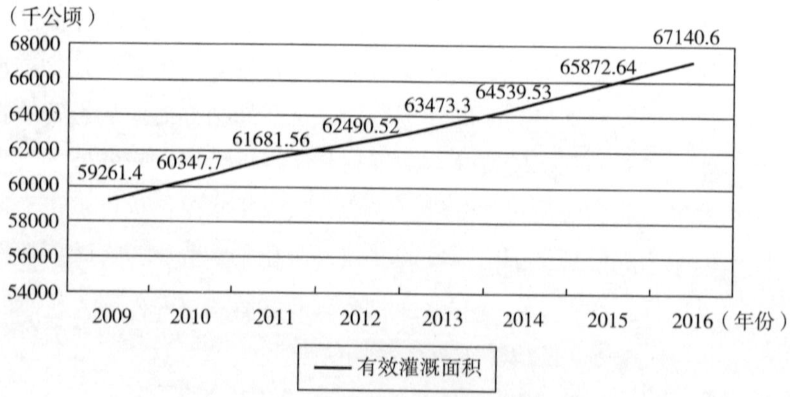

图 3－1　全国有效灌溉面积增长图

资料来源：中国统计局官网。

（五）奠定了进一步推进农业水价综合改革的坚实基础

我国农业水价政策经历了漫长的发展与变迁，为进一步提高农业用水效率，提高农业生产效益，我国农业水价政策历经多次改革，为当前努力推进的农业水价综合改革积累了很多宝贵经验，这些经验为进一步推进和完善农业水价综合改革奠定了坚实的基础。农业水价综合改革必须要根据我国国情来制定政策与推进。例如，早在 1985 年我国就在农业水价政策中提出了要用农业水价补偿农业用水成本，但在很长一段时间内这个想法都没有得到有效实现。在 2003 年颁布的农业水价指导意见中依然要坚持农业水价用来补偿供水成本这一做法，当时也没有有效实现。即使从目前来看，这个想法的实现依然面临很多问题，这在一定程度上反映了当时提出这一农业水价政策的不现实性。类似的经验与教训还有很多，这些经验与教训对于我国农业水价综合改革来说弥足珍贵，能够为将来农业水价政策的制定与实施提供参考与借鉴，能够为进一步完善我国农业水价政策、推进农业水价综合改革提供巨大帮助。

第三节　农业水价综合改革面临的困境

我国农业水价改革实施以来虽然取得了一定成效，但是依然面临着很多问题。农业水价综合改革之后，有效灌溉面积得到了快速增长，但是节水灌溉面积却没有随着有效灌溉面积一起逐年增长。由图 3－2 可以看出，节水灌溉面积虽然比以前有所增加，但是却很不稳定，2013 年、2014 年、2015 年的节水灌溉面积比 2012 年的节水灌溉面积分别减少 4108 千公顷、2198 千公顷、157 千公顷。2013 年的节水灌溉面积是 2010 年以来最少的年份，只有 27109 千公顷，仅比 2009 年增加了 1354 千公顷。值得关注的是，2016 年的节水灌溉面积又呈现增长态势，为 2009 年以来最高，达 32847 千公顷。

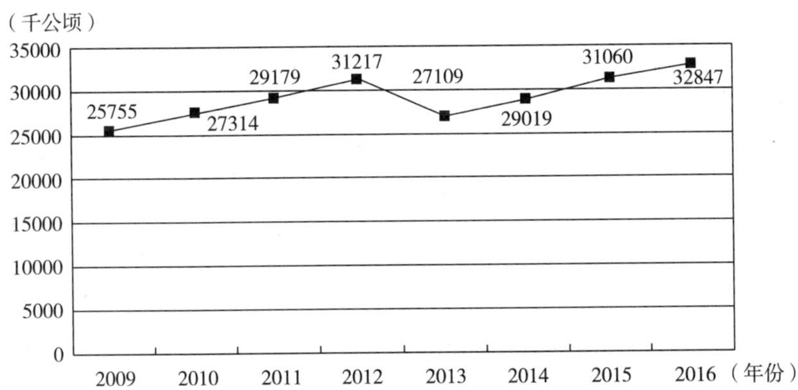

图 3－2　全国节水灌溉面积增长图

资料来源：中国统计局官网。

从节水灌溉面积与有效灌溉面积的占比来看（见图 3－3），2009 年和 2016 年的占比分别为 43.46%、48.92%。2016 年比 2009 年仅提高了 5.46%。可见，我国虽然在农业水价改革之后有效灌溉面积增加了，但节水效益进一步提升的空间还很大。

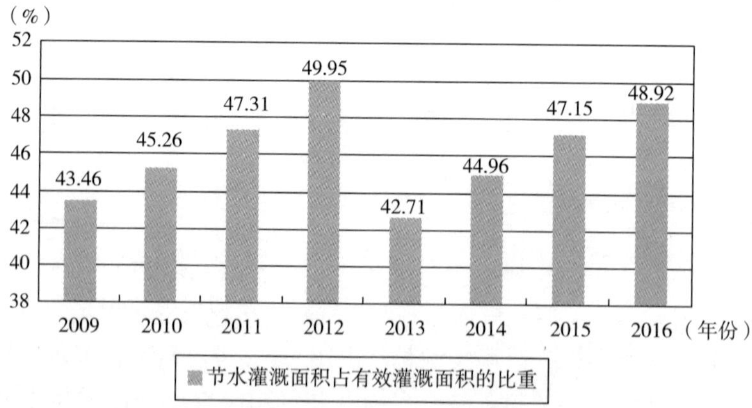

图 3－3　全国节水灌溉面积与有效灌溉面积占比

资料来源：根据中国统计局官网获得的数据整理得到。

一、农业水资源商品意识欠缺现象仍然比较严重

自古以来，人们都认为水只是普通的自然资源，认为水只是天上落下的雨，是河里流的，不具有商品属性。这种对水资源商品意识的缺乏不仅出现在农户身上，而且一些农业用水相关部门相关人士对农业水资源商品意识都有所欠缺。尽管农业水资源商品意识在我国 2004 年开始推进农业水价综合改革以来有所改善，但农业水资源商品意识欠缺现象仍然比较严重。问题的出现主要是因为农业供水管理单位忽视了对广大农户及相关部门进行广泛的宣传教育，农业供水管理单位应高度重视对农业水资源的商品属性、水费的收取原则及收缴政策进行深入详细的讲解，力求获得相关部门的认同和支持，力求减轻农民用水户对农业水费缴纳的抵触情绪。

目前，我国在全国范围内选取了 80 个试点县开展农业水价综合改革试点工作。在政策的号召下，很多省份都对“农业水价办法”进行了完善与更新，但依然有部分地区并未及时对农业水价政策进行更新，这不仅不利于提高农民的节水意识，而且还会导致农业水资源的浪费。农业水价综合改革还需要进一步深入推进，不仅要普及县、乡，甚至包括每一个从事农业生产的农户，否则农业水资源商品意识的淡薄将会成为农业水价综合改革推进的绊脚石。

二、农业水价与供水成本之间的矛盾突出

目前，农业供水成本与农业水价之间存在着矛盾，这成了农业水价综合改革进一步推进亟须解决的问题。农业供水成本与农业水价之间存在着缺口，并且一直难以得到缩小，部分地区的农户在农业用水方面的支出较高。数据显示，目前大型灌区和以前相比有了一定改善，农业现行水价得到了提高，但是多数灌区的执行水价还是不足供水成本的50%，而且难以得到全额收缴，还有一定比例的国有水利工程管理单位实际收取的水费大约只有供水成本的30%。虽然现在从中央到地方已经制定了一系列的惠农政策，但是农业水价和供水成本矛盾的存在，将会严重阻碍农业水价综合改革的进程。

三、农田水利设施建设落后并且缺乏有效管理

我国很多地方还存在着农业末级渠系不配套的问题，这导致了农业用水的计量设施不完善，计量手段不合理，不利于农业水资源的节约。由于各地方经济发展水平不同，一些落后地区的灌溉设施迟迟难以得到更新，一些配套设施的建设也没有跟上，这些问题不利于我国农业进一步发展，也妨碍了农业水价综合改革的推进。在农田水利设施管理方面也存在一些问题。例如，由于我国的农田水利基础设施大多是由政府进行统一管理与建设，有些地方管理人员专业素质不高，不能及时解决农田水利设施出现的问题，也不能准确核算建设和维护水利设施正常运行的投资成本，导致农田水利设施难以有效正常运行。

四、农民用水合作协会没有真正发挥作用

农业水价综合改革是一项需要广大农民群众支持和参与才能得到有效实施的系统性工程，其中农民用水合作协会的形成对推动农业水价综合改革有重要作用。但是目前农民用水合作协会还处在发展初期阶段，其自身的进一步完善还需要很长时间的探索。农民用水合作协会作为一种公益性组织，能够无私地为广大农户提供服务。但无论是农田水利设施建设过程中的费用筹措与落实，还是相关技术人员的培训等都需要资金支持。由于其公益性，没有经济利益保障其可持续发展，因此资金问题成了阻碍农民用水合作协会进一步发展的关键因素。同时，农民用水合作协会的管理人员的选取与会员入会资格也存在一些问题，阻碍了农业水价综合改革的加速推进。

五、政府财政补贴不到位

农田水利设施在长期运行过程中，出现了故障与磨损，这都需要资金与人员进行维护，而且有些地区的农田水利设施年久失修，更需要政府财政资金补助。虽然政府一直在加大农田水利设施资金的投入，但始终是杯水车薪，维护农田水利设施正常运行的相关费用还是难以得到足额补偿。长此以往，不仅加重了农田水利管理单位的经营困难，而且也阻碍了农业水价综合改革进一步推进。因此建立科学合理的政府财政补贴机制，是推动农业水价综合改革的关键因素之一。目前河北省出台了《农业水价改革及奖补办法》（以下简称《办法》）。《办法》中提出了“超用加价”与“一提一补”两个概念，对农业水价综合改革模式进行了创新。其中“超用加价”指的是在农业用水的规定额度内按照规定的水价来执行，而超出的部分则在现行水价的基础上加价 20% 以上。而“一提一补”指的是在现行水价的基础上，农业灌溉用水每立方米加收 0.2 元，并且采取“提二补一”的方式进行财政补贴，一直补贴五年，但逐年递减，直到第六年退出。《办法》创新地建立了一种科学合理的精准补贴机制，但是这种精准补贴机制实施起来面临的困难还很多。

第四章　灌区农业水资源定价机制分析

“经济人”假设是市场经济学一个基本假设，又被称为“合乎理性人”的假设。“经济人”被视为经济生活中一般人的抽象，被假设为利己的。即在一切经济生活中的行为都是力图以最小的经济代价去追逐和获得自身的最大化经济利益。如果将农户的农业生产行为视同为市场经济条件下的一个市场行为，那么就可以假定农户是一个理性的生产单位，农户将追求农业生产效益的最大化。在农业生产过程中，灌溉用水与耕地、劳动力、农业机械、农药、化肥、种子等其他生产要素一样，都是农业生产活动的投入成本，是种植农作物的一种最基本的资源要素投入。因此，如果这种要素是有偿使用，农户必然要考虑这种投入要素的经济合理性。

在理想的、完全竞争的市场中，市场能根据价格水平通过平等交换自发进行生产、分配、消费决策，并能使有限的社会资源配置达到效率最大化，根据市场理论，农业灌溉水市场也应该如此。但农业灌溉水市场不是一个理想的竞争市场，完全自由竞争市场需具备有理性消费者、无公共产品、无内部规模经济、无外部经济。由于农业灌溉正外部性的存在，如果农业灌溉量完全由价格机制调节，会导致农业灌溉水的价格超过农民的经济和心理承受能力，造成农民由于生产成本增加，而放弃农业生产去从事非农工作，影响粮食生产和农业经济发展。

另外，农业灌溉作为一类具有很强正外部性的准公共产品，准公共产品需要市场介入，但这种准公共产品不可能完全转化为私有物品并单纯依赖市场提供，否则该公共产品的供给不能达到社会效益最大化水平。农业水费只能是一种公益性事业服务收费而非完全的市场价格，为了保证农民使用灌溉水的积极性和收益，农业灌溉水定价需要政府的参与和指导。

第一节　农业水价形成的基础水量：灌溉用水量的确定

农业灌溉是指按照农作物生产过程中的需水要求，通过灌溉系统有计划地将灌溉用水输送和分配到田间，以补充农田水分的不足。灌溉用水量指从水源引入的灌溉水量，包括作物正常生长所需灌溉的水量、渠系输水损失水量和田间灌水损失水量，称为毛灌溉用水量。农作物需水量由两部分组成：降雨供给和灌溉用水。农作物生长过程中，由于降雨供给不足需要依靠灌溉补充的水量为作物的净灌溉需水量。因此，某种作物的净灌溉需水量等于生育期内作物需水量与有效降水量之差。

灌区作物所需的灌溉用水量，用万立方米或者灌溉面积（亩）来计量。灌溉用水量的统计有两种方式：一种是分时段计算的灌溉用水量，一般按照月、旬划分时段，按照灌溉用水过程，即按作物的灌溉制度统计灌溉用水量；另一种是整个生育期的灌溉用水量，在各时段内作物的灌水定额乘以种植面积，即得到各时段的净灌溉用水量，其和就是整个生育期的净灌溉用水量，又称为有效灌溉水量。

因此，某时段某种农作物生育期内的灌溉用水量可用下列计算式表达：

$$Q_{ij} = Q_{ij}^{*} \tag{4-1}$$

$$Q_{ij} = IQ_{ij} + DLQ_{ij} + FLQ_{ij} \tag{4-2}$$

$$Q_{ij} = CDQ_{ij} + ERQ_{ij} \tag{4-3}$$

式（4-1）~式（4-3）中，Q_{ij}为第 i 种作物在第 j 个时段的灌溉用水量（立方米/亩）；Q_{ij}^{*}为第 i 种作物在第 j 个时段的毛灌溉用水量（立方米/亩）；IQ_{ij}为第 i 种作物在第 j 个时段的净灌溉用水量（立方米/亩）；DLQ_{ij}为第 i 种作物在第 j 个时段的渠系输水损失量（立方米/亩）；FLQ_{ij}为第 i 种作物在第 j 个时段的田间灌水损失量（立方米/亩）；CDQ_{ij}为第 i 种作物在第 j 个时段的作物生育期需水量（立方米/亩）；ERQ_{ij}为第 i 种作物在第 j 个时段的有效降雨量（立方米/亩）。

需要注意的是，一些地区由于土壤条件和气候条件等原因，净灌溉水量还包括附加灌水量，附加灌水量主要指水田的泡田水量、必需的渗漏量和盐碱地土壤的冲洗压盐等水量。

净灌溉水量的确定主要由作物的需水规律和当地气候条件决定，通常而言，有经验的农民会在长期的农业生产活动中形成固定的灌溉制度。但实际上，农民在灌溉活动中，灌溉水量还受当地的灌溉工程设施、农业水价、农产品价格等社会因素影响。从管理角度来看，灌溉用水量即毛灌溉用水量就是水费征收的基础水量，即农业水价形成的基础水量。

第二节 市场定价机制

农业灌溉水价是农业灌溉用水在市场经济中的价值体现，反映的是灌溉水这种商品在市场中的供需变化。农业灌溉用水在定价过程中受多方面因素的影响，不仅受到自然环境水资源质和量的影响，同时还取决于供水者对水资源的开发程度、用水者的经济水平及政府相关政策的影响。因此，农业灌溉水价是在综合考虑多方面因素后，通过科学计算得出的数据，而不是完全由理论推导得来。由此可见，灌溉水虽具有商品属性，但是价格并不完全遵循市场经济规律，它只是一个决策水价，但不可否认，农业灌溉水价在调节和控制水资源市场供需方面发挥着重要作用。因此，本节分别从农业灌溉用水供需双方的角度，探讨农业灌溉水价的市场形成机制，力求充分发挥农业灌溉水价对灌溉水的资源配置作用。

一、供给者角度分析

农业灌溉基础设施主要由政府投资兴建，因此农业灌溉水的供给者主要是政府或政府管理单位。从供给者角度来看，农业灌溉水价应包括水资源从自然水经处理加工成为商品水，最后以污水排放的形式回归自然环境这一过程的全部成本。因此，供给者提供的水资源价格就应该包含供给者的工程成本、环境成本、资源成本及所有可能的成本性支出，此时的水价才能充分体现水资源的有限性和稀缺性带来的经济价值。

我国农业用水水库灌溉系统由灌溉水库、干渠、子渠组成。沿干渠方向，每隔一定距离就有一条子渠。子渠与灌溉农田之间由进/出水口相连。农业用水从灌溉水库流出，经干渠、子渠、进水口进入灌溉农田。为控制灌溉用水量，在灌溉水库与干渠之间、干渠与子渠之间都设有阀门，分别称为水库阀门、干渠阀门、子渠阀门。水库阀门一般由地方政府或村委员会管理。当需要对农田灌溉时，地方政府或村委员会打开水库阀门，需要灌溉哪一块农田，就打开干渠与对应子渠阀门，水经干渠、子渠、进水口流入农田。灌溉过量的水由农田另一端出水口流出。通过该农业用水水库灌溉系统，可以控制灌溉用水量，减少灌溉用水的浪费。

我国农村地区农业用水水库灌溉系统见图4－1。

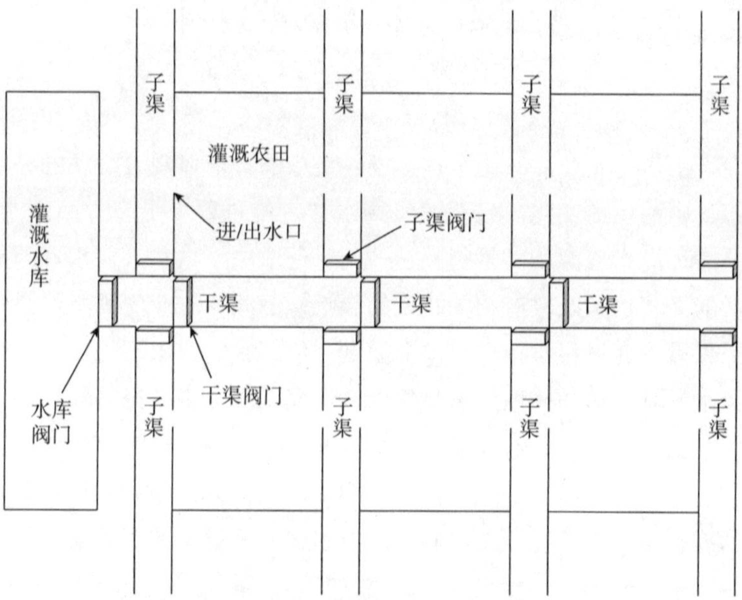

图4－1　我国农业用水水库灌溉系统

（一）农业灌溉水价制定的根本依据：供水成本

根据经济学原理，成本为商品定价的基础，即商品的价格水平受其成本高低的影响，这里所指的成本是指社会平均成本。从宏观角度来看，水利工程依据供水成本对灌溉用水进行定价，同时供水成本也是水利工程维持基本运营的最低经济要求。因此，供水成本是制定农业灌溉水价的基本依据。

在按供水成本进行水资源定价时，一方面要符合国家有关政策，另一方面还要符合农户的心理预期。从供给者角度来看，灌溉水价是其供水成本的直观反映，当供水成本增加时，供水价格也应相应提高才能保障供水单位的基本利益。此外，当由于供水成本过高带来的高水价使用水户难以接受时，用水户出于经济考虑，用水需求量会相应减少，那么供水单位收入也会随之减少，这使得供水单位陷入两难的尴尬境地。如果水价不能充分反映供水成本，无法对供水企业增加的成本进行合理补偿，这又会引起水利工程企业的财务状况越来越差，无盈余资金对供水工程进行基本的管理维修，造成基础设施老化严重，效益日渐降低，只能依靠国家财政补贴维持基本运营，必然会使供水水利工程陷入一种恶性循环的处境中。

（二）农业灌溉水价核算的原则

1. 可持续发展原则

长期以来，由于农业灌溉用水定价机制不合理，导致灌溉水价标准过低，水资源浪费严重。一方面，灌溉水价标准过低造成供水单位亏损严重，财政状况差，只能靠政府补贴维持基本运营，不利于我国水利市场的健康稳定发展；另一方面，水价标准过低造成水资源浪费严重，节水技术推广缓慢，不利于水资源的可持续性使用。因此，在可持续发展原则下，制定的灌溉水价既要能弥补供水单位的供水成本，保障其正常可持续运营，又要能提高水资源使用效率，优化水资源配置，促进水资源的可持续性使用。

2. 有偿供水原则

农户在使用灌溉水进行农业生产时，需向供水者缴纳一定的灌溉水费，这部分费用主要用于给付供水单位的供水成本以及水利工程设施的日常维护与保养，从而让农业水利基础设施能够长期正常使用。以供水成本为基础制定灌溉水价，同时对供水成本进行科学合理的核算和管理，是保证农业水利工程良性运行的前提条件。因此，农业灌溉水价制定要能科学地反映供水企业的生产运营成本及合理收益的要求。

3. 公平性和准公益性原则

灌溉农业是我国国民经济发展的基础，而灌溉水利工程又具有准公共产品的属性。水利工程的供水是一定区域内所有农户的有偿共享资源，农民在使用水资源灌溉农业时，农业灌溉水的价格必须公平，即用水农户获得的供水服务与其支付的费用成正比。农业灌溉水价的制定需兼顾多方利益，综合考虑供水者以及用水户的心理和经济承受能力，以体现社会公平。同时要充分反映农业灌溉水资源的准公共物品属性，充分体现水资源的价值及其供求关系，实现灌溉供水的社会效益和经济效益的统一。

（三）农业灌溉水价核算的方法

从上述分析可知，灌溉水利工程具有准公共物品的特征，因此，水管单位就具有公益性及经营性的双重特点。经营性主要表现在供水单位提供的灌溉水价要能够弥补其所有的供水生产成本，并且能有微利；公益性主要表现在水资源是社会生产发展的公共产品，农业灌溉水资源价格的形成不能仅以营利作为定价的原则，而是要考虑灌溉水资源的可持续高效率使用和社会的稳定健康发展。同时，灌溉农业作为国民经济发展的基础性产业，国家在财政上要有一定的资金支持。在现行的水费管理办法中，由于没有考虑水资源的环境成本，显然不利于我国水资源的可持续使用。因此，农业灌溉水价的核算应采用全成本法核算，即考虑水资源的工程成本、环境成本和资源成本，并兼顾农户对灌溉水价的承受能力进行灌溉水价的核算。

（四）供水单位期望的农业灌溉水价

综上分析，供水单位基于市场经济商品价格理论，期望的农业灌溉水价由以下三部分组成：一是供水单位提供水资源获得的最低收入要能够弥补其当年进行生产、经营等全部成本性支出；二是供水单位取得的水费收入能够平衡所有运行成本及资本折旧费，从而能从中提取适当比例的费用对供水工程进行改造、维护、保养等，保证日常的生产经营；三是供水单位在最期望的水价情况下，收取的水费能弥补全部供水成本的同时，还能有一定的利润收入。

虽然供水单位期望的农业灌溉水价在市场经济条件下是合理的，但由于目前合理的灌溉水价制度尚未充分建立，农民的经济水平虽有提高但仍处于较低水平。因此，在目前条件下这一要求实现起来困难较大。总之，从灌溉水供给者的角度来看，在制定的灌溉水价标准下所获得的水费收入要能弥补其提供灌溉水资源所产生的全部成本支出，包括生产成本、工程维护费和人员工资等。只有成本得到合理弥补，供水单位才能持续健康运行，此时的灌溉水价才是供水单位最期望的水价。

二、需求者角度分析

我国是农业大国，农业人口占比高，因此，保证粮食安全和农业平稳发展是我国一项长期的基本国策。一方面，粮食是维持人们日常生活的必需品，其市场价格相对稳定；另一方面，农业生产成本却一直处于较高水平，生产投入的种子、化肥、农药、劳动力、机耕费用等支出逐年上涨，农民的收入增长速度远远慢于投入成本增加的速度，导致农民净收益逐年减少，进而造成农民选择放弃粮食作物的生产，转而生产经济价值较高的经济作物，不利于保障我国粮食生产安全，同时也间接反映出农户对灌溉水价的经济承受能力比较弱。另外，灌区水利工程修建时，农民投入了大量人力、物力、财力，如果再以全成本水价向农民收取水费，又没有相应的水费补偿措施，农民自然很难承受这一价格水平。因此，制定农业灌溉水价应充分考虑农户的承受能力，才能提高农民进行农业生产的积极性，有效促进农业生产的稳定发展和保障粮食生产安全。

（一）农民对农业灌溉水价的承受能力

农业灌溉水价承受能力是指农户对灌溉用水价格所能承受的区间范围，或者说是在一定范围内农业灌溉水价对农户生产生活带来影响的大小。由于受生产生活习惯的影响，农民即使在农业灌溉生产收益较低或者经济收入状况不佳的情况下，也会考虑使用一定量的灌溉水进行基本的农业生产。此外，由于不同地区农民的用水方式、种植结构、经济水平不同，因而对农业灌溉水价的承受能力也存在着一定的地区差异和不同农户类型的差异。

一般来说，农民对农业灌溉水价的承受能力包含两个部分，分别是经济承受能力和心理承受能力。农民的心理承受能力决定他们对待农业灌溉水价的直接态度，灌溉水价是否合理、是否愿意缴纳水费是心理承受能力对灌溉水价做出的最直观解释。农民的年均纯收入是区域经济发展程度的一个综合性指标，也是度量农民对农业灌溉经济能力的一个重要指标。但是，单纯依据农民人均纯收入这一个指标并不能完全反映农民对灌溉水价的实际承受能力，还必须兼顾农村超低收入群体的经济承受能力，该群体对农业灌溉水价的调整会产生一定影响，这也说明了农民对灌溉水价的承受能力的实际值会比预计值低的主要原因。

总的来说，影响农民对灌溉水价承受能力的因素主要有：灌溉水价的标准；灌溉水的投入成本；农民的收入和支出水平；用水户对灌溉水价的标准、服务的态度与看法等。

（二）农民灌溉用水决策行为对农业水价的反应机制

在市场经济中，农民作为一个理性的生产者，其进行农业生产的目标是获得利润，维持日常基本生活和农业再生产。因此，农民选择灌溉水这种商品投入到灌溉农业中时，必然要考虑成本投入的合理性和回报性。影响农户是否选择灌溉水进行农业生产的因素主要有社会因素和自然因素两类。社会因素主要是指当前的农业灌溉水价标准、灌区水利基础设施、农作物的市场价格等；而自然因素主要是指种植某种作物所需的灌溉水量。社会自然与自然因素共同影响着农户选择灌溉水进行农业生产的决策行为。

根据需求定理，当某一商品的价格发生变化时，该商品的需求量也随之发生变化。因此，农民进行农业生产时选择的灌溉需水量也会随着农业灌溉水价的变化而变化，可用式（4－4）表示：

$$P = K + F(Q) \tag{4-4}$$

式（4－4）即农民灌溉需水量对灌溉水价变动的反应机制。其中，P 为农业灌溉水价，Q 为农民灌溉需水量，K 为影响灌溉需水量的其他因素，这些因素为外生变量，包括采纳节水技术、灌溉水利基础设施状况等。

三、农业水价市场定价机制的"失灵"

基于市场机制构建的农民灌溉用水决策行为对农业水价变动的反应模型［式（4－4）］，将农民在农业生产决策中对农业灌溉水价的反应机制呈现在图4－2中。横坐标表示灌溉需水量，纵坐标表示农业灌溉水价。曲线 CD 表示农民在不同灌溉水价下灌溉需水量的情况。

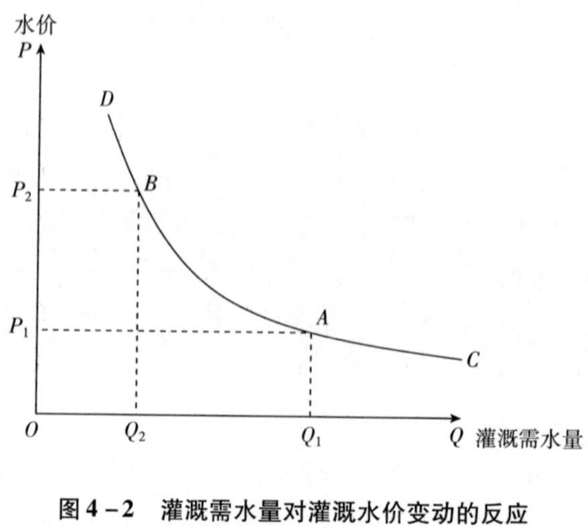

图 4－2　灌溉需水量对灌溉水价变动的反应

在最初传统的灌溉水平下，农民的灌溉需水量处于 $A(P_1, Q_1)$ 点，即此时的灌溉水价标准是 P_1，农民的灌溉需水量为 Q_1。在灌溉水平不变的情况下，根据需求定理，随着农业灌溉水价逐渐上涨，农民的灌溉需水量也会逐渐减少，直至由 A 点沿需求曲线 CD 移动至 $B(P_2, Q_2)$ 点。此时，B 点对应的灌溉需水量为 Q_2，应该是在最初传统的灌溉水平下农民灌溉需水量的最小值，也是农业灌溉水价改革的临界点。因为水价由 P_1 上涨至 P_2，农民的灌溉决策点由 A 点移至 B 点，农民灌溉的成本支出也由最初的矩形 OQ_1AP_1 变化为 OQ_2BP_2。当农业灌溉水价上涨至 P_2 后，如果水价继续上涨，农民为了满足作物生长要求，又不能减少灌溉水的投入，农民的灌溉成本大幅增加，生产获得的利润开始减少。在这种情况下，农民的灌溉决策行为面临两难选择，要么减少灌溉水的投入，降低成本支出，产量也随之降低；要么继续保持作物的灌溉需水量，支付高额的灌溉水费。不管如何选择，农民的收入都会受到影响，此时的农业灌溉水价的市场定价机制失灵。

第三节 政府定价机制

农业灌溉用水作为一种稀缺的商品资源，由市场供求定价调节农业用水的资源配置，理论上是具有效率的。但在实际操作过程中，农业灌溉用水作为一种生产要素，会存在市场失灵，导致农业生产者由于农业灌溉水价过高而放弃农业生产，影响国家的粮食安全和农业经济发展。因此，基于农业灌溉的正外部性效应与市场机制定价产生的失灵情形，农业灌溉用水定价需要政府的参与引导。

一、政府定价的理论基础：外部性理论

外部性理论揭示了市场经济中部分低效率资源配置的根源所在，并为解决某些外部不经济问题提供了新的思路和框架。“外部性”这一词源于新古典经济学马歇尔的著作《经济学原理》一书。此后，福利经济学创始人之一庇古在马歇尔有关理论的基础上提出了外部性理论。外部性是指在没有市场交换的前提下，一个消费单位的消费行为（或生产者的生产行为）影响了其他消费者（或生产者）的消费过程（生活过程）。外部性就是指社会成本和私人成本、社会收益与私人收益不一致的情况。一般来说，外部性伴随生产或消费的过程产生，可以分为两个类型、四种具体形式，即生产的正外部性和生产的负外部性、消费的正外

部性和消费的负外部性。外部性最重要的特点是独立于市场机制之外，即市场机制并不能对产生外部性的主体进行足够的惩罚或补偿，从而导致“市场失灵”的现象。与此同时，外部性会导致市场资源配置出现低效率的情况，并且外部性的范围越大，市场对资源进行有效配置的作用就越小，从而让市场经济运行无法达到“帕累托最优”的结果。

因此，为减小外部性对市场经济的影响，需要将外部性内部化。外部性内部化是通过将生产者或消费者产生的外部性费用转入其生产或消费领域进行内部承担或消化，从而对社会与私人成本之间的差额进行弥补，进而解决此类外部性问题。外部性内部化的方法有很多，常见的主要有税收和补贴、法律和条例、产权界定等。

灌溉供水工程提供的水资源不仅与当地降水情况、存水量有关联，同时还与灌溉种植结构、灌溉水利设施等因素有关系。一方面，灌溉水利设施具有准公共产品的特点，主要由政府承担这些设施的供给；另一方面，灌区农业生产和农户是灌溉供水的主要服务对象，同时也是我国长期以来重点帮扶的产业和群体。在早期灌溉工程建设时，农民或多或少地投工投劳参与其中，并且农户在购买灌溉水进行农业生产时，为国民经济的发展建设创造了一定的外部效益，其本身就具有较大的正外部性。因此，水利工程与农户作为灌溉用水的供需双方，在其生产经营获得利润补偿的同时，都为生态环境、社会经济发展创造了大量的外部效益。

二、农业灌溉水价外部性成本分担

农业灌溉水价按照市场机制进行成本核算时，只考虑了供水生产成本和生产费用而没有考虑外部性所造成的影响，因而，此时的灌溉水价并没有充分体现农业灌溉作为准公共产品的属性。为了维持灌溉水利工程的正常运营以及灌溉农业的可持续发展，根据“谁受益，谁负担”的基本原则以及外部性理论，应将灌溉水利工程的供水成本在各受益对象之间进行分摊，同时对灌溉农业实行一定的经济补贴，最后再来确定农业灌溉水价的定价标准。

灌溉水利工程的农业灌溉供水的直接相关利益者有农业生产者、供水单位和政府部门，还有农业生产的外部性衍生的间接相关利益者，包括农产品的所有消费者、保护环境生态的受益者及保障粮食安全社会效益的受益者等。因此，农业生产的价值多元化决定灌溉受益群体多元化，使供水成本合理分摊的难度加大。

另外，外部效益具有空间限定性和时间累积效应的特点，也使农业灌溉供水成本难以有效分开计算。故当前要采用分摊供水成本和量化外部性价值的方法确定农业灌溉成本水价还存在一定难度。

关于农业水价的分担，学界有一些探讨。姜文来（2003）认为，我国已经具有开展农业水价合理分担的经济基础。从农业水价分担的形式上看，农业水价补贴（补偿）是目前在我国应用最广泛的一种方式。魏新光（2011）认为，应该由财政补贴没有达到供水成本的那部分水价成本。冯广志（2010）坚持认为，补偿成本是农业水价改革的核心原则。并且补贴的方式主张改"暗补"为"明补"（刘红梅等，2006）。从农业水价分担模式上看，杨平富等（2007）认为，政府不仅对灌区进行补贴，还应该对农户给予直接财政补贴，采取补贴农户和补贴灌区相结合的模式，这种模式不仅能够减轻现阶段农业生产者的水费负担，而且可以对农业用水的供需双方产生节水激励。徐向阳（2009）构建了"农业用水户＋政府＋非农业用水户＋水管单位"参与的农业相关利益者水价分担模式。

另外，农业水价承受能力与农业水价分担密切相关，它是农业水价分担的基础之一。农业用水户作为基本生产单位，对农业水价改革的决策行为是"理性的"和"利己的"，农业水价政策只有在充分考虑到农户的实际反应时才能发挥最大效应。

三、农业灌溉用水的政府定价：农户灌溉行为的负外部性

我国在过去很长一段时期内，农业灌溉用水采用了政府定价制度。但在农业用水政府定价制度下，农户的实际灌溉行为并没有合理地规划利用水资源，由于缺乏用水约束或节水鼓励，过度的水资源占用现象普遍存在。无论作为生活必需品还是生产要素，水资源对所有社会成员来说都是稀缺资源，因此，在农业生产中某个经济主体过度占用水资源，会导致他人利用水资源的成本增加，在消费水资源的同时产生负外部性。

（一）下游农户取水的负外部性

农业生产者消费灌溉水资源时会引起下游农户取水的负外部性。农业灌溉行为具有地区性和时空性，天然形成的河流有上下游之分，同样水利工程顺次经过各个村庄，水流先经过的地方即为上游，最后到达的地方为下游。在一定的时空条件下，农业灌溉用水的总量是一定的，灌溉时各个村庄会依上、中、下游的顺序，按计划、分时间进行灌溉用水，上游的农田灌溉完毕后，进行下游农田的灌

溉。从时间上来看，优先灌溉的地区过度灌溉占用了更多的时间，影响了下游地区及时灌溉，会产生一定的机会成本。从总量上来看，水资源总量在上游地区分配过多，中下游地区会面临水资源不够用的风险。在实际调查中发现，下游的农户位于渠系末端的农地，经常不能足量用水，需要用其他方式补水。因此，灌溉行为的过度用水增加了下游农户的取水成本，产生了负的外部成本。

（二）行业间的负外部性

从全国范围来看，农业用水、工业用水和城市生活用水分别占用水总量的62%、26%和12%，农业用水占用水资源的比例最大。在工业化、城镇化和农业现代化的进程中，水资源合理配置的原则之一就是要统筹兼顾，协调好生产、生活和生态用水。在社会水资源总量一定的情况下，农业过多地占用水资源，会增加其他行业水资源的获取成本。相反，如果通过提高渠系的利用率，采用节水技术等方式减少农业对水资源的利用总量，可以将节约的水资源用于工业、居民生活及生态环境改善等方面，既可以增加工业总产值又可以改善生态环境，提高整个社会的福利水平。

（三）代际间的负外部性

由于代际关系的特殊性，不同代际权益主体之间有显著的时间阻隔，当代主体的行为决策对后代主体的外部性普遍存在。根据可持续发展理论，当代人在寻求自己发展而利用自然环境和资源时，应该长远考虑到后人对资源的需求。农业是国民经济的基础，宏观上政府对农业发展的政策具有战略性，微观上从事农业一线生产的农民同样应该坚持可持续发展的理念。虽然水资源被认为是可再生资源，但水系统的再生和循环需要的周期较长，当代人过度开发和利用农业水资源，对未来该地区的农业发展会产生一定限制，包括水资源总量减少、土壤墒情恶化、土地盐碱化等，从长远来看，农户灌溉过度的行为会损害后代人的利益，具有代际间的负外部性。

（四）环境的负外部性

水资源通常被认为是可再生资源，农户的灌溉行为并没有对水资源造成污染，但过度地开采利用水资源必定会破坏生态环境。尤其是农田灌溉的井灌区，由于自然条件和地形的原因，这部分地区主要的取水来源是地下井水，如三江平原地区。农户打井时无法对地下水资源进行科学的水文勘测，基本处于无序开发的状态，位置较好的井能够使用7～8年，位置不好的井使用3～4年就会枯竭。三江平原近10年来地下水位平均下降2～3米，部分区域下降3～5米，地表下沉、水资源加速减少，直接影响水资源的质量，也长期影响了当地植被的生长和生态系统稳定。甚至有的地区会出现严重的地质灾害，如成都大邑县新场镇“天坑”形成原因就是因为常年大量抽采地下水，致使砂卵石层在一定深度范围内形成架空结构，发生塌陷，给环境带来严重的负外部性。

第四节 灌区农业水价：政府与市场的双重定价

一、农业灌溉用水双重机制定价的理论：公共产品理论与农业用水属性

根据现代西方经济学的分析范式，社会中所有产品都可以归为三类，即私人产品、公共产品和介于两者之间的准公共产品。判断某个产品的产品属性主要依据三个特征：效用的不可分割性；消费的非竞争性；受益的非排他性。同时具备以上三个特征的产品为纯公共产品，只具备上述三个特点中的一个或两个，或者虽然三个特点都不完全具备但却具有较大外部效应的产品为准公共产品。效用能够明确分割，并具有清晰的消费竞争性和受益排他性的产品为私人产品。

农业灌溉用水既具有消费上的竞争性和使用上的排他性，又具有受益上的正外部性，可以将农业灌溉用水列为准公共产品一类。首先，农业灌溉用水具有效用的不完全分割性。农业生产者在农作物需水灌溉时，能够及时足量灌溉，就可以从增加的农作物产量中获得直接的利益，这部分私人收益是属于农业生产者个人的，是可分的，具有私人产品特征。但农业灌溉用水除了获得私人收益，还能带来社会收益。这部分社会收益对每个农业生产者个人而言又是不可分的，具有公共产品特征。其次，农业灌溉用水消费具有不完全竞争性。我国农业用水资源分布不均，在农业水资源相对丰富的南方地区，当农业水资源的利用程度没有达到饱和状态时，增加一个农业生产者的农业灌溉用水的边际成本基本为0，此时的农业灌溉用水具有非竞争性的公共产品。但在农业用水资源有限的情况下，尤其是在我国缺水严重的北方地区，增加一个农业生产者的农业灌溉用水就减少了其他农业生产者灌溉农业的机会，即增加一个农业生产者农业灌溉用水的边际成本大于0，此时的农业生产者农业灌溉用水就有竞争性，具有私人产品的性质。所以，农业灌溉用水不仅能给个人带来收益，还能带来社会收益，这部分社会收

益是全体消费灌溉农作物成员共同享受，排除他人享受的成本很难在技术上实现。

二、农业灌溉用水双重机制定价的现实动力

农业灌溉用水完全根据市场机制定价，市场失灵引起大量农业生产者因为生产成本过高，从事农业生产收益过低，而转移从事其他行业就业，诱发国家粮食安全和农业的可持续发展问题，也会影响国家现代化的战略目标的实现。过去，我国农业灌溉用水采用政府定价制度，由于定价过低，农业生产者过度灌溉，导致他人消费水资源时产生下游农户取水的负外部性、行业间的负外部性、代际间的负外部性及环境的负外部性。因此，农业灌溉用水定价需采用政府与市场双重定价机制。农业灌溉用水双重机制定价的现实动力见图 4－3。

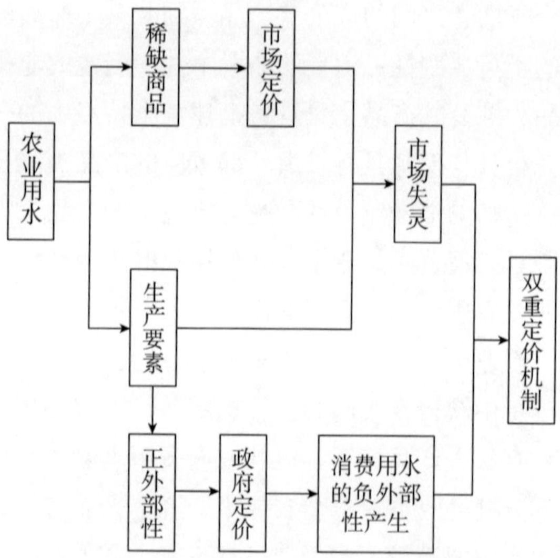

图 4－3　农业灌溉用水双重机制定价

第五章　灌区农业水价形成的现实考察

——以湖南省铁山灌区为例

第四章对灌区农业水价形成机制进行理论分析，本章选择湖南省岳阳市铁山灌区作为农业灌溉水价制定的现实考察对象，检验本研究提出的灌区农业水价确定方法的现实性。选择岳阳铁山灌区作为现实考察案例主要出于两方面的考虑：一是铁山灌区是湖南省第二大灌区，为湖南省主要的粮食基地，近年来在政府的大力支持下灌区发展迅速，水管制度及水利设施建设日渐完善，以此作为案例进行研究，对于其他灌区的后续改造有较强的指导性；二是铁山灌区在灌溉水价及水资源供求方面都处于全国中等水平，这显然有利于作为一般灌区灌溉水价定价的研究对象。

第一节　灌区概况

一、自然地理

岳阳铁山灌区位于洞庭湖新墙河的平原丘陵区，建在新墙河南晾沙港河中游铁山峡谷，属亚热带东南季风气候区，气候温和，雨量充沛，无霜期长，为农业生产提供了极为有利的条件。灌区以铁山水库为水源，水库大坝高 44 米，底长 70 米，宽 272 米，顶长 206. 5 米，宽 10 米。水库集雨面积为 493 平方千米，正常水面 41. 6 平方千米，总库容量 6. 35 亿立方米，正常蓄水位 92. 2 米。

灌区覆盖岳阳市岳阳县、汨罗市、临湘市、岳阳楼区和岳阳经济技术开发区

5 个县（市、区）。铁山灌区总土地面积 3486.3 平方千米，其中耕地 113.5 万亩，设计灌溉面积 95.4 万亩，其中，南灌区 56.7 万亩，北灌区 38.7 万亩，实际灌溉面积 85.41 万亩，占岳阳市耕地面积的 1/5，是湖南省第二大灌区。铁山灌区主要河流为洞庭湖水系中的新墙河，其地表水资源总量约为 19 亿立方米，地下水资源总量约为 3.8 亿立方米。灌区降水量在全年各月份中差异较大。在表 5－1中，统计了 2013～2016 年岳阳市降水量情况。

表 5－1　2013～2016 年岳阳市降水量　　单位：毫米

月份	2013	2014	2015	2016	均值
1 月	30.6	35.8	28.3	47.9	35.7
2 月	61.6	131.8	183.8	30.3	101.9
3 月	107.3	145.0	77.6	73.9	101.0
4 月	145.0	103.7	318.8	181.6	187.3
5 月	156.9	248.2	309.1	177.4	222.9
6 月	119.0	43.1	275.5	108.5	136.5
7 月	61.4	211.2	184.4	296.8	188.5
8 月	132.2	126.9	57.7	47.5	91.1
9 月	118.6	65.8	121.5	53.8	89.9
10 月	9.5	150.6	46.0	96.5	75.7
11 月	107.4	138.1	81.2	98.6	106.3
12 月	7.4	3.2	41.4	65.5	29.4
全年总计	1056.9	1403.4	1725.3	1278.3	1366.0

资料来源：《湖南统计年鉴 2014－2017》。

从表 5－1 中可以看出，近三年内全年降水量呈现增加趋势，年均增加 334.2 毫米。从月份看，1 月、12 月降水量较少；其余月份降水量在不同年份中波动较大。总体来看，降水量主要分布在 3～9 月。2013～2016 年 3～9 月降水量分别占全年降水量的 79.5%、67.2%、77.9%、73.5%。2013～2016 年降水量最多的月份分别是降水量最少的月份的 21.2 倍、77.6 倍、11.3 倍、7.58 倍。

二、社会经济

铁山灌区是湖南省第二大灌区，是湘北地区最大的水利工程，也是湖南省重要的商品粮生产基地。灌区覆盖岳阳县、汨罗市、临湘市、岳阳楼区和岳阳经济技术开发区 5 个县（市、区）的 29 个乡镇、501 个行政村。2016 年底灌区总人口 289.5 万人。其中，城镇地区约 178.3 万人、农村地区约 111.2 万人，农业人口占全市总人口的 38.4%。灌区农作物主要以单双季水稻、玉米为主，年产粮食 9.8 亿千克，占岳阳市粮食总产量的 37%，农业生产总值 47.5 亿元，占全市总产值的 38%。是湖南省重要的粮食生产基地和洞庭湖粮食主产区，素有“湘北粮仓”的美誉。

三、灌区水利建设

铁山水库工程于 1977 年动工兴建，1982 年竣工关闸蓄水，1983 年开始受益灌溉。1984 年引提水量 9000 万立方米，目前正积极续建配套设施，逐步发挥工程的综合经济效益。灌区工程由大坝、溢洪道、小眉连通隧洞、南干渠、北干渠、干渠电站、渡槽及副坝等组成。大坝系黏土斜墙沙壳坝，最大坝高达 4.5 米，南北渠首电站总装机 2400 千瓦，年发电量 4333 万度。承担岳阳市近百万城镇居民的生活用水，同时具有城镇供水、灌溉、防洪、拦沙、发电、养鱼、旅游等综合功能。

图 5－1　铁山水库俯瞰图

铁山灌区以洞庭湖新墙河上游的铁山水库为骨干水源，总长 880 千米的 83 条干支渠把灌区内 224 座中小型水库、23391 处山塘、河坝点缀其中，已形成一个蓄、引、提相结合，长藤结瓜式的大型灌区。灌区以新墙河为界，分南、北两个灌区，东起岳阳县公田镇，西抵洞庭湖滨，南达汨罗市，北衔接临湘市，东西长 55 千米，南北宽 50 千米，灌区渠道总长 742.6 千米，灌溉面积 95.4 万亩，担负岳阳、汨罗、临湘 3 个县（市）和岳阳楼区部分农田自流灌溉。

2016 年度岳阳市铁山供水工程管理局实现收入 9596.42 万元，较 2015 年度收入增长 25.9%，其中，经营收入 7129.88 万元，农田水利收入 400 万元，分别占全年收入的 74.3%、4.2%。岳阳市自来水公司以“稳中求进、进中求优、优中求强”为发展主调，紧扣“转变、突破、升级”六字工作方针的情况下完成 7143.52 万立方米供水量，售水 5039.15 万立方米，实现主营业务收入（不含代收费）9470 万元，三产业收入 3396.6 万元。

四、灌区管理制度

1981 年，铁山灌区开始供水运营。灌区管理实现分级责任制，铁山水库管理局负责灌区东、西干渠的管理，而支渠以下则由各乡镇负责区域管理，各管理单位负责本区域渠道的日常管理和水费的征收，即实行分级责任管理制。

1994 年，铁山供水工程管理局紧紧把握世界银行将铁山灌区划入长江水资源开发项目这一发展良机，加速推进灌区管理体制的改革进程，推行农民参与式管理，即实行“用水户 + 协会 + 灌区水管单位”的联合管理模式。

1995 年 12 月，湖南省第一个由农民自主参与式灌溉管理的组织——长塘农民用水协会在湖南省临湘市成立，该协会坚持“输水到田，收费到户，水价公开，灌溉面积和用水量公开，财务账目公开”的基本原则，让用水户在灌溉水使用方面有充分的知情权、参与权、决策权以及监督权。此外，长塘农民用水协会根据水系边界的划分管理区域，有效避免了水系边界与行政区域划分边际不一致而引发的水事纠纷问题。对于这一管水组织，农民非常认可，并将农民协会形象地称呼为“一把锄头”的管水模式。此后，长塘农民用水者协会的成功模式推广到铁山灌区。

目前，铁山灌区的农民用水协会数量达到 42 个，协会管理的灌溉总面积达到 25.2 万亩，占灌区实灌面积的 42%，拥有会员共 6.2 万户，人口有 24.5 万人，涉及 4 个县（市、区）的 24 个乡镇的 318 个村。农民用水协会建立后，对节水及农民减负效果明显，年均节水量达到2200万立方米，降低农业灌溉成本达260万元，农民减少灌溉水费支出3.76元/亩，新增粮食生产能力1200万千克。由于农民用水协会是农民自愿加入、自主管理、民主决策的协会，实现了农民群众最根本的利益诉求，不仅有利于水利灌溉事业健康有序发展，而且促进了水资源的高效合理利用，顺应了社会主义新农村建设的发展要求。

第二节　灌区农业用水状况及农业水价现状

一、灌区农业用水状况

（一）灌区农业用水特点

1. 自然属性

自然属性是农业水资源的基本属性。灌区农业水资源的自然属性主要包括季节性、区域性及不可替代性。铁山灌区属季风气候区，降雨量主要集中在每年的3~8月，农业灌溉水资源总量具有明显的季节性；同时，农产品对水资源的需求量随着种植区域、产品种类、生长环境的不同而不同，因此，灌区农业水资源具有区域性、季节性。水资源是农业生产的基本要素，不为其他要素所取代。作物生长离不开水资源，水资源的缺乏将导致农作物产量的降低，危及国家安全、影响社会安定。因此，水资源与其他农业生产要素一样也具有不可替代性。

2. 社会属性

社会属性是灌区农业用水的第二大属性，主要包括商品性、竞争性、垄断性和公益性。从产品市场角度出发，灌区农业灌溉水资源通过灌区水利工程的收集、输送等环节来满足农作物生长的需要。在整个过程中，农业灌溉水资源产生了生产成本和管理费用，水资源作为一种产品具有了价值和使用价值，灌溉农业用水具有了商品性。灌区农业水资源的商品性最终通过农业水价表现出来。农业生产过程中，雨水、地下水和其他地表水也为农业生产提供了大量的水资源，同时，农业节水技术、农业种植结构的调整、旱作农业的推广等又在一定程度上缩减了农业灌溉水资源的使用量，使灌区农业水资源市场有了一定的竞争性。高额的水利设施建设与维修成本致使世界上众多国家水利工程建设投资主体为国家，我国水资源属于国家所有，由灌区管理单位直接经营管理，决定了水资源作为商品具有垄断的特性。公益性是农业灌溉水资源不同于其他商品的特殊属性，农业用水并非以营利为最终目的，而是为了满足农业生产的需要和实现生态的协调，追求社会效益和生态效益。

（二）灌区农业用水供给状况

铁山灌区位于洞庭湖以东，新墙河中下游南北两岸的丘陵地带。属亚洲东南季风气候区。如表5－1所示，灌区2013～2016年年平均降雨量为1366.0毫米，受季风气候的影响，降雨量年内分配多集中在3～9月，其中又以4～6月降雨量最为丰富；灌区地表水资源量为18.88亿立方米，地下水资源量3.83亿立方米，灌区水资源总量占岳阳市水资源总量的21.12%。2016年铁山灌区辖区内年降雨量1278.3毫米，实现年供水量2.6亿立方米，其中农业灌溉年均用水量1.4亿立方米。

岳阳县铁山灌区水资源总量较丰富，有铁山水库、大坳水库、岳方水库、饶港水库及214座小二型水库，还有多处山塘、堰坝。供水保证率是灌区供水工程设计标准的一项重要指标，也是评价灌区供水工程供水能力的重要指标，它是指预期供水量在多年供水中能够得到充分满足的年份出现的频率。从表5－2中可以看出，当供水保证率达到50%时，铁山水库、灌区内中小型水库及堰塘可供水量维持在76519.05万立方米；当供水保证率达到75%时，铁山水库、灌区内中小型水库及堰塘可供水量维持在58345.59万立方米；当供水保证率达到90%时，铁山水库、灌区内中小型水库及堰塘可供水量维持在45920.50万立方米。

表5－2　铁山灌区供水工程可供水量表

保证率（%）	铁山水库可供水量（万立方米）	内部中小水库可供水量（万立方米）	堰塘可供水量（万立方米）	总计（万立方米）
50	33000	30310.28	13108.8	76519.05
75	24000	23906.38	10339.2	58345.59
90	18400	19211.68	8308.8	45920.50

资料来源：周耀武．铁山灌区水资源开发利用现状及对策［J］．湖南水利水电，2008（3）：47－48，50.

灌区农业用水量供给能力受到水资源总量的影响时，还受到了灌区水利工程设施的影响。在水利工程设施高投资成本及建设周期长的影响下，水资源的短期供给一般较小。通过兴建水利工程设施等措施可以提升供给能力，增加农业用水供给弹性，但农业用水供给弹性会受到天然水资源量的限制而存在一个相对供给极限。可开采水资源量的减少会增加开采成本，在此情况下，灌区供水单位只能通过减少供给量来尽力缓解水资源的供需矛盾。而灌区灌溉输水系统长久失修与老化带来的农用水资源输水过程中的大量流失，将导致水资源浪费，增加供水单位成本，加重企业负担。

（三）灌区农业用水需求状况

消费者对农产品的需求影响农产品市场的销售情况，进而影响农民农业生产的积极性，农民农业生产积极性在一定程度上又影响农民用水户对农业用水的需求量。所以，农业用水作为一种商品的最终目的也是满足广大消费者的需求。实地调研发现，灌区农业用水的需求主要来自种植水稻作物的需求，其他旱作作物用水需求量较小，且均以降水补给为主。灌区农户大多种植双季稻，水稻种植过程中，土壤准备阶段、秧田准备阶段、移栽或播种阶段、水稻生长阶段均需要一定量的水资源供给。

据2012～2016年灌溉用水数据显示，筻口镇的井塘、青龙示范项目区及鹿角镇的文发示范项目区早稻用水量最低为277立方米/亩，最高为356立方米/亩；晚稻用水量最低为220立方米/亩，最高为368立方米/亩。黄沙街镇的黄秀试点项目区早稻用水量最低为312立方米/亩，最高为367立方米/亩，晚稻用水量最低为220立方米/亩，最高为288立方米/亩（见表5－3）。从表5－3中数据还可以看出，灌区水稻双季种植最低用水量为514.5立方米/亩，最高用水量为689.5立方米/亩。在季节因素及降雨量的影响下，早稻用水量要明显高于晚稻的用水量。

表5－3 2012～2016年早晚稻用水量最低值与最高值

单位：立方米/亩

协会名称	早稻		晚稻	
	最低值	最高值	最低值	最高值
井塘、青龙、文发	277	356	220	368
黄秀	312	367	220	288
均值	294.5	361.5	220	328

资料来源：岳阳市铁山灌区供水工程管理局。

灌区农民用水户对农业用水的需求是为了满足顺利进行农业生产的需要，农业生产过程中所需的农业灌溉基础水量不会随着价格的变化而变化，价格需求弹性较小。农业生产者对农业用水的需求除受农产品市场状况的影响外，还受农业生产周期性、季节性的影响。春播秋收是农业生产固定规律，农业用水需求量也呈现出春季农业用水量大于秋季农业用水量的特点。农业生产的季节性决定了农业生产用水量的多少，降雨的季节性又影响了农业生产者对灌溉用水的需求，因此，灌区农业生产用水需求量具有明显的周期性和季节性。

二、灌区农业灌溉水价现状

2004 年实施改革前，灌区农业灌溉水费在 1990 年以前基本没有收取。1990 年湖南省政府印发了《关于调整水利工程水费标准的通知》（湘政办发〔1990〕41 号），强调农业水费采取以粮计收或计收粮食的做法，湖南省改革前农业水费收费标准见表 5-4。但由于种种原因，尽管灌区有了收费标准，但一直没有向农户征收水费。

表 5-4　湖南省改革前农业水费收费标准

来源		项目	标准
1. 自流供水	按方收费		2~3.5 千克稻谷/100 立方米
	按亩收费		9~13 千克稻谷/亩
2. 提水		水库、渠道提水	按自流减半
		电灌	6~9 千克稻谷/亩
		电排	3~6 千克稻谷/亩
		水轮泵	8~12 千克稻谷/亩

资料来源：《关于调整水利工程水费标准的通知》（湘政办发〔1990〕41 号）.

1995 年 2 月，湖南省水利厅为了认真贯彻落实国发〔1985〕84 号文件精神，实施按供水成本计收水费，切实解决水管单位收不抵支、难以为继的问题，新起草了《湖南省水利工程水价核定、水费计收和管理办法》，请求省政府发布执行，但由于种种原因，至今仍未颁发（袁再伟，2016）。1996 年，铁山灌区开始向灌区农户计征水费，但由于多方面因素影响，造成灌区灌溉水价一直维持在较低水平。近年灌区经济水平增长迅速、农民收入水平显著提高，但灌区的灌溉水价并没有随着经济发展水平的提高而成比例增长，计量水价为 0.01 ~ 0.05 元/立方米，远低于当前水利工程的供水成本价格。显然，过低的灌溉水价一方面造成水资源浪费严重，节水效应差；另一方面造成水利工程缺少足额水费弥补供水成本，供水单位正常运营都困难，更谈不上对供水设施的日常维护与保养，这必将对水利工程的正常运转和发展产生极大的不良影响。

第三节　灌区农业水价的制定

以岳阳铁山灌区为例，依据《中华人民共和国水法》及相关法律法规、财务核算等制度，对灌区农业灌溉水价进行测算说明。本节基于市场定价与政府定价双重定价机制，从灌溉供水者、灌溉用水者以及外部性角度综合制定铁山灌区农业灌溉水资源价格，为农业灌溉用水定价提供实证依据。

一、供水者角度考虑灌溉水价的制定——基于全成本模型

（一）全成本水价模型的构建

“全成本水价模型”是从经济学理论视角提出的，目前国际上普遍认为全成本水价能够充分体现水资源的商品价值，对提升水资源使用效率及水资源的可持续利用能够发挥积极作用。全成本水价模型包括了供水过程中产生的各项成本，清晰地反映了水价的构成和核算方法，比传统水价的制定方法更为科学合理。全成本水价模型定价的依据是水资源从提取、净化、输送、使用、排放直至最后污水处理这一全过程中所发生的各项成本，在这个过程中所有环节产生的成本之和就是完全成本，也称为完全社会成本，它是全社会在使用水资源商品时付出的真实成本。

综合来看，全成本水价模型主要包含资源成本、工程成本和环境成本三部分。资源成本反映的是价格对水资源稀缺性价值的体现，工程成本反映的是供水企业在提供水资源过程中各环节的成本费用，而环境成本反映的是供水单位对水资源环境补偿费用的体现。因此，全成本水价模型可表示如下：

$$C = M_1 + M_2 + M_3 \tag{5-1}$$

式中，C 为全成本水价；M_1 为资源成本；M_2 为工程成本；M_3 为环境成本。全成本水价构成具体内容见表 5－5。

表 5－5　全成本水价构成具体内容

	成本构成	具体内容
全成本水价	资源成本	自然水资源费
		水资源保护费
		水资源管理费
	工程成本	固定资产折旧费
		水利设施维修费
		经营运行管理费
		财务费
	环境成本	水污染治理费
		水环境的恢复补偿费

（二）灌区水价的核算原则

1. 灌溉供水量的核算原则

水利工程年供水量的大小直接关系到其供水成本的高低。因此，准确合理地确定水利工程年供水量，对于准确核算供水成本有着重要作用。在核算水利工程年供水量时，可以参考近几年的平均供水量进行核算。一般而言，非农业灌溉用水量可以参照近三年的平均供水量来确定，而农业灌溉用水量则需参照近五年的平均供水量来确定。同时，若在统计年份中出现国家政策变化因素的影响造成当年供水结构发生变化，或出现严重干旱、洪涝等自然灾害因素影响的，则当年年平均供水量的统计年限应适当延长，以平滑政策变化、自然灾害因素对水利工程年均供水量的非正常影响效应。

2. 灌溉全成本水价的计算

灌溉全成本水价是指灌溉用水的总成本在供水量或灌溉面积上的成本分摊，其计算公式如下：

$$C = M/Q \tag{5-2}$$

式中，C 为灌溉全成本水价；M 为灌溉用水的总成本；Q 为计量点样本年份年平均供水量。

（三）灌溉全成本水价的核算

供水工程作为“商品水”的供给者，最关心的核心要素是收取的水费能否弥补其日常管理成本及相关费用性支出，只有收支平衡才能维持供水工程的正常运行与可持续发展。因此，水价制定时要充分考虑供给者的工程成本。并且，由于水资源具有稀缺性、有限性以及水资源利用中的外部不经济性的特点，决定了供水工程必须综合考虑水资源的资源成本、环境成本，以促进水利工程的健康稳定发展。

综上所述，从供给者角度来分析，完整的供水成本水价应包括三个因素，即资源成本、工程成本及环境成本。

1. 资源成本

资源成本一般通过水资源费的方式体现，具体表现为资源水价。主要包括三部分费用，即自然水资源费、水资源管理费和水资源保护费。其中，自然水资源费是以水资源税的形式进行征收的，因为水资源的所有权属于国家，人们使用水资源时就需要向水权所有者（国家）缴纳一定的费用。

水资源总成本具体测算如下：

$$M_1 = F_1 + F_2 + F_3 \quad (5-3)$$

式中，M_1 为水资源总成本；F_1 为自然水资源费；F_2 为水资源保护费；F_3 为水资源管理费。

根据 2009 年《湖南省水费征收管理办法》第十条，指出农业生产用水的费用标准应结合有利于农业生产发展和水资源节约的原则进行制定，农业生产用水的水费征收标准应低于其他行业或部门，为了保障粮食生产的安全性，其水费征收标准要低于经济作物。

近五年铁山灌区水资源费的构成：一是自然水资源费 F_1 平均约为 120 万元；二是暂无水资源保护费 F_2 的投入；三是水资源管理费 F_3 平均开支约为 60 万元。支渠末端近五年年平均灌溉水量约为 5830.2 万立方米。

因此，根据式（5－2）和式（5－3）推导出式（5－4）。

$$C_1 = (F_1 + F_2 + F_3)/Q \quad (5-4)$$

根据式（5－4），将铁山灌区近五年水资源各组成部分的数据代入，可以计算得到铁山灌区单位灌溉用水成本的资源水价为：（120＋0＋60）/5830.2＝0.03 元/立方米。

2. 工程成本

工程成本又可称为生产成本，是制定水价的基础依据。天然水资源通过具体或抽象的物化劳动转变成商品水，在这个变化过程中就产生了工程成本，该成本的产生促使水资源从自然水转变成商品水进入市场，体现了水资源的劳动价值量。

工程成本包括工程运行、管理、维护的费用及工程折旧费用等，是农业水资源价格的极限最小值，若实际运行的农业水价低于供水的工程成本，则水资源的生产经营者（水管单位）就要自己承担成本费用，从而出现亏损。

供水工程总成本的具体计算公式如下：

$$M_2 = \sum (Z + D + Y + R) \tag{5-5}$$

式中，M_2 为供水工程总成本；Z 为水利工程固定资产折旧费；D 为水利设施维修费；Y 为水利工程固定资产养护费；R 为水利工程人工费用。

根据调查统计及计算，铁山灌区 2009 ~ 2013 年灌溉供水工程总成本为 1182.39 万元。那么单位灌溉成本的工程水价：

$$C_2 = M_2/Q = 1182.39/5830.2 = 0.21 \text{（元/立方米）} \tag{5-6}$$

3. 环境成本

农业灌溉水在使用后，通过排放会污染水体，因此需要为治理环境污染支付一定的费用，即为环境成本。环境成本是为补偿治理水污染和保护水环境所支付的成本性支出，主要包括：灌溉水在排放后产生的污染治理费，或称为污水处理成本。从河流引水或者抽取地下水资源进行灌溉生产，会造成河道出现断流，甚至萎缩，以及地下水资源的水位下降等情况发生，进而对生态环境造成一定破坏，需采取相应的治理措施修复破坏的生态环境，在这一过程中产生的相关成本费用也要计入环境成本。

目前，我国针对环境成本的测算方法尚未建立完善，在实际操作过程中，通常根据各地的实际情况或依据政府制定的统一标准在灌溉水价中计提适当比例来度量。因此，考虑铁山灌区水环境保护和修复成本，这部分费用近五年平均为 45 万元，即 M_3 为 45 万元。则供水工程单位灌溉成本的环境水价为：

$$C_3 = 45/5830.2 = 0.008 \text{（元/立方米）} \tag{5-7}$$

综上所述，供水者所期望的全成本灌溉水价即以上测算的资源水价、工程水价和环境水价三者之和。即：

$$P = C_1 + C_2 + C_3 = 0.03 + 0.21 + 0.08 = 0.248 \text{（元/立方米）} \tag{5-8}$$

本小节从供水者（供水工程单位）角度，首先基于构建的全成本水价模型［式（5-1）］，将灌溉全成本分解为资源成本（M_1）、工程成本（M_2）、环境成本

(M_3)三部分，采用铁山灌区近五年的数据，根据式（5－3）、式（5－5）测算得出铁山灌区单位灌溉供水的资源水价和工程水价分别为0.03元/立方米、0.21元/立方米。其次由于我国针对环境成本的测算没有统一标准，一般是根据各地实际情况提取一定比例，铁山灌区近五年的环境成本平均为45万元，根据式（5－7），测算得出铁山灌区单位灌溉供水的环境成本为0.008元/立方米。最后得到铁山灌区单位灌溉供水的全成本水价为0.248元/立方米。

二、用水者角度考虑农业灌溉水价的制定

农业灌溉水价除了要考虑供水水利工程的供水成本以外，还需考虑用水户的支付意愿和经济承受能力。

（一）用水者愿意接受的农业用水灌溉水价的标准

边际效用价值是指在连续增加消费某一产品时，当效用递减至最后一个单位所带来的效用，即最小效用。对于灌溉用水户来说，其愿意接受的灌溉水价标准就是灌溉后所能增加的净收益或者是最后一个单位的灌溉水所能产生的净收益。即当单位灌溉用水产生的净收益大于农业灌溉水价时，农户才会愿意接受此标准下的灌溉水价，农户才会有利可图；如果单位灌溉用水产生的净收益小于农业灌溉水价时，用水户就不会接受此标准下的灌溉水价。

（二）用水户对灌溉水价经济承受力区间的确定

1. 用水户对灌溉水价经济承受力的测算标准

目前国内学者主要通过计算农民灌溉水费支出占其农业生产总成本的比例、生产投入产出情况、产值收益的比例等指标来测算农户对灌溉水价的经济承受能力。学者们通过对灌区进行实证分析得到：在不同测算方法下，用水户对灌溉水价经济承受力的标准也不一样。具体见表5－6。

表5－6　用水户对灌溉水价经济承受力的标准

测算方法	较合理区间
灌溉水费支出占亩均农业生产总成本比例	0～20%
灌溉水费支出占亩均农业生产总值比例	5%～15%
灌溉水费占亩均灌溉生产效益比例	30%～40%
灌溉水费占亩均农业净收益比例	10%～20%

资料来源：根据文献整理得到。

2. 铁山灌区灌溉用水定额

选取灌溉水费支出占亩均农业生产总值比例为5% ~10%、灌溉水费支出占亩均农业净收益比例为10% ~13%，作为铁山灌区农民灌溉水费经济承受能力的标准。铁山灌区的灌溉用水使用系数取0.55（2016年），根据《湖南省用水定额》（湖水政〔2008〕），灌区主要农作物用水定额见表5－7。

表5－7 铁山灌区主要农作物用水定额

作物类别	用水量（立方米^3/亩）
水稻	600
西瓜	150
玉米	70
棉花	60

资料来源：岳阳市铁山供水工程管理局。

3. 铁山灌区用水户对灌溉水价变化的经济承受力区间的测算

铁山灌区种植的农作物类型主要以水稻、西瓜、玉米、棉花为主。分析近三年的统计数据，水稻、西瓜、玉米、棉花的平均单产值分别为768.55元/亩、2178.42元/亩、386.22元/亩、614.93元/亩；平均纯收益分别为水稻232.17元/亩、西瓜1307.49元/亩、玉米120.37元/亩、棉花178.87元/亩。灌区用水户对灌溉水费最低和最高经济承受力的计算分别见表5－8和表5－9。

表5－8 铁山灌区农民灌溉水费最低经济承受能力计算（α=5%，β=10%）

作物	承受能力标准（元/亩）							经济承受力	
	水费占亩均产值的比例				水费占亩均纯收益的比例				
	面积（万亩）	单产值（元/亩）	比例α	可承受水费（元/亩）	纯收益（元/亩）	比例β	可承受水费（元/亩）	元/亩	元/立方米
水稻	14.65	768.55	0.05	38.42	232.17	0.1	23.21	23.21	0.04
西瓜	0.89	2178.42	0.05	108.92	1307.49	0.1	130.75	130.75	0.73
玉米	0.58	386.22	0.05	19.31	120.37	0.1	12.04	12.04	0.17
棉花	0.02	614.93	0.05	30.75	178.87	0.1	17.89	17.89	0.09
合计	16.14	985.73	0.05	41.31	283.49	0.1	28.35	28.35	0.06

资料来源：根据《湖南统计年鉴》历年数据整理。

表 5-9　铁山灌区农民灌溉水费最高经济承受能力（α=10%，β=13%）

作物	承受能力分析（元/亩）							承受力	
	水费占亩均产值的比例				水费占亩均纯收益的比例				
	面积（万亩）	单产值（元/亩）	比例 α	可承受水费（元/亩）	纯收益（元/亩）	比例 β	可承受水费（元/亩）	元/亩	元/立方米
水稻	14.65	768.55	0.1	76.85	232.17	0.13	30.18	29.92	0.05
西瓜	0.89	2177.32	0.1	217.73	1307.49	0.13	169.97	169.83	1.13
玉米	0.58	385.02	0.1	38.50	120.37	0.13	15.65	15.52	0.22
棉花	0.02	614.93	0.1	61.49	178.87	0.13	23.25	23.12	0.39
合计	16.14	985.73	0.1	98.57	283.49	0.13	36.85	36.85	0.09

资料来源：根据《湖南统计年鉴》历年数据整理。

表 5-7 和表 5-8 的计算结果显示，铁山灌区用水户对农业灌溉水价的经济承受能力范围区间为：[0.06 元/立方米，0.09 元/立方米] 为可承受区间；（0，0.06 元/立方米）为可强承受区间；（0.09 元/立方米，+∞）为不可承受区间。

三、铁山灌区水价综合确定

（1）铁山灌区现行的灌溉水价标准远低于水利工程的成本水价以及所能承受的最低极限水价。过低的灌溉水价造成供水部门无法弥补供水成本，这必将严重影响灌区的正常运行和健康发展。

（2）铁山灌区现行的水价标准不到每亩水费占纯收益的 10%。因此，现行的灌溉水价标准对农民的经济承受力威胁不大，在农民经济可承受的范围内还有一定的提升空间。

（3）根据农业灌溉水费支出不超过亩均农业净收益比例的 13%，作为农户灌溉水价经济承受力的标准来进行测算，得出灌区农民可以承受的最高水价标准为 0.09 元/立方米。农业灌溉水价在进行价格制定时，政府应给予适当调控和指导。一方面要站在用水户的角度，保证农民的经济收入，减轻农民的经济负担，从而保障我国农业的可持续性发展；另一方面要站在供水单位的角度，制定的灌溉水价标准要能够弥补其供水成本，才能维持供水工程的正常运转。此外，应按全成本水价收取水费，并结合考虑农户的经济承受能力，才能体现水资源的真正价值。

四、灌区农业灌溉水价制定的合理性评价

根据铁山灌区的用水情况，从供需两个角度分别对农业灌溉水价进行分析，指出在当前农业灌溉水价过低的情形下，必须逐步提高农业灌溉水价标准，才能充分体现水资源的市场价值，促进水资源的可持续性使用。从水资源需求者的角度来看，0.09 元/立方米为目前较合理的农业灌溉水价标准；从水资源供给者的角度来看，0.248 元/立方米为灌区的全成本水价标准。根据农业灌溉水价改革逐步推进的原则，建议先将铁山灌区灌溉的水价调整至0.09 元/立方米，同时，按照促进农民节约水资源、减轻农民经济负担、保障水利工程健康稳定发展的原则，不断构建完善农业灌溉水价的补偿机制和激励机制，逐渐达到按照全成本水价标准去计收农业灌溉水费。

第六章　基于农户水费支付能力视角对灌区农业水价政策绩效评估

第一节　数据来源及样本农户的基本特征

一、数据来源

本研究所采用的数据来源于 2013 年暑假对湖南、2015 年暑假对河南两省的调研数据。湖南省调研区域为铁山灌区、欧阳海灌区，河南省调研区域为 5 个农业水价综合改革试点县，分别为安阳县、清丰县、中牟县、民权县、灵宝县。

铁山灌区调研样本包括 6 个乡镇 19 个村的 103 户农户。样本抽样采用三阶段等距离抽样方法：首先，选用典型抽样方法选取铁山灌区的岳阳县和汨罗市；其次，根据等距离抽样方法选取黄沙街镇、杨林乡、筻口镇、新墙镇、长湖乡、大荆镇 6 个乡镇的新民村、作新村、红卫村、有义村、坪桥村、白泥村、同西村、草岭村、毛杨村、范家村、松山村、断塘村、白羊村、新许村、杨林村、红阳村、沈塘村、金星村、新岸组 19 个村，随机抽取了 103 户农户，共 103 份农户样本。

欧阳海灌区调研样本包括遥田镇、哲桥镇、永济镇、仁义乡、南京乡 5 个乡镇的皂新村、石塘铺村、龙水村、紫槽村、十里村、茶丰村、先锋村、邝鄘村、马安村、龙凤村 10 个村，随机抽取了 122 户农户，共 122 份农户样本。两个灌区样本合计为 225 户农户。

以上两个灌区的调查样本采用问卷调查形式，通过对农户入户调查，采集有关农户家庭基本信息、田块信息、家庭收支情况、灌溉用水情况、水费支出情况、水费支付意愿、生产成本情况等方面的信息。湖南省灌区农户调研问卷见附录1。

河南省调研样本选取了5个农业水价综合改革试点县（安阳县、清丰县、中牟县、民权县、灵宝县）中17个乡镇的保安、北桃、昌湾、陈庄、大陈、大刘、大平、大中原、东草场、东常、东志节、高柏、汉寨内、汉寨外、雷家营、岭头、刘湾、路庄、螺蚳湖、盘东、盘西、坡底金盆、坡刘、乔口、申庄、师良、双全、堂组、瓦中街、文西、伍留、西草场、西瓦店、西庄、肖皈、轩庄、杨庄、袁庄、占杨、张林子、郑洼、朱博士42个自然村，随机抽取了209户农户，共209户农户样本。河南省农业水价综合改革农户调研问卷见附录2。

对于湖南省铁山灌区、欧阳海灌区以及河南省5个农业水价综合改革试点县调研乡镇及调研户数的统计见表6－1。

表6－1　调查样本情况

<table>
<tr><th>省份</th><th>灌区名称</th><th>乡镇名称</th><th>调研户数（户）</th><th>合计（户）</th></tr>
<tr><td rowspan="11">湖南省</td><td rowspan="6">铁山灌区</td><td>黄沙街</td><td>27</td><td rowspan="6">103</td></tr>
<tr><td>杨林乡</td><td>22</td></tr>
<tr><td>筻口镇</td><td>1</td></tr>
<tr><td>新墙镇</td><td>12</td></tr>
<tr><td>长湖乡</td><td>29</td></tr>
<tr><td>大荆镇</td><td>12</td></tr>
<tr><td rowspan="5">欧阳海灌区</td><td>遥田镇</td><td>25</td><td rowspan="5">122</td></tr>
<tr><td>哲桥镇</td><td>24</td></tr>
<tr><td>永济镇</td><td>33</td></tr>
<tr><td>仁义乡</td><td>31</td></tr>
<tr><td>南京乡</td><td>9</td></tr>
<tr><td rowspan="5">河南省</td><td rowspan="5">5个农业水价综合改革试点县</td><td>蒋村</td><td>15</td><td rowspan="5">209</td></tr>
<tr><td>马家</td><td>8</td></tr>
<tr><td>善应</td><td>7</td></tr>
<tr><td>瓦屋头</td><td>28</td></tr>
<tr><td>阳邵</td><td>2</td></tr>
</table>

续表

省份	灌区名称	乡镇名称	调研户数（户）	合计（户）
河南省	5个农业水价综合改革试点县	龙塘	22	209
		花园	8	
		瓦店	21	
		阳平	17	
		故县	17	
		西闫	2	
		豫灵	1	
		伊庄	1	
		郑庵	23	
		朱堂	27	
		青山	3	
		白沙	7	
合计				434

资料来源：根据调查资料整理得到。

二、样本农户基本特征

（一）样本农户特征

1. 湖南省样本农户特征

湖南省调研区域为铁山灌区、欧阳海灌区，共调查225户农户，家庭人口总数为1100人，家庭平均人口数为4.88人。调研样本农户中，文化程度总体偏低，高中及以上文化程度的比重仅为19.4%；调研农户健康状况总体较好，89.3%的人口身体健康，丧失劳动能力的人数占总人数的1.6%；调研农户中，务农、打工为主要就业形势，36.5%的农村劳动力在家务农，29.5%的农村劳动力在外打工。

表6-2 湖南省样本农户基本特征

类别	名称	比例（%）	名称	比例（%）
性别	男	53.5	女	46.5
文化程度	初中以下	80.6	高中	11.8
	大专及以上	7.6	—	—

续表

类别	名称	比例（%）	名称	比例（%）
健康状况	健康	89.3	偶尔生病	5.8
	经常生病	3.3	丧失劳动能力	1.6
职业	务农	36.5	打工	29.5
	村干部	1.7	当地医生或民办教师	0.5
	学生	13.4	自己做生意	4.4
	其他	14.0	—	—

资料来源：根据调查资料整理得到。

2. 河南省样本农户特征

河南省调研区域为5个农业水价综合改革试点县，共调查209户农户，家庭人口总数为987人，家庭平均人口数为4.72人。调研农户总体文化程度也较低，高中及以上文化程度人口所占比重为17.7%，在家务农、外出打工、半工半农所占比例分别为57.7%、28.1%、14.2%，农村劳动力兼业化现象明显，这也从侧面反映出农业劳动转移就业工作仍然是农村工作的重点。

表6－3　河南省样本农户基本特征

类别	名称	比例（%）	名称	比例（%）
性别	男	77.0	女	23.0
文化程度	未上过学	8.1	小学	29.2
	初中	45.0	高中或中专	15.3
	大专及大专以上	2.4	—	—
职业	在家务农	57.7	外出打工	28.1
	半工半农	14.2	—	—

资料来源：根据调查资料整理得到。

（二）样本农户田块特征

1. 湖南省样本农户田块基本特征

湖南省调研样本农户承包地共971.26亩，其中，水田面积471.3亩，旱地面积499.96亩。样本农户共有水田1724块，旱地1034块。水田平均每块约1.04亩，旱地平均每块0.48亩。土地碎片化现象较为明显，这不利于农业规模化、集约化经营。样本农户中，农户租种水田 1329.24 亩。

对农户田块的地形、土壤类型、土地转让情况及田块主要水源情况的调查见表 6－4。如表 6－4 所示，坡地占据主要地位，占比达 48.9%，其次是平地，占比为 32.2%；土壤类型中，以黏土为主，占比为 46.5%，砂土和壤土的占比差不多，分别为 16.8%、20.5%；在土地转让方面，有偿转让和免费转让各占一半，占比分别为 49.7% 和 50.3%，有超过半数农户的土地转让是没有收益的。

表 6－4　样本农户田块特征

类别	名称	比例（%）
田块地形	平地（平坦）	32.2
	坡地（起伏较大）	48.9
	洼地（矮丘）	18.9
土壤类型	砂土	16.8
	黏土	46.5
	壤土	20.5
	其他	16.2
土地转让情况	有偿转让	49.7
	免费转让	50.3
田块主要水源	干渠	58.7
	堰塘水	16.6
	降雨	15.1
	抽取地表水灌溉	2.7
	抽取地下水灌溉	0.4
	多种水源	6.5

资料来源：根据调查资料整理得到。

2. 湖南省样本农户田块水源特征

农户田块灌溉的主要水源为干渠，占比达 58.7%。样本农户田块灌溉的主要水源及其占比见图 6－1。

在对湖南省铁山灌区 103 户农户的田块与水源距离的调查数据（见表 6－5）分析得到：农户田地与水源地距离的均值为 1.6 千米，25% 的农户田地与水源距离在 0.2 千米以内；50% 的农户田地与水源的距离在 0.5 千米以内；75% 的农户田地与水源的距离在1.0千米以内，距离水源真正很远的农户数量相对不高。

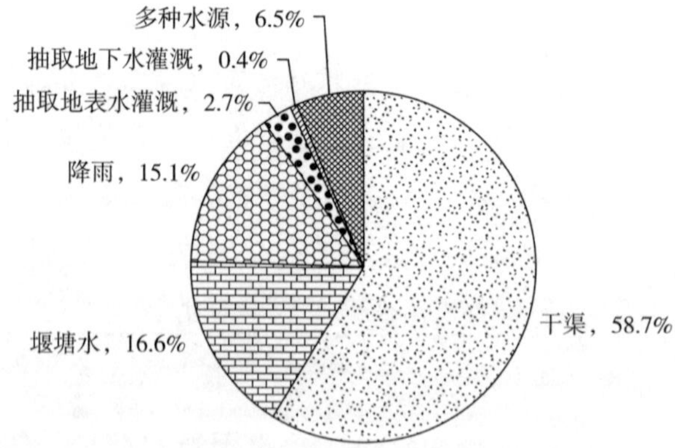

图6-1　湖南省样本农户田块灌溉的主要水源及占比

资料来源：根据调查资料整理得到。

表6-5　样本农户田地与水源距离　　单位：千米

均值	标准差	极小值	极大值	第一四分位数（25%）	第二四分位数（50%）	第三四分位数（75%）
1.6	5.1	0.0	40.0	0.2	0.5	1.0

资料来源：根据调查资料整理得到。

3. 河南省样本农户田块特征

对河南省调查主要获取农业用水改革方面信息，对于田块特征方面信息的收集较少。通过对问卷进行整理汇总发现，河南省所调研灌区样本农户总耕种面积1306亩，户均6.25亩，人均1.32亩。种植作物以小麦、玉米为主。

（三）农户家庭收入特征

1. 湖南省样本农户家庭收入特征

在农户收入水平调查中，225户农户有222户农户提供了家庭收入数据。具体见表6-6。从中可以看到，农户年收入水平主要集中在1万~4万元、4万~7万元、7万~10万元三个区间，合计占比77.5%；44.5%的被调查农户年收入水平在4万元以内；72%的被调查农户年收入在7万元以内；10万元以上的农户占比为13.1%。

表 6－6　湖南省样本农户年收入水平

户数及比例	1 万元以下	1 万～4 万元	4 万～7 万元	7 万～10 万元	10 万元以上
农户数（户）	21	78	61	33	29
占总户数比例（%）	9.4	35.1	27.5	14.9	13.1

资料来源：根据调查资料整理得到。

2. 河南省样本农户家庭收入特征

数据统计结果如表 6－7 所示，调查农户中收入总额为 2 万元以下的农户占比 14.3%，收入总额为 2 万～5 万元的农户占比 60.8%，收入总额达到 5 万～10 万元的农户占比 17.7%，收入总额在 10 万元以上的农户占 7.2%。

表 6－7　河南省样本农户收入水平

户数及比例	2 万元以下	2 万～5 万元	5 万～10 万元	10 万元以上
农户数（户）	30	127	37	15
占总户数的比例（%）	14.3	60.8	17.7	7.2

资料来源：根据调查资料整理得到。

从两省农户人均收入达 10 万元以上的占比来看，湖南省样本农户占比达 13.1%，河南省样本农户占比仅为 7.2%，说明湖南省农户高收入总体比河南省农户要多。

（四）农户家庭支出特征

湖南省样本农户家庭支出特征见表 6－8。如表 6－8 所示，家庭总支出平均为 3.9 万元，其中日常生活支出、医疗费用支出、生产投入支出所占比例排在前 3 位，分别为 43.8%、12.6%、12.4%，用于建房或买房支出所占比重较低，为 8.6%。农户用于建房或买房支出所占比重较低，与日常生活开支、医疗费用支出、生产投入、教育费用支出所占比重较高有关，这些方面较高的支出使得农户没有更多的闲钱用于建房或买房。

表 6－8　湖南省样本农户支出情况

类型	家庭总支出（万元）	家庭支出种类及比例（%）					
		教育费用	医疗费用	日常生活	生产投入	建房或买房	其他
均值	3.9	11.3	12.6	43.8	12.4	8.6	11.3

资料来源：根据调查资料整理得到。

对于河南省的调研主要是获取农业水价改革信息，没有对农户支出情况进行资料收集。

（五）农户家庭收入来源特征

1. 湖南省样本农户家庭收入来源特征

对湖南省被调查农户收入来源的调查结果见表6－9。从不同收入来源渠道占比均值来看，工资性收入占比最高，为60.86%；水稻收入占比次之，为16.17%。其他收入来源占比总体较低。可见，湖南省样本农户收入来源主要来自工资性收入和种植水稻收入。

表6－9　湖南省样本农户收入来源结构

收入来源占比（%）	极小值	极大值	均值	标准差
水稻收入占比	0.00	98.90	16.17	22.62
旱作作物收入占比	0.00	40.00	1.98	5.30
经济作物收入占比	0.00	55.90	2.38	8.23
养殖业收入占比	0.00	93.00	4.01	13.30
工资性收入占比	0.00	100.00	60.86	38.69
政策性收入占比	0.00	54.40	3.52	7.94
其他收入占比	0.00	100.00	11.34	27.04

资料来源：根据调查资料整理得到。

2. 河南省样本农户家庭收入来源特征

河南省样本农户的收入来源主要包括务农收入、经济作物收入、打工收入、其他收入四个方面，具体见表6－10。如表6－10所示，样本农户收入以打工收入和务农收入为主，农户家庭打工收入与务农收入分别占总收入的66.50%和23.45%，其中，务农收入又以其他农作物收入和经济作物收入为主，分别占总收入的8.07%和7.50%，其他收入占比为10.05%。

表6－10　河南省样本农户收入来源结构

名称	务农收入				打工收入占比	其他收入占比
	水稻收入占比	小麦收入占比	其他农作物收入占比	经济作物收入占比		
比例（%）	2.12	5.76	8.07	7.50	66.50	10.05

资料来源：根据调查资料整理得到。

第二节　农户农业用水情况分析

一、农户水费与农业生产成本分析

（一）湖南省灌区农户水费与农业生产成本分析

对湖南省主要农作物生产成本情况的调研见表6－11。如表6－11所示，农作物种植中，主要是灌溉作物发生了水电费，旱作作物一般没有产生水电费。

表6－11　湖南省灌区主要农作物生产成本情况

作物	种子（元/亩）	化肥（元/亩）	农药（元/亩）	机械（元/亩）	劳动力（元/亩）	水电费（元/亩）	总成本（元/亩）	水电费/总成本（%）
水稻	65.86	150.17	86.89	141.74	24.03	13.16	481.85	2.73
园林	84.93	154.9	89.3	118.57	6.79	13.06	467.55	2.79
玉米	46.62	74.61	29.54	5.89	7	0	163.66	0
芝麻	11.18	55.28	27.52	5.41	20.52	0	119.91	0
红薯	15.21	27.33	1.33	0	13.29	0	57.16	0
花生	9.36	47.03	7.1	0	7.54	0	71.03	0
豆类	3	50	19.41	0	4.86	0	77.27	0
油菜	69.33	38.64	9.5	43.53	15.98	0	176.98	0
合计	305.49	597.96	270.59	315.14	100.01	26.22	1620.54	5.52

资料来源：根据调查资料整理得到。

（二）河南省样本农户水费与农业生产成本分析

河南省的调研主要是针对农业水价改革情况，没有收集农业生产要素的亩均成本资料。在针对农业水价改革后“农业用水成本变化情况”的调研中，有102户（48.8%）回答“用水成本减少”；有58户（27.8%）回答“用水成本没有变化”；有20户（9.6%）回答“用水成本增加”；有29户（13.8%）没有作答。总体来看，农田水利设施改革后，用水成本较之前有所下降。

在对“农田水利设施建设满意度”的调查中，有53户（25.3%）回答“满意”；132 户（63.2%）回答“一般”；23 户（11.0%）回答“不满意”；1 户（0.5%）回答“很不满意”。整体来看，农户对“农田水利设施建设满意度”还有很大提升空间，还需要加强农田水利设施建设。

二、农户水费支付与用水设施成本承担分析

（一）湖南省农户水费支付与用水设施成本承担分析

1. 农户水费支付方式变化情况

对水费支付是否有变化的调查见表 6-12。在 205 户填写数据的农户中，46.3%的农户水费支付有变动，53.7%的农户水费支付没有变动。在回答“有变动”的农户调查中，回答“水费增加”的占比为4.8%，回答“水费下降”的占比达95.2%。

表 6-12 湖南省样本农户水费支付变化情况

变动情况	农户数	百分比（%）
有变动	95	46.3
无变动	110	53.7

资料来源：根据调查资料整理得到。

对水费上缴方式具体变化情况见表 6-13。以前，农户上缴水费方式中没有“地方政府的转移支付”方式，现在则有 19.0% 的农户通过“地方政府的转移支付”方式上缴水费。

表 6-13 湖南省样本农户水费上缴方式变化情况

水费缴纳方式	现在（%）	以前（%）
村组织代收直接上缴供水组织	65.0	66.4
农民用水协会收集	0.7	0.9
其他行政机构代收	11.7	7.5
农民直接上缴给供水组织	3.6	25.2
地方政府的转移支付	19.0	0

资料来源：根据调查资料整理得到。

对水费上缴方式选择原因的调查见表 6-14。从表 6-14 中看到，农民用水协会的作用在下降，行政组织单位愿意承担水费收缴的功能也在减弱。

表 6-14　湖南省样本农户选择现行水费上缴方式的原因

水费缴纳方式选择原因	现在（%）	以前（%）
缺乏量水设施	1.8	1.1
农民用水协会不能发挥作用	1.8	5.6
上级行政机构愿意承担水费收缴职责	58.4	65.2
上述原因都有	3.5	4.5
其他原因	34.5	23.6

资料来源：根据调查资料整理得到。

2. 湖南省农户水费计费形式与水费金额变化情况

对水费计费形式调查见表 6-15。以前，农户都是采用“按亩现金支付”形式，现在则有 10.7% 的农户采用“从量水费（元/小时；元/立方米）”支付形式。

表 6-15　湖南省样本农户水费计费形式

水费计费形式	现在（%）	以前（%）
按亩现金支付（元/亩）	89.3	100
从量水费（元/小时；元/立方米）	10.7	0.0

资料来源：根据调查资料整理得到。

对水费支付金额情况调查见表 6-16。从表 6-16 中看到，与以前相比，现在的水费负担有了较大幅度下降，水费支付额均值从原来的 27.1 元/亩下降为 18.4 元/亩。水费的极值范围也较以前有了大幅度的减少。

表 6-16　湖南省样本农户水费支付金额情况

水费支付金额情况	现在（元/亩）	以前（元/亩）
均值	18.4	27.1
中值	15.0	15.0
极小值	0.0	3.0
极大值	70.0	300.0

资料来源：根据调查资料整理得到。

对水费高低的统计见表 6-17。样本农户中 32.4% 的农户认为“水费上升”，1.7% 的农户认为“水费下降”，65.9% 的农户认为“水费合理”。

表 6-17　水费高低情况

水费高低情况	比例（%）
高	32.4
低	1.7
合理	65.9

资料来源：根据调查资料整理得到。

对农户认为现行水价过高原因的调查见表 6-18。从表 6-18 中看到，水传送途中损失太大、水费收缴人员经费支出过高、上级管理机构水费收缴中的搭车行为等分别占 18.2%、13.6%、13.6%；其他原因占比 54.6%，水库供水量少、水库水源太远、水利设施不足等占据主要原因。

表 6-18　湖南省样本农户认为现行水价过高原因

原因	比例（%）
水传送途中损失太大	18.2
水费收缴人员经费支出过高	13.6
上级管理机构水费收缴中的搭车行为	13.6
其他原因	54.6

资料来源：根据调查资料整理得到。

3. 湖南省农户量水设施与渠道维护等成本承担情况

在是否愿意承担量水设施建设成本的调查中，15.2% 的受访农户回答“愿意承担量水设施成本”，84.8% 的受访农户回答“不愿意承担量水设施成本”。在“是否愿意承担更多的渠道维护劳动”时，68.6% 的受访农户回答“愿意承担”，31.4% 的受访农户回答“不愿意承担”。在提供劳动方式上，选择“义务劳动”的占比 44.4%，选择“有偿劳动”的占比 55.6%。从表 6-19 中可以看出，农户更加偏好通过提供有偿劳动的方式来承担渠道维护费用。

表 6-19　湖南省样本农户量水设施成本与渠道维护劳动付出情况

项目	比例（%）	项目	比例（%）	项目	比例（%）
愿意承担量水设施成本	15.2	愿意承担更多渠道维护	68.6	义务劳动	44.4
不愿意承担量水设施成本	84.8	不愿意承担更多渠道维护	31.4	有偿劳动	55.6

资料来源：根据调查资料整理得到。

对提供“义务劳动”“有偿劳动”天数的调查见表6－20。“义务劳动”“有偿劳动”年提供天数均值分别为4.4天、5.3天。可见，农户也不愿意过长时间参与到渠道维护劳动中。

表6－20　湖南省样本农户义务劳动与有偿劳动维护渠道

项目	义务劳动（天）	有偿劳动（天）
均值	4.4	5.3
标准差	8.0	7.9
极小值	0.5	0.0
极大值	60.0	40.0

资料来源：根据调查资料整理得到。

（二）河南省农户水费支付情况与用水满意度分析

河南省调研主要涉及农户水费支付和农户对水价及农田水利设施的满意度情况，目的在于分析水价改革对农户的影响。

1. 农户水费缴纳情况

对农户水费缴纳情况的统计见表6－21。从表6－21中看到，50.0%的农户能够按时缴纳，有过拖欠但基本按时按量缴纳的占41.2%，偶尔拖欠的占8.8%，经常拖欠与没有缴纳的比例都是0。从水费缴纳情况来看，农户基本都能够缴纳。

表6－21　河南省样本农户水费缴纳情况

项目	占比（%）
很好（按时按量缴纳）	50.0
较好（有过拖欠但基本按时按量）	41.2
一般（偶尔拖欠）	8.8
较差（经常拖欠）	0.0
很差（没有缴纳）	0.0

资料来源：根据调查资料整理得到。

2. 农田水利设施建设满意度

在前述对“农田水利设施建设满意度”的调查中，有53户（25.36%）回答“满意”，132 户（63.16%）回答“一般”，合计占比 88.52%；有 23 户（11.0%）回答“不满意”，1 户（0.48%）回答“很不满意”，合计占比 11.48%。整体来看，虽然农户对“农田水利设施建设满意度”不是很高，但还是具有一定的支付基础的。并且，在水价改革中，用水成本较之前有所下降，农户支付意愿具有较好的支撑基础。

3. 对目前的水价满意程度

对农户水价满意程度的统计见表 6－22。从表 6－22 中看到，对水价持“很满意”“满意”态度的比例分别为 1.1%、16.1%，持“不满意”“很不满意”态度的比例分别为 18.3%、2.8%，持“一般”态度的比例为 61.7%。总体来看，对水价不满意或者很不满意的比例还是较高（21.1%）。

表 6－22　河南省样本农户对目前水价满意程度

项目	占比（%）
很满意	1.1
满意	16.1
一般	61.7
不满意	18.3
很不满意	2.8

资料来源：根据调查资料整理得到。

第三节　基于农户水费支付能力角度的评估
——来自湖南省调研数据的分析

一、变量选取与研究方法选择

（一）变量选取

姜文来（2003）提出了农业水价承载力的概念，认为承载力水价是指考虑用水者承受能力的水价。王浩等（1999）认为，水价承受能力是指用水户能够承受某种水价水平下的水费支出能力，即用户支付水费后其生存与发展不至于受到太大的影响。廖永松和黄季（2004）认为，农民灌溉水价承受能力存在一个可承受范围或空间，其决定性因素主要是灌溉投入成本占农业生产成本的比例。汤莉（2006）认为农户对水价的承受力应该从两个角度分析，一是农户是否有能力支付，二是是否愿意支付，分别用经济承受力和心理承受力表示。经济承受力是指农户经济上是否有能力支付相应的水价，也就是农户的支付能力；心理承受力是农户认为合理且愿意支付的水价，即农户的支付意愿。左喆瑜以山东省宁津县为例，对华北地下水超采区农户对节水灌溉技术的支付意愿进行调查，分析发现，户主文化程度、农业收入占总收入比重、土地规模、灌溉技术培训等对农户支付意愿影响显著。田元君（2010）认为，要提高农户对农业用水水价的承受力，最重要的是提高农户的收入，并对农业用水提供相应的补贴。陈丹（2009）的研究发现，从业类型对支付能力具有较大的影响，农业收入、耕地面积和非农业收入是支付能力的主要影响因素，农业生产效益不高、农民外出打工等对灌溉农业生产和粮食安全具有一定负面影响。刘军弟等（2012）认为，节水灌溉技术替代传统灌溉技术的成本远超出农户的理性支付能力，因而政府必须采取以补贴政策为主的制度安排，以便有效引导节水灌溉技术市场的发展。

参照上述研究成果并结合实际调研数据，本研究选择了“户主文化程度”“耕种水田旱地面积”“家庭年收入”“水稻旱作经济作物收入比重”“其他来源收入比重”“家庭总支出”“生产投入支出所占比重”“其他支出比重”“种子化肥农药机械劳动力成本”“水电费成本”“水费支付变化情况”“现行水费支付水平”“有没有采用节水技术”13 个变量对农户水费支付能力（经济承受力和心理承受力）进行分析。选取变量的具体描述见表 6 – 23。

表 6 – 23　评价农户水费支付能力选取的变量

变量名称	变量代码	取值
户主文化程度	X_1	1. 初中以下；2. 高中；3. 大专以上
耕种水田旱地面积（亩）	X_2	农户实际耕种的水田旱地面积
家庭年收入	X_3	1. 1 万以下；2. 1 万 ~4 万；3. 4 万 ~7 万；4. 7 万 ~10 万；5. 10 万以上
水稻旱作经济作物收入比重（%）	X_4	水稻旱作经济作物占农户年总收入比重
其他来源收入比重（%）	X_5	其他来源收入占农户年总收入比重

续表

变量名称	变量代码	取值
家庭总支出（万）	X_6	农户 2013 年家庭总支出
生产投入支出所占比重（%）	X_7	生产投入支出占农户家庭总支出比重
其他支出比重（%）	X_8	其他支出占农户家庭总支出比重
种子化肥农药机械劳动力成本（元/亩）	X_9	农户农业生产中种子化肥农药机械劳动力成本
水电费成本（元/亩）	X_{10}	农户农业生产中水电费成本
水费支付变化情况	X_{11}	1. 增加；2. 降低；3. 保持不变
现行水费支付水平	X_{12}	1. 高；2. 低；3. 合理
有没有采用节水技术	X_{13}	1. 有；2. 无

（二）研究方法选择

本研究采用因子分析法对农户水费支付能力进行分析。因子分析法的基本目的就是用少数几个因子去描述许多指标或因素之间的联系，即将相关比较密切的几个变量归在同一类中，每一类变量成为一个因子，以较少的几个因子反映原资料的大部分信息。运用因子分析法进行分析，可以归纳分析农户水费支付能力的主要影响因素。

二、综合评价模型构建

因子分析法是对主成分分析方法的一个拓展，其基本思想是根据相关性的大小对变量进行分组，使得组内变量间的相关性较高，不同组的变量之间的相关性较低。通过“降维”的思想对变量相关性进行分析。因子分析法的数学模型如下：

$$\begin{cases} X_1 = \alpha_{11}F_1 + \alpha_{12}F_2 + \cdots + \alpha_{1m}F_m + \theta_1 \\ X_2 = \alpha_{21}F_1 + \alpha_{22}F_2 + \cdots + \alpha_{2m}F_m + \theta_2 \\ \qquad \cdots\cdots \\ X_n = \alpha_{n1}F_1 + \alpha_{n2}F_2 + \cdots + \alpha_{nm}F_m + \theta_n \end{cases} \tag{6-1}$$

式中，X_1、X_2，…，X_n 为 n 个均值为 0、标准差为 1 的经标准化处理的原始变量；F_1、F_2，…，F_m 为 m 个公共因子；α_{ij} 为因子载荷；θ_1、θ_2，…，θ_n 为特殊因子。

上述模型称为因子模型，其矩阵形式可表示为：

$$X = AF + \theta \tag{6-2}$$

式中，X 为原有变量；F 为公共因子；A 为因子载荷矩阵；θ 为特殊因子。

因子分析法的主要步骤包括：第一，变量间的相关性和方差分析；第二，选取并构造公共因子变量；第三，通过因子旋转，使各项因子变量具有可解释性；第四，计算因子得分；第五，根据各公共因子方差贡献率的大小，对各公共因子进行加权求和，便可得到综合指标值 $Z_{综}$（式 6-3）。$Z_{综}$ 是每个样本所有变量整体性能的综合指标，其值越大表明灌区农户的支付能力越强，反之，则说明灌区农户支付能力弱。

$$Z_{综} = (\sum_{i=1}^{m} \beta_i \times Z_i) \div \alpha (i = 1,2,\cdots,m) \tag{6-3}$$

式中，Z_i 为公共因子；β_i 为公共因子 Z_i 所对应的方差贡献率；α 为公共因子累积方差贡献率。

三、具体计算与结果分析

（一）变量间相关性系数矩阵

对选取的 13 个变量进行因子分析获得的相关性系数矩阵见表 6-24。

表 6-24 评价农户水费支付能力变量的相关性系数矩阵

	X_1	X_2	X_3	X_4	X_5	X_6	X_7	X_8	X_9	X_{10}	X_{11}	X_{12}	X_{13}
X_1	1.000	-0.106	0.116	-0.082	0.095	0.050	-0.007	0.064	-0.006	0.048	0.333	0.097	0.052
X_2	-0.106	1.000	0.087	0.479	-0.474	0.219	0.416	-0.214	0.175	0.155	-0.059	-0.050	-0.083
X_3	0.116	0.087	1.000	-0.398	0.339	0.516	-0.222	0.175	0.087	0.045	0.087	0.294	0.147
X_4	-0.082	0.479	-0.398	1.000	-0.924	-0.061	0.384	-0.205	0.029	-0.009	0.089	-0.109	-0.250
X_5	0.095	-0.474	0.339	-0.924	1.000	0.092	-0.427	0.238	-0.016	0.012	-0.036	0.070	0.227
X_6	0.050	0.219	0.516	-0.061	0.092	1.000	-0.300	0.293	0.201	0.024	0.137	0.149	-0.032
X_7	-0.007	0.416	-0.222	0.384	-0.427	-0.300	1.000	-0.692	0.052	0.137	-0.121	-0.025	0.015
X_8	0.064	-0.214	0.175	-0.205	0.238	0.293	-0.692	1.000	-0.034	-0.074	0.176	0.013	-0.035
X_9	-0.006	0.175	0.087	0.029	-0.016	0.201	0.052	-0.034	1.000	0.044	0.174	-0.058	0.001
X_{10}	0.048	0.155	0.045	-0.009	0.012	0.024	0.137	-0.074	0.044	1.000	0.026	0.039	0.033
X_{11}	0.333	-0.059	0.087	0.089	-0.036	0.137	-0.121	0.176	0.174	0.026	1.000	0.073	-0.185
X_{12}	0.097	-0.050	0.294	-0.109	0.070	0.149	-0.025	0.013	-0.058	0.039	0.073	1.000	0.049
X_{13}	0.052	-0.083	0.147	-0.250	0.227	-0.032	0.015	-0.035	0.001	0.033	-0.185	0.049	1.000

从表 6－24 中看到，X_4 与变量 X_5 之间存在高度相关关系，X_3 与变量 X_6 之间、X_7 与变量 X_8 之间存在显著相关关系，其他变量之间也存在不同程度的相关关系。

（二）KMO 测度和 Bartlett's 球体检验结果

KMO（Kaiser－Meyer－Olkin）检验统计量是用于比较变量间简单相关系数和偏相关系数的指标。KMO 值的取值范围在 0～1 之间。当所有变量间的简单相关系数平方和远远大于偏相关系数平方和时，KMO 值接近 1，KMO 值越接近于 1，意味着变量间的相关性越强，原有变量越适合作因子分析；当所有变量间的简单相关系数平方和接近 0 时，KMO 值接近 0，KMO 值越接近于 0，意味着变量间的相关性越弱，原有变量越不适合做因子分析。

Bartlett's 球状检验用于检验相关阵中各变量间的相关性，是否为单位阵，即检验各个变量是否各自独立。Bartlett 球形检验判断如果相关阵是单位阵，则各变量独立，因子分析法无效。由 SPSS 检验结果显示 Sig. <0.05（即 $p<0.05$）时，说明各变量间具有相关性，因子分析有效。

KMO 测度和 Bartlett's 球体检验结果见表 6－25。检验结果表明，KMO 值为 0.636，Bartlett's 球体检验的值为 449.483，自由度为 78，显著性值（p 值）为 0，适用因子分析。

表 6－25　KMO 测度和 Bartlett's 球体检测结果

Kaiser－Meyer－Olkin Measure of Sampling Adequacy		0.636
Bartlett's Test of Sphericity	Approx. Chi－Square	449.483
	df	78
	Sig.	0.000

（三）总方差分析表

对初始因子分析及因子轴旋转后的全部方差分析见表 6－26。从中可以看出矩阵的特征值（称为因子）与其贡献率及累计贡献率。

特征值大于 1 的因子共有 5 个。其中，第 1 个主因子旋转前提取的信息为 23.972%，旋转后提取的信息为 19.300%；第 2 个主因子旋转前提取的信息为 14.250%，旋转后提取的信息为 14.809%；第 3 个主因子旋转前提取的信息为 11.826%，旋转后提取的信息为 14.375%；第 4 个主因子旋转前提取的信息为

9.862%，旋转后提取的信息为10.965%；第5个主因子旋转前提取的信息为8.206%，旋转后提取的信息为8.667%。5个主要因子共计提取信息为68.116%，总体能够反映出原13个变量的信息。

表6－26　总方差分析表

因子序号	初始特征值			提取平方和载入			旋转平方和载入		
	特征值	贡献率（%）	累计贡献率（%）	特征值	贡献率（%）	累计贡献率（%）	特征值	贡献率（%）	累计贡献率（%）
1	3.116	23.972	23.972	3.116	23.972	23.972	2.509	19.300	19.300
2	1.853	14.250	38.222	1.853	14.250	38.222	1.925	14.809	34.109
3	1.537	11.826	50.048	1.537	11.826	50.048	1.869	14.375	48.484
4	1.282	9.862	59.910	1.282	9.862	59.910	1.425	10.965	59.449
5	1.067	8.206	68.116	1.067	8.206	68.116	1.127	8.667	68.116
6	0.937	7.210	75.326						
7	0.853	6.562	81.888						
8	0.736	5.665	87.553						
9	0.539	4.147	91.699						
10	0.423	3.256	94.955						
11	0.343	2.642	97.597						
12	0.246	1.890	99.487						
13	0.067	0.513	100.000						

（四）碎石图

因子分析结果的碎石图见图6－2。碎石图的Y轴为特征值，X轴为特征值的序号，特征值按大小进行排序。典型的碎石图有一个明显的拐点，在拐点之前是与大因子连接的陡峭折线，之后是与小因子连接的缓坡折线。由图6－2可以看出：因子1与因子2之间的差最大，因子2、因子3、因子4、因子5之间的差值逐渐变小。但是相对于其他两个因子之间的差而言，它们之间的差值较大。从因子5开始这些因子之间的差值变得更小。前5个因子贡献占总方差贡献率的68.116%。

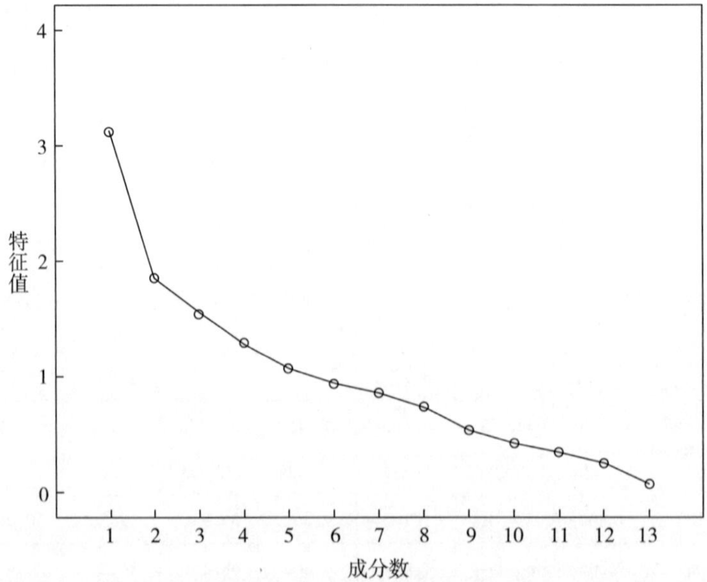

图 6－2　碎石图

（五）旋转后的公共因子负载表

根据表 6－27 旋转后的因子载荷矩阵显示的因子得分情况，13 个变量划归到 5 个影响因子中。

表 6－27　旋转后的因子载荷矩阵

X	变量代码	主因子				
		1	2	3	4	5
户主文化程度	X_1	0.128	0.114	0.010	0.786	－0.115
耕种水田旱地面积	X_2	－0.565	0.404	0.415	－0.198	0.195
家庭年收入	X_3	0.324	－0.008	0.789	0.069	－0.091
水稻旱作经济作物收入比重	X_4	－0.921	0.152	－0.119	－0.012	0.021
其他来源收入比重	X_5	0.902	－0.203	0.100	0.047	0.032
家庭总支出	X_6	－0.067	－0.246	0.816	0.028	0.144
生产投入支出所占比重	X_7	－0.316	0.822	－0.188	－0.049	－0.022
其他支出比重	X_8	0.105	－0.787	0.233	0.112	0.050
种子化肥农药机械劳动力成本	X_9	－0.008	0.155	0.254	0.146	0.753

续表

X	变量代码	主因子				
		1	2	3	4	5
水电费成本	X_{10}	0.089	0.400	0.154	0.151	0.154
水费支付变化情况	X_{11}	-0.168	-0.177	0.084	0.797	0.160
现行水费支付水平	X_{12}	0.060	0.121	0.437	0.200	-0.651
有没有采用节水技术	X_{13}	0.500	0.315	0.082	-0.162	-0.029

因子1（Z_1）支配的指标有：耕种水田旱地面积、水稻旱作经济作物收入比重、其他来源收入比重、有没有采用节水技术，这些指标反映了农户耕种面积、收入构成与节水技术采用情况，可将该因子命名为耕种面积、收入构成与节水技术采用因子，其方差贡献率为19.300%。

因子2（Z_2）支配的指标有：生产投入支出所占比重、其他支出比重、水电费成本，这些指标反映了农户家庭总支出在农业生产投入支出与其他支出方面的投入比重以及农户水电费亩均投入情况，可将该因子命名为生产成本构成与水电费成本因子，其方差贡献率为14.809%。

因子3（Z_3）支配的指标有：家庭年收入、家庭总支出，这些指标反映了农户家庭总收入与总支出的水平，可将该因子命名为家庭总收入与总支出因子，其方差贡献率为14.375%。

因子4（Z_4）支配的指标有：户主文化程度、水费支付变化情况，可将该因子命名为户主文化程度与水费支付变化因子，其方差贡献率为10.965%。

因子5（Z_5）支配的指标有：种子化肥农药机械劳动力成本、现行水费支付水平，可将该因子命名为主要生产要素投入与水费支付水平因子，其方差贡献率为8.667%。

根据表6-27中因子载荷情况，将13个变量划分到5个因子中，具体见表6-28。

表6-28　农户水费支付能力因子命名

因子	载荷指标	因子命名
因子1（Z_1）	耕种水田旱地面积 水稻旱作经济作物收入比重 其他来源收入比重 有没有采用节水技术	耕种面积、收入构成与节水技术采用因子（19.300%）

续表

因子	载荷指标	因子命名
因子 2（Z_2）	生产投入支出所占比重 其他支出比重 水电费成本	生产成本构成与水电费成本因子（14.809%）
因子 3（Z_3）	家庭年收入 家庭总支出	家庭总收入与总支出因子（14.375%）
因子 4（Z_4）	户主文化程度 水费支付变化情况	户主文化程度与水费支付变化因子（10.965%）
因子 5（Z_5）	种子化肥农药机械劳动力成本 现行水费支付水平	主要生产要素投入与水费支付水平因子（8.667%）

（六）因子得分系数矩阵

因子得分系数矩阵见表 6－29。

表 6－29　因子得分系数矩阵

X	主因子				
	1	2	3	4	5
户主文化程度	0.057	0.139	－0.058	0.579	－0.097
耕种水田旱地面积	－0.205	0.161	0.293	－0.147	0.109
家庭年收入	0.089	0.080	0.425	－0.020	－0.098
水稻旱作经济作物收入比重	－0.384	－0.046	－0.005	0.019	－0.053
其他来源收入比重	0.373	0.015	－0.013	0.005	0.100
家庭总支出	－0.101	－0.113	0.444	－0.066	0.080
生产投入支出所占比重	－0.019	0.420	－0.045	0.041	－0.032
其他支出比重	－0.072	－0.423	0.078	0.005	0.037
种子化肥农药机械劳动力成本	0.066	0.114	0.098	0.092	0.670
水电费成本	0.098	0.262	0.078	0.124	0.141
水费支付变化情况	－0.097	－0.065	－0.027	0.561	0.122
现行水费支付水平	－0.040	0.108	0.267	0.120	－0.610
有没有采用节水技术	0.262	0.243	0.045	－0.106	0.015

根据因子得分系数矩阵，写出5个主因子得分的计算式如下：

$$Z_1 = 0.057X_1 - 0.205X_2 + 0.089X_3 - 0.384X_4 + 0.373X_5 - 0.101X_6 - 0.019X_7 - 0.072X_8 + 0.066X_9 + 0.098X_{10} - 0.097X_{11} - 0.04X_{12} + 0.262X_{13} \tag{6-4}$$

$$Z_2 = 0.139X_1 + 0.161X_2 + 0.08X_3 - 0.046X_4 + 0.015X_5 - 0.113X_6 + 0.42X_7 - 0.423X_8 + 0.114X_9 + 0.262X_{10} - 0.065X_{11} + 0.108X_{12} + 0.243X_{13} \tag{6-5}$$

$$Z_3 = -0.058X_1 + 0.293X_2 + 0.425X_3 - 0.005X_4 - 0.013X_5 + 0.444X_6 - 0.045X_7 + 0.078X_8 + 0.098X_9 + 0.078X_{10} - 0.027X_{11} + 0.267X_{12} + 0.045X_{13} \tag{6-6}$$

$$Z_4 = 0.579X_1 - 0.147X_2 - 0.02X_3 + 0.019X_4 + 0.005X_5 - 0.066X_6 + 0.041X_7 + 0.005X_8 + 0.092X_9 + 0.124X_{10} + 0.561X_{11} + 0.12X_{12} - 0.106X_{13} \tag{6-7}$$

$$Z_5 = -0.097X_1 + 0.109X_2 - 0.098X_3 - 0.053X_4 + 0.1X_5 + 0.08X_6 - 0.032X_7 + 0.037X_8 + 0.67X_9 + 0.141X_{10} + 0.122X_{11} - 0.61X_{12} + 0.015X_{13} \tag{6-8}$$

（七）农户水费支付能力的综合得分

根据式（6-3），农户水费支付能力综合得分的计算式具体表示如下：

$$Z_{综} = \frac{19.3Z_1 + 14.809Z_2 + 14.375Z_3 + 10.965Z_4 + 8.667Z_5}{68.116} \tag{6-9}$$

根据式（6-4）~式（6-9）计算的各因子综合得分及排名情况如表6-30所示。湖南省铁山灌区103户农户、欧阳海灌区122户农户水费支付能力综合得分具体情况见附录3。

表6-30 灌区农户水费支付能力各因子综合得分及排名

地区	因子1	因子2	因子3	因子4	因子5	综合得分	排名
铁山灌区	57.074	56.281	79.975	67.226	474.596	116.494	1
欧阳海灌区	52.874	34.601	64.427	51.634	371.837	91.725	2
两个灌区	54.796	44.526	71.545	58.772	418.879	103.063	

备注：在计算时一律用平均值来对各个变量数值进行处理，以消除调查样本数量差异问题。

对铁山灌区、欧阳海灌区、铁山灌区与欧阳海灌区两个灌区整体的各因子得分的极小值、极大值、均值统计结果见表6-31。

根据表6-31中灌区各农户水费支付能力得分极小值、极大值与均值数据，可以看出无论是极大值、极小值还是均值，铁山灌区的分值都高于欧阳海灌区，从综合得分均值看，铁山灌区均值得分高于欧阳海灌区均值分数33.56%，表明铁山灌区农户水费支付能力高于欧阳海灌区。

表 6-31　灌区各农户水费支付能力得分极小值、极大值与均值

	统计值	铁山灌区	欧阳海灌区	铁山灌区与欧阳海灌区
因子 1 得分	极小值	-30.728	-58.444	-58.444
	极大值	185.222	148.104	185.222
	均值	57.074	52.874	54.797
因子 2 得分	极小值	-26.689	-40.420	-40.420
	极大值	248.236	230.303	248.236
	均值	56.281	34.601	44.526
因子 3 得分	极小值	23.774	1.121	1.121
	极大值	251.244	189.042	251.244
	均值	79.975	64.427	71.545
因子 4 得分	极小值	16.574	-0.671	-0.671
	极大值	222.424	167.294	222.424
	均值	67.226	51.635	58.772
因子 5 得分	极小值	96.120	0.602	0.602
	极大值	1625.512	1218.654	1625.512
	均值	474.596	371.839	418.879
综合得分	极小值	5.406	0.361	0.361
	极大值	402.104	301.075	402.104
	均值	116.494	91.725	103.063

根据表 6-31 中铁山灌区与欧阳海灌区两个灌区整体的综合得分均值，分别将农户水费支付能力类型划分为“高值区”“较高值区”“中值区”“较低值区”“低值区”五种类型。具体划分见表 6-32。

表 6-32　湖南省样本农户水费支付能力类型

序号	综合得分范围	水费承受能力类型	解释
1	0~80	低值区	无水费支付能力
2	81~160	较低值区	水费支付困难较大
3	161~240	中值区	水费支付有一定困难
4	241~320	较高值区	水费支付存在些许问题
5	320 以上	高值区	水费支付没有任何问题

根据表 6-32 中农户水费支付能力类型，对铁山灌区、欧阳海灌区及两个灌区整体的农户水费承受力类型统计见表 6-33。

表 6-33 不同地区农户水费支付能力类型

	高值区户数（比例）	较高值区户数（比例）	中值区户数（比例）	较低值区户数（比例）	低值区户数（比例）
铁山灌区	3（2.91）	4（3.88）	9（8.74）	54（52.43）	33（32.04）
欧阳海灌区	0（0.00）	1（0.82）	13（10.66）	52（42.62）	56（45.90）
两个灌区整体	3（1.33）	5（2.22）	22（9.78）	106（47.11）	89（39.56）

通过表 6-33 可以看出，铁山灌区调研农户处于高值区户数占比 2.91%，欧阳海灌区则为 0，“水费支付没有任何问题”的农户数量极少。

整体来看，较高值区户数合计占比 2.22%，水费支付存在一些问题；中值区户数合计占比 9.78%，水费支付有一定困难；较低值区户数合计占比 47.11%，水费支付困难较大；低值区户数占比 39.56%，无水费支付能力。由此可见，高达 86.67% 的农户水费支付存在较大困难，只有 1.33% 的农户水费支付没有任何问题。

对不同地区农户综合得分分布情况统计见表 6-34。铁山灌区农户水费支付能力间差距较大，均值以下户数占比高于均值以上占比 26.22%；欧阳海灌区农户对水费支付能力的差距较小，均值以下户数占比高于均值以上占比 9.84%。铁山灌区农户间农户水费支付能力差异相对明显。

表 6-34 不同地区农户水费承受力综合得分

	均值以下户数[比重(%)]	均值以上户数[比重(%)]	标准差
铁山灌区	65（63.11）	38（36.89）	6.8386E1
欧阳海灌区	67（54.92）	55（45.08）	5.5864E1
两个灌区整体	125（55.56）	100（44.44）	6.2994E1

第四节 基于农户水费支付能力角度的评估
——来自河南省调研数据的分析

一、变量选取

参照相关研究成果并结合实际调研数据，本节对河南省农户选择了“户主文化程度”“家庭年均收入”“总耕地面积（亩）”“农作物成本（元/亩）”“农户务农年收入（元）”“其他收入（元）”“农业水价改革后收入增长情况”“农业水价改革后粮食作物增产情况”“农业水价改革后用水成本情况”“水利设施满意度”“用水供给充足程度”“农户月平均用水量（立方米）”“水费缴纳情况”“水价满意程度”“水价对用水量影响”“节水意识变化”16个变量对农户水费支付能力进行分析。选取变量的具体描述见表6－35。

表6－35　评价农户水费支付能力选取的变量

变量名称	变量代码	取值
户主文化程度	X_1	1＝未上过学；2＝小学；3＝初中；4＝高中及中专；5＝大专及以上
家庭年均收入	X_2	1＝2万元以下；2＝2万～5万元；3＝5万～10万元；4＝10万元以上
总耕地面积（亩）	X_3	农户实际总耕地面积数
农作物成本（元/亩）	X_4	农户每亩地年实际成本投入
农户务农年收入（元）	X_5	农户2013年务农实际年收入
其他收入（元）	X_6	农户2013年其他实际收入
农业水价改革后收入增长情况	X_7	1＝增加了；2＝没有变化；3＝减少了
农业水价改革后粮食作物增产情况	X_8	1＝增产了；2＝跟以前差不多；3＝减产了
农业水价改革后用水成本情况	X_9	1＝减少了；2＝没有变化；3＝增加了
水利设施满意度	X_{10}	1＝很满意；2＝满意；3＝一般；4＝不满意；5＝很不满意
用水供给充足程度	X_{11}	1＝充足；2＝基本满足；3＝不充足
农户月平均用水量（立方米）	X_{12}	农户实际月平均用水量（立方米）
水费缴纳情况	X_{13}	1＝很好（按时按量缴纳）；2＝较好（有过拖欠但基本按时按量）；3＝一般（偶尔拖欠）；4＝较差（经常拖欠）；5＝很差（没有缴纳）
水价满意程度	X_{14}	1＝很满意；2＝满意；3＝一般；4＝不满意；5＝很不满意
水价对用水量影响	X_{15}	1＝影响大；2＝有一定的影响；3＝没有影响
节水意识变化	X_{16}	1＝比以前提高了；2＝跟以前差不多；3＝比以前差了

二、具体计算与结果分析

（一）变量间相关性系数矩阵

对选取进行因子分析的16个变量的相关性分析见表6－36。

表 6－36　相关性系数矩阵

	X_1	X_2	X_3	X_4	X_5	X_6	X_7	X_8	X_9	X_{10}	X_{11}	X_{12}	X_{13}	X_{14}	X_{15}	X_{16}
X_1	1.00	0.14	0.00	0.08	-0.10	0.17	-0.06	-0.09	-0.01	-0.14	0.02	0.04	-0.05	-0.08	0.13	0.00
X_2	0.14	1.00	0.02	0.16	0.28	0.74	-0.25	-0.19	-0.26	-0.14	-0.01	-0.15	0.03	-0.18	0.08	0.02
X_3	0.00	0.02	1.00	0.20	0.47	-0.14	-0.10	-0.12	-0.18	0.10	-0.07	0.67	0.25	0.05	0.09	0.05
X_4	0.08	0.16	0.20	1.00	0.15	0.01	-0.52	-0.57	-0.43	-0.16	-0.07	-0.21	0.09	-0.05	-0.06	0.17
X_5	-0.10	0.28	0.47	0.15	1.00	-0.12	-0.07	-0.11	-0.31	-0.16	-0.11	0.17	0.18	-0.20	-0.02	-0.01
X_6	0.17	0.74	-0.14	0.01	-0.12	1.00	-0.20	-0.09	-0.16	-0.13	0.04	-0.20	-0.18	-0.16	0.10	-0.06
X_7	-0.06	-0.25	-0.10	-0.52	-0.07	-0.20	1.00	0.71	0.63	0.16	0.04	0.20	-0.02	0.15	0.13	-0.07
X_8	-0.09	-0.19	-0.12	-0.57	-0.11	-0.09	0.71	1.00	0.68	0.19	0.26	0.22	-0.01	0.14	0.17	-0.14
X_9	-0.01	-0.26	-0.18	-0.43	-0.31	-0.16	0.63	0.68	1.00	0.21	0.20	0.23	-0.06	0.34	0.12	0.04
X_{10}	-0.14	-0.14	0.10	-0.16	-0.16	-0.13	0.16	0.19	0.21	1.00	0.11	0.06	0.26	0.51	-0.04	-0.04
X_{11}	0.02	-0.01	-0.07	-0.07	-0.11	0.04	0.04	0.26	0.20	0.11	1.00	-0.01	0.07	0.30	0.01	0.06
X_{12}	0.04	-0.15	0.67	-0.21	0.17	-0.20	0.20	0.22	0.23	0.06	-0.01	1.00	0.07	0.20	0.23	0.11
X_{13}	-0.05	0.03	0.25	0.09	0.18	-0.18	-0.02	-0.01	-0.06	0.26	0.07	0.07	1.00	0.23	-0.07	0.11
X_{14}	-0.08	-0.18	0.05	-0.05	-0.20	-0.16	0.15	0.14	0.34	0.51	0.30	0.20	0.23	1.00	0.00	0.06
X_{15}	0.13	0.08	0.09	-0.06	-0.02	0.10	0.13	0.17	0.12	-0.04	0.01	0.23	-0.07	0.00	1.00	-0.07
X_{16}	0.00	0.02	0.05	0.17	-0.01	-0.06	-0.07	-0.14	0.04	-0.04	0.06	0.11	0.11	0.06	-0.07	1.00

从表 6－36 中看到，变量 X_3 与变量 X_5 之间、变量 X_4 与变量 X_7 之间、变量 X_4 与变量 X_8 之间、变量 X_4 与变量 X_9 之间、变量 X_3 与变量 X_{12} 之间、变量 X_7 与变量 X_8 之间、变量 X_7 与变量 X_9 之间、变量 X_8 与变量 X_9 之间、变量 X_{10} 与变量 X_{14} 之间存在较为明显的相关关系，其他变量之间也存在不同程度的相关关系。

（二）KMO 测度和 Bartlett's 球体检验结果

KMO 测度和 Bartlett's 球体检验结果见表 6－37。检验结果表明，KMO 值为 0.563，Bartlett's 球体检验的值为 768.168，自由度为 120，显著性值（p 值）为 0，适用因子分析。

表 6－37　KMO 测度和 Bartlett's 球体检测结果

Kaiser－Meyer－Olkin Measure of Sampling Adequacy		0.563
Bartlett's Test of Sphericity	Approx. Chi－Square	768.168
	df	120
	Sig.	0.000

（三）总方差分析表

对初始因子分析及因子轴旋转后的全部方差分析见表6－38。从表6－38中可以看出矩阵的特征值（称为因子）与其贡献率及累计贡献率。

表6－38 总方差分析表

因子序号	初始特征值			提取平方和载入			旋转平方和载入		
	特征值	贡献率（%）	累计贡献率（%）	特征值	贡献率（%）	累计贡献率（%）	特征值	贡献率（%）	累计贡献率（%）
1	3.441	21.507	21.507	3.441	21.507	21.507	2.965	18.534	18.534
2	2.208	13.802	35.309	2.208	13.802	35.309	2.071	12.946	31.480
3	1.754	10.965	46.274	1.754	10.965	46.274	1.855	11.592	43.072
4	1.537	9.609	55.883	1.537	9.609	55.883	1.834	11.463	54.535
5	1.210	7.560	63.444	1.210	7.560	63.444	1.314	8.215	62.750
6	1.024	6.399	69.842	1.024	6.399	69.842	1.135	7.092	69.842
7	0.875	5.469	75.311						
8	0.855	5.346	80.657						
9	0.785	4.907	85.564						
10	0.590	3.685	89.249						
11	0.496	3.098	92.347						
12	0.441	2.755	95.103						
13	0.292	1.826	96.929						
14	0.214	1.338	98.267						
15	0.164	1.026	99.293						
16	0.113	0.707	100.00						

特征值大于1的因子共有6个。其中，第1个主因子旋转前提取的信息为21.507%，旋转后提取的信息为18.534%；第2个主因子旋转前提取的信息为13.802%，旋转后提取的信息为12.946%；第3个主因子旋转前提取的信息为10.965%，旋转后提取的信息为11.592%；第4个主因子旋转前提取的信息为9.609%，旋转后提取的信息为11.463%；第5个主因子旋转前提取的信息为7.560%，旋转后提取的信息为8.215%；第6个主因子旋转前提取的信息为6.399%，旋转后提取的信息为7.092%。6个主要因子共计提取信息为69.842%，总体能够反映出原16个变量的信息。

（四）碎石图

因子分析结果的碎石图见图 6－3。碎石图的 Y 轴为特征值，X 轴为特征值的序号，特征值按大小进行排序。典型的碎石图有一个明显的拐点，在拐点之前是与大因子连接的陡峭折线，之后是与小因子连接的缓坡折线。由图 6－3 可以看出：因子 1 与因子 2 之间的差最大，因子 2、因子 3、因子 4、因子 5、因子 6 之间的差值逐渐变小。但是相对于其他两个因子之间的差而言，它们之间的差值较大。从因子 6 开始这些因子之间的差值变得更小。前 6 个因子贡献率占总方差贡献率的 69.842%。

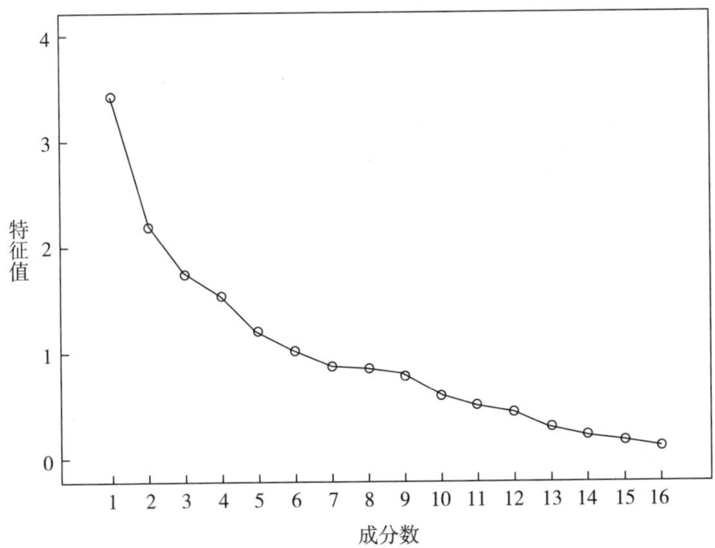

图 6－3　碎石图

（五）旋转后的公共因子负载表

根据表 6－39 旋转后的因子载荷矩阵显示的因子得分情况，16 个变量划归到 6 个影响因子中。

因子 1（Z_1）支配的指标有：农作物成本、农业水价改革后收入增长情况、农业水价改革后粮食作物增产情况、农业水价改革后用水成本情况，这些指标反映农作物成本与农业水价改革效果，可将该因子命名为农作物成本与农业水价改革效果因子，其方差贡献率为 18.534%。

表 6-39 旋转后的因子载荷矩阵

X	变量代码	主因子					
		1	2	3	4	5	6
户主文化程度	X_1	-0.143	-0.071	-0.073	0.114	0.667	0.099
家庭年均收入	X_2	-0.168	0.116	-0.085	0.916	0.023	0.027
总耕地面积（亩）	X_3	-0.171	0.879	0.124	-0.084	0.129	-0.017
农作物成本（元/亩）	X_4	-0.757	0.065	0	-0.005	0.031	0.189
农户务农年收入（元）	X_5	-0.100	0.717	-0.245	0.202	-0.356	-0.047
其他收入（元）	X_6	-0.066	-0.194	-0.070	0.860	0.213	-0.044
农业水价改革后收入增长情况	X_7	0.843	0.044	0.0170	-0.157	-0.021	-0.018
农业水价改革后粮食作物增产情况	X_8	0.897	0.008	0.109	0.001	0.004	0.005
农业水价改革后用水成本情况	X_9	0.764	-0.143	0.216	-0.175	0.170	0.203
水利设施满意度	X_{10}	0.124	0.013	0.801	-0.080	-0.100	-0.199
用水供给充足程度	X_{11}	0.205	-0.132	0.390	0.202	0.018	0.426
农户月平均用水量（立方米）	X_{12}	0.268	0.714	0.094	-0.225	0.375	0.105
水费缴纳情况	X_{13}	-0.108	0.358	0.482	0.046	-0.314	0.132
水价满意程度	X_{14}	0.108	-0.017	0.816	-0.147	0.083	0.141
水价对用水量影响	X_{15}	0.185	0.198	-0.017	0.110	0.627	-0.144
节水意识变化	X_{16}	-0.118	0.077	-0.047	-0.076	-0.030	0.867

因子 2（Z_2）支配的指标有：总耕地面积、农户务农年收入、农户月平均用水量，这些指标反映了耕地数量、农业收入与农业用水量情况，可将该因子命名为耕地用水数量与务农收入因子，其方差贡献率为 12.946%。

因子 3（Z_3）支配的指标有：水利设施满意度、水费缴纳情况、水价满意程度，这些指标反映了农户对农业用水的满意度，可将该因子命名为农户用水满意度因子，其方差贡献率为 11.592%。

因子 4（Z_4）支配的指标有：家庭年均收入、其他收入，可将该因子命名为家庭收入构成因子，其方差贡献率为 11.463%。

因子 5（Z_5）支配的指标有：户主文化程度、水价对用水量影响，可将该因子命名为文化水平与水价影响因子，其方差贡献率为 8.215%。

因子 6（Z_6）支配的指标有：用水供给充足程度、节水意识变化，可将该因子命名为农业用水供给与节水意识因子，其方差贡献率为 7.092%。

根据表 6-39 中因子载荷情况，将 16 个变量划分到 6 个因子中，具体见表 6-40。

表 6-40 农户水费支付意愿因子命名

因子	载荷指标	因子命名
因子1（Z_1）	农作物成本 农业水价改革后收入增长情况 农业水价改革后粮食作物增产情况 农业水价改革后用水成本情况	农作物成本与农业水价改革效果因子（18.534%）
因子2（Z_2）	总耕地面积 农户务农年收入 农户月平均用水量	耕地用水数量与务农收入因子（12.946%）
因子3（Z_3）	水利设施满意度 水费缴纳情况 水价满意程度	农户用水满意度因子（11.592%）
因子4（Z_4）	家庭年均收入 其他收入	家庭收入构成因子（11.463%）
因子5（Z_5）	户主文化程度 水价对用水量影响	文化水平与水价影响因子（8.215%）
因子6（Z_6）	用水供给充足程度 节水意识变化	农业用水供给与节水意识因子（7.092%）

（六）因子得分系数矩阵

因子得分系数矩阵见表 6-41。

表 6-41 因子得分系数矩阵

X	主因子					
	1	2	3	4	5	6
户主文化程度	-0.095	-0.050	-0.002	-0.007	0.525	0.070
家庭年均收入	0.040	0.092	0.031	0.528	-0.048	0.047
总耕地面积（亩）	-0.060	0.414	0.068	-0.030	0.110	-0.048
农作物成本（元/亩）	-0.284	-0.004	0.059	-0.074	0.084	0.138
农户务农年收入（元）	0.069	0.372	-0.151	0.152	-0.313	-0.007
其他收入（元）	0.038	-0.063	0.049	0.475	0.107	-0.021
农业水价改革后收入增长情况	0.310	0.053	-0.090	-0.006	-0.078	0.012
农业水价改革后粮食作物增产情况	0.334	0.041	-0.030	0.098	-0.073	0.029

续表

X	主因子					
	1	2	3	4	5	6
农业水价改革后用水成本情况	0.241	-0.055	0.025	-0.028	0.084	0.182
水利设施满意度	-0.043	-0.011	0.478	0.029	-0.044	-0.260
用水供给充足程度	0.068	-0.061	0.186	0.173	-0.018	0.357
农户月平均用水量（立方米）	0.073	0.341	-0.005	-0.097	0.275	0.072
水费缴纳情况	-0.038	0.165	0.266	0.098	-0.235	0.073
水价满意程度	-0.061	-0.037	0.455	-0.019	0.096	0.037
水价对用水量影响	0.031	0.098	0.014	0.037	0.470	-0.143
节水意识变化	-0.007	0.026	-0.119	-0.034	-0.044	0.784

根据因子得分系数矩阵，写出6个主因子得分的计算式如下：

$$Z_1 = -0.095X_1 + 0.04X_2 - 0.06X_3 - 0.284X_4 + 0.069X_5 + 0.038X_6 + 0.31X_7 + 0.334X_8 + 0.241X_9 - 0.043X_{10} + 0.068X_{11} + 0.073X_{12} - 0.038X_{13} - 0.061X_{14} + 0.031X_{15} - 0.007X_{16} \quad (6-10)$$

$$Z_2 = -0.05X_1 + 0.092X_2 + 0.414X_3 - 0.004X_4 + 0.372X_5 - 0.063X_6 + 0.053X_7 + 0.041X_8 - 0.055X_9 - 0.011X_{10} - 0.061X_{11} + 0.341X_{12} + 0.165X_{13} - 0.037X_{14} + 0.098X_{15} + 0.026X_{16} \quad (6-11)$$

$$Z_3 = -0.002X_1 + 0.031X_2 - 0.068X_3 + 0.059X_4 - 0.151X_5 + 0.049X_6 - 0.090X_7 - 0.030X_8 + 0.025X_9 + 0.478X_{10} + 0.186X_{11} - 0.005X_{12} + 0.266X_{13} + 0.455X_{14} + 0.014X_{15} - 0.119X_{16} \quad (6-12)$$

$$Z_4 = -0.007X_1 + 0.528X_2 - 0.03X_3 - 0.074X_4 + 0.152X_5 + 0.475X_6 - 0.006X_7 + 0.098X_8 - 0.028X_9 + 0.029X_{10} + 0.173X_{11} - 0.097X_{12} + 0.098X_{13} - 0.019X_{14} + 0.037X_{15} - 0.034X_{16} \quad (6-13)$$

$$Z_5 = 0.525X_1 - 0.048X_2 + 0.11X_3 + 0.084X_4 - 0.313X_5 + 0.107X_6 - 0.078X_7 - 0.073X_8 + 0.084X_9 - 0.044X_{10} - 0.018X_{11} + 0.275X_{12} - 0.235X_{13} + 0.096X_{14} + 0.47X_{15} - 0.044X_{16} \quad (6-14)$$

$$Z_6 = 0.070X_1 + 0.047X_2 - 0.048X_3 + 0.138X_4 - 0.007X_5 - 0.021X_6 + 0.012X_7 + 0.029X_8 + 0.182X_9 - 0.26X_{10} + 0.357X_{11} + 0.072X_{12} + 0.073X_{13} + 0.037X_{14} - 0.143X_{15} + 0.784X_{16} \quad (6-15)$$

（七）农户水费支付能力综合得分

根据式（6－3），计算农户水费支付能力综合得分公式具体表示如下：

$$Z_{综}=\frac{18.534Z_1+12.946Z_2+11.592Z_3+11.463Z_4+8.215Z_5+7.092Z_6}{69.842} \tag{6-16}$$

根据式（6－10）～式（6－16）计算的各因子综合得分及排名情况如表6－42所示。河南省209户农户水费支付能力综合得分具体情况见附录4。

表6－42　灌区农户水费支付能力各因子综合得分及排名

地区	因子1	因子2	因子3	因子4	因子5	因子6	综合得分
河南省	1837.260	1838.260	164.118	17839.600	609.945	－658.420	3788.390

注：在计算时一律用平均值来对各个变量数值进行处理，以消除调查样本数量差异问题。

对河南省调研农户各因子得分的极小值、极大值、均值统计结果见表6－43。从极小值、极大值、均值数值来看，农户在各个因子上的得分差距明显，因子3、因子5、因子6均值较低，尤其因子6均值为负。可见，水利设施满意度、水费缴纳情况、水价满意程度、户主文化程度、水价对用水量影响、用水供给充足程度、节水意识变化是影响农户水费支付能力的主要因素。

表6－43　河南省农户水费支付能力得分极小值、极大值与均值

	统计值	得分
因子1得分	极小值	140.727
	极大值	8026.351
	均值	1837.259
因子2得分	极小值	－10805.300
	极大值	33673.570
	均值	1838.216
因子3得分	极小值	－13115.600
	极大值	9235.895
	均值	163.231
因子4得分	极小值	625.369
	极大值	98182.380
	均值	17839.671

续表

	统计值	得分
因子5得分	极小值	-26730.200
	极大值	20231.990
	均值	609.900
因子6得分	极小值	-4241.260
	极大值	559.723
	均值	-658.421
综合得分	极小值	209.631
	极大值	19709.980
	均值	3788.242

参照湖南省农户水费支付能力类型划分，将河南省农户水费支付能力类型也分为“高值区”“较高值区”“中值区”“较低值区”“低值区”五种类型。具体划分见表6-44。

表6-44　农户水费支付能力类型

序号	综合得分范围	水费支付能力类型	解释
1	0~3900	低值区	无水费支付能力
2	3901~7800	较低值区	水费支付困难较大
3	7801~11700	中值区	水费支付有一定困难
4	11701~15600	较高值区	水费支付存在些许问题
5	15601以上	高值区	水费支付没有任何问题

根据表6-44中农户水费支付能力类型，对河南省农户水费支付能力类型统计见表6-45。可以看出，水费支付没有任何问题的农户占比只有0.96%；水费支付困难较大及无水费支付能力的农户占比高达92.35%。农户水费支付能力很低。

表6-45　农户水费支付能力类型户数统计

	高值区户数	较高值区户数	中值区户数	较低值区户数	低值区户数
农户数量［占比（%）］	2（0.96）	4（1.91）	10（4.78）	53（25.36）	140（66.99）

对农户综合得分分布情况统计见表 6－46。63.64% 的农户得分在均值以下，这也印证了绝大多数农户水费支付存在困难。

表 6－46　农户水费支付能力综合得分分布情况统计

	均值以下户数［比重（%）］	均值以上户数［比重（%）］	标准差
数据	133（63.64）	76（36.36）	2852.0821

第五节　本章小结

通过对湖南省铁山灌区、欧阳海灌区和河南省 5 个农业水价综合改革试点县共 434 户农户的调查分析得出，农户对水价的支付能力包括两方面内容：农户是否有支付能力和是否有支付意愿。

（1）采用湖南省 225 户农户调研数据，选择 13 个变量，运用因子分析法，首先根据旋转因子载荷负载的因子得分情况，将 13 个变量划归到 5 个影响因子，分别为：耕种面积、收入构成与节水技术采用因子（$Z1$）；生产成本构成与水电费成本因子（$Z2$）；家庭总收入与总支出因子（$Z3$）；户主文化程度与水费支付变化因子（$Z4$）；主要生产要素投入与水费支付水平因子（$Z5$）。其次根据因子得分系数矩阵，计算 5 个主因子的得分分别为 54.796、44.526、71.545、58.772、418.879。最后得到农户水费支付能力的综合得分为 103.063。根据农户水费支付能力综合得分均值，将农户划分为“高值区”“较高值区”“中值区”“较低值区”“低值区”五种类型。从铁山和欧阳海两个灌区整体来看，较高值区户数占比 2.22%，水费支付存在一些问题；中值区户数占比 9.78%，水费支付有一定困难；较低值区户数占比 47.11%，水费支付困难较大；低值区户数占比 39.56%，无水费支付能力。由此可见，高达 86.67% 的农户水费支付存在较大困难，只有 1.33% 的农户水费支付没有任何问题。铁山灌区和欧阳海灌区农户水费支付能力有差异。总体上，铁山灌区农户对水费支付能力要高于欧阳海灌区农户。并且，铁山灌区农户水费支付能力在农户间差异较大，而欧阳海灌区农户水费支付能力在农户间差异较小。

（2）采用河南省209户农户调研数据，选择16个变量，运用因子分析法，首先根据旋转因子载荷负载的因子得分情况，将16个变量划归到6个影响因子，分别为农作物成本与农业水价改革效果因子（*Z*1）、耕地用水数量与务农收入因子（*Z*2）、农户用水满意度因子（*Z*3）、家庭收入构成因子（*Z*4）、文化水平与水价影响因子（*Z*5）、农业用水供给与节水意识因子（*Z*6）。其次根据因子得分系数矩阵，计算6个主因子的得分分别为1837.260、1838.260、164.118、17839.600、609.945、-658.420。最后得到河南省农户水费支付能力的综合得分为3788.390。根据农户水费支付能力综合得分均值，将农户划分为“高值区”“较高值区”“中值区”“较低值区”“低值区”五种类型。可以看出，水费支付没有任何问题的农户占比只有0.96%，水费支付困难较大及无水费支付能力的农户占比高达92.35%，总体上农户水费支付能力很低。

第七章 基于种植结构优化视角对灌区农业水价政策绩效评估

第一节 农户种植结构的相关概念界定

一、农户

目前学术界对于“农户”的定义和代表范围没有明确统一的阐述，一些学者认为，农户是指从事农业生产的家庭；另外少数学者认为，农户从广义上而言包括发达国家的家庭农场和发展中国家的个体农户（李光兵，1992）。伍晶（1997）认为，农户是由血缘关系组合而成的农民家庭，是生活和生产组织的融合体，其作为一个社会组织和经济组织，主要依靠家庭劳动力从事农业生产并拥有剩余控制权。Ellis（1988）定义农户为“主要利用自己的家庭成员从事农业生产并以此作为家庭经济来源的居民户”。

本研究对农户概念界定如下：首先，农户以家庭为基础生产单元，使用其分配的土地进行农业生产，有其独立的经营决策权，但实际生产中有从众性；其次，在社会主义市场经济下，农户是追求自身利益最大化的经济人，从事种植生产活动时，农户会根据农产品市场的情况、自身处境和从事农业生产的成本和收益，从而做出实现效用最大化的生产决策；最后，农户在农业生产中同时扮演着生产者和消费者的角色，其生产的产品既可以作为商品出售获得收入，也可以作为满足自身需求的生活消费品。

二、农户种植行为

农户种植行为属于农业生产经营行为的一种，本研究所界定的农户种植行为的概念是指在特定的社会经济环境下，受社会经济条件、土地和技术水平约束，农户从自身利益最大化目标出发，对农产品价格和生产要素变动做出的关于作物种植结构及种植投入和产出的反应或决策。农户的种植行为受当地自然资源、农产品市场需求、农业政策和传统种植经验等因素共同影响，其目标是获取利润或满足自身消费需要。农户的种植行为直接导致作物种植的种类、面积及种植技术采用的变化，从而改变当地的农作物种植结构，影响当地农业发展。

三、农户种植结构

种植结构属于农业生产结构的第二层次，是指种植业内部各作物种植面积所占比重和相互关系。本研究所界定的农户种植结构的概念是：农户利用自身拥有的农业生产要素，如家庭承包地和租用地、家庭劳动力、经济水平、生产经验等，根据市场需求和自家消费需求来确定种植生产目标，对自家农用土地进行作物种植品种和规模的安排，形成不同作物种植周期的种植结构。合理的种植结构有利于土地、劳动力等资源的最有效利用和获得当地当时条件下农作物生产的最佳社会经济效益，在农业和农村经济结构战略性调整中，种植结构调整也是公认的投入少、见效快的举措之一。

四、农户种植结构变化

在不同地区、不同经济社会环境和不同农业生产周期背景下，农户种植结构的意向不同。本研究所界定的农户种植结构变化的概念是：农户会根据种植生产目标的变化，在每个农业生产周期里根据各作物的价值来取舍而调整品种和种植规模，如粮食作物、经济作物与饲料作物之间、自给性作物与商品性作物之间、夏收作物与秋收作物之间、用地作物与养地作物之间的转换，研究农户种植结构变化可为分析各农作物供求形势和价格走势提供客观依据。

第二节　农户种植结构变化的驱动因素

由于农业生产具有自然再生产与经济再生产相交织的根本特点，借助众多学者对农户种植行为的研究成果，再结合农业生产本身的特性分析得出，农户种植结构变化受到自然资源条件、农产品市场、生产成本、农业科技水平、农业政策等因素的驱动。

一、农户种植结构变化的驱动因素

（一）自然资源条件

农产品是通过特定的自然生长过程后才能获得，农产品生产与土壤、温度、光照等气候的季节性变化有关，从而使得农产品不仅受到光照、温度、水、土资源的制约，其生产周期长且属于季节性产出。不同地区的农业自然资源条件有差异，如土壤质量、地形类型、气候等资源禀赋不同，适宜种植的作物不同，农户需要根据当地的自然资源状况选择适宜耕种的作物。自然资源条件也制约农户的种植行为，如田地地形和土壤肥沃差异，使得耕种难易程度不同，农作物的产量也不同，农户会根据种植的成本和收益来制定生产决策。

（二）农产品市场

农产品是人们日常生活的必需品，农产品的价格和需求量决定了农户种植作物效益的高低。农产品市场中的农产品种类、品质和数量会随着社会经济发展而变化，随着人们生活水平的提高，对农产品需求的种类和品质有着较大变化，并且国际农产品市场对国内市场也存在着冲击作用。在市场经济条件下，农业发展也要遵循市场规律，追求经济效益，注重提高农产品的市场竞争力。

一般情况下，农户种植的作物分为粮食作物和经济作物，粮食作物通常是生产周期长、价格低、需求弹性小。农户通常生产的粮食作物大部分自家食用，多余的粮食才用于出售获取经济收入。经济作物的生产周期相对较短，价格较高，需求弹性较大，农户种植经济作物的主要目的是出售并获取经济收入，因此农户种植经济作物时应以市场消费为导向，需要根据市场供求变化和区域比较优势，倾向选择紧缺品种、优质特色产品，不断优化产品结构，以期获得最大经济效益。

（三）农产品生产成本

农产品的生产成本可分为三个方面：一是物质生产资料，如农药、化肥、种子、机械、水费等。二是农户自身作为劳动力，为农业生产投入时间和精力，即干农活。三是间接生产成本，如科学技术采用、基础设施、管理和信息等，这类成本农户在作物生产过程中考虑得比较少，尤其是小农户更是如此。

农业生产资料的价格随着农资市场发展而变化，农户一般考虑的生产成本是指农资产品。当农业生产资料的价格上涨导致某些农产品的经济效益降低时，农户通常会减少该农作物的播种面积或者更换农作物品种种植，达到减少生产资料投入数量的目的。反之，当农业生产资料价格降低或政府给予优惠力度较大的农资补贴，农户会增加农作物的种植面积，提高农作物产出量，以较低的投入获取相对多的收益。

在农作物种植过程中，通常农户并没有将自身投入的劳动量算作生产成本，当农户获得的农业收入无法满足生活所需时，农户会选择非农就业，如外出务工、做生意等。随着社会经济发展和劳动力成本上升，农户外出务工工资水平提高，农民作为劳动力的机会成本不断提升，农户会理性选择减少劳动量耗费大的作物种植的面积或放弃务农。

（四）农业科技水平

邓小平曾提出“科学技术是第一生产力”，农业科技水平作为重要的生产要素对农户种植行为有着一定的影响力。农业科学技术的发展，是提高农产品市场竞争力、增加农民收入的重要驱动力。农业科技水平主要包括三个方面：一是农业科技创新能力，即指在生物育种、智能农业、农机装备、农业生态环保等领域的科技创新。农业科技的创新者可以是农业研究者，也可以是农户自身。农业研究者是指专门进行农业科技研究的学者，他们创造的科研成果一经推广就可带来巨大效益，如杂交水稻技术所引领的水稻种植革命。农户是农业生产的实践者，拥有较为丰富的种植经验，农户也会在实践中根据经验总结进行一定的科技创新，创新实用的种植技术以提高农产品产量、节省成本，获得更高的农业经济收入。二是农产品科技含量，如无公害食品、绿色食品、有机食品等。随着社会经济的发展，人们对农产品质量（如营养价值和安全环保）的要求不断提高，农产品科技含量越高，其市场价值和需求量则越高，农户选择种植科技含量高的农产品则可提高经济效益。三是农业劳动者的科学文化素质，农户吸纳新的农业科学技术和应用能力。农户要与时俱进地提高自身科学文化素质，要有发展现代农业的理念和实践能力。只有具备这一前提条件，农户调整种植结构才会达到提高生产效益的目的。例如，农民在农技工作者的指导下，采用直播技术种植水稻，不仅可以保证水稻产量，还可以减少劳动量的投入。

（五）农业政策

农业发展是国民经济发展的基础，它是一个准公共事业，农业生产资源不可以完全由市场支配。首先，一个国家的粮食生产力关乎国家安全，主要农产品的生产力决定着国内农产品市场是否能够健康运行。如果一个国家的主要农产品（特别是粮食）的生产量远低于国内需求量，需要依赖进口来满足国内需求，这种依赖性会影响国内农产品的定价权，从而影响国家的安全稳定。其次，国内农产品价格不能完全由农产品市场调节，农产品是日常刚性需求品，农产品价格上升，整个物价水平必将关联上升，社会稳定就会受到冲击。

我国现阶段农村土地制度是在农村土地家庭承包经营制度的基础上，实施农村土地承包经营权流转制度，土地所有权、经营权和使用权三权分置。农村土地家庭承包经营农村按照现有人口平均分配使用土地，把整块土地分割成许多小块经营。由于田地面积狭小，对于小规模生产的农户采用机械化作业成本高，可操作性也不强。尽管实施农村土地承包经营权流转制度以来，土地流转造就一批新型农业经营主体，形成规模化农业生产，但我国在相当长的时期内，小农户仍然在我国农业经营中会占大多数，仍将是我国农业生产经营的主要组织形式。

随着社会主义市场经济的建立和发展，农户作物种植种类和品种的选择权与决策权进一步扩大。但是，粮食作物的种植效益低导致我国粮食播种面积逐渐下降，为保障国家的粮食安全，国家采取多种政策措施，如增加粮食直接补贴、制定和执行粮食最低保护价政策、对购买种子以及购置更新农机具进行补贴等，这些政策措施在一定程度上提高了农户种粮的积极性。为了推动农产品“互联网+物流”发展，我国还实行了高速农产品“绿色通道”；2015 年“中央一号”文件提出“科学确定主要农产品自给水平，调整农业结构，大力培育特色农业，实施园艺产品提质增效工程，推进规模化、集约化、标准化畜禽养殖，增强畜牧业竞争力”，并推出一系列措施促进我国现代化农业发展。

（六）农业社会化服务体系

农业生产不仅需要农业政策进行宏观调控，而且需要健全的社会化服务体系保障农业健康运行和发展。

农业社会化服务体系是指为农业生产提供各种服务形成的网络体系，主要包括公益性质的政府公共服务机构，如农业技术推广站、农村经济管理站、动植物疫病防控服务站等部门，以及提供经营服务的涉农经济部门，如农民专业合作社、涉农企事业单位、农业生产联合体等组织。这些服务机构和组织在政府的引导下，通过市场机制配置资源，通过商品交换紧密联系，为农业经营主体提供多形式的便利化服务，为农业生产产前、产中、产后提供全面、系统、一体化的服务。目前小规模分散经营仍然是我国现阶段农业经营方式的基本特点，随着市场经济的快速发展，青壮年劳动力大量外流，加之务农人员整体素质偏低、农业经营组织化程度低等问题日益凸显，农业生产需要社会各方面力量为之提供系统的社会化服务，使得经营规模较小的小农户与大市场实现有机衔接。

（七）农户自身行为

我国农业最基本的生产单位是以家庭为基础的农户，即一个以血缘关系组成的家庭组织进行内部分自家承包地进行农业生产。农户从事农业生产首先是为了解决自身生存问题，其次才为提高种植效益而优化经营活动。我国农户行为特征大体表现如下：

一是农产品生产的自给性和商品性，即一般情况下，农户生产的农产品一部分用于满足自己家庭消费，另一部分用于销售获得收入。

二是农户生产行为的理性和非理性。理性是指农户会根据农产品市场供求、预期产出和预期价格以及生产成本来制定生产决策，追求预期农业生产效益的最大化。非理性是指农户生产行为的盲从性，如当农户看到某农产品去年售价高，让某些农户赚钱了，今年就会纷纷生产该农产品，导致市场上该农产品因产量大增而售价下跌，这一现象又促使农户纷纷放弃该农产品生产，使得下一年市场上该农产品因产量大减而售价升高，如此循环。这种生产的盲从性导致作物价格大幅度波动，从而给农户农业生产带来市场风险、收益的不确定性。此外，实践中还有一种想象就是即使农户种植粮食作物经济效益低甚至亏本的情况下，农户也仍然坚持从事粮食生产，这种经济上的非理性与农户自给性生产有关。

三是农户兼业现象。由于农业生产的季节性以及农业生产是个作物自然生长过程，并非每天都需要劳作，因此农户在经营农业生产同时可以兼营其他生产项目或者非农项目，称这类农户为兼业农户。兼业农户的生产行为与纯农户有一定的差异性，兼业户大都种植粮食作物和一些果蔬满足自身需求，其家庭收入大都来自兼业。纯农业户则以种植经济作物为主获得经济收入，对农业有较高的依赖性。

二、灌溉用水对农户种植结构变化的影响机理

如前文理论分析，农户种植结构变化受到自然资源条件、农产品生产成本、农产品市场、农业技术水平、农业政策、农民社会化服务体系、农户自身行为七大驱动因素的影响。本研究关注的是灌溉水价变化的影响效应，灌溉用水状况直接影响灌溉水价。灌溉用水的供给量受到当地自然资源禀赋的影响，同时灌溉用水作为农产品生产过程中的投入要素，是农产品成本的构成部分之一，因此，灌溉用水的需求受农产品生产成本的影响。另外，农业水利基础设施政策属于国家农业政策的一部分，农业政策会间接影响灌溉用水量和灌溉水价。近些年，随着实施土地流转政策以来，新型农业经营主体已经成为我国农业生产者的重要的一部分，规模化、现代化、集约化经营是新型农业经营主体进行农业生产的主要方式，与小农户的生产经营方式截然不同，对灌溉用水的需求和要求也会发生重要变化。社会化服务就是适应这种需求和变化应运而生，其中灌溉服务也是其中一项重要服务项目，因此，农业政策和农民社会化服务体系间接影响农业灌溉用水。农业灌溉用水对农户种植结构变化的影响机理见图 7－1。

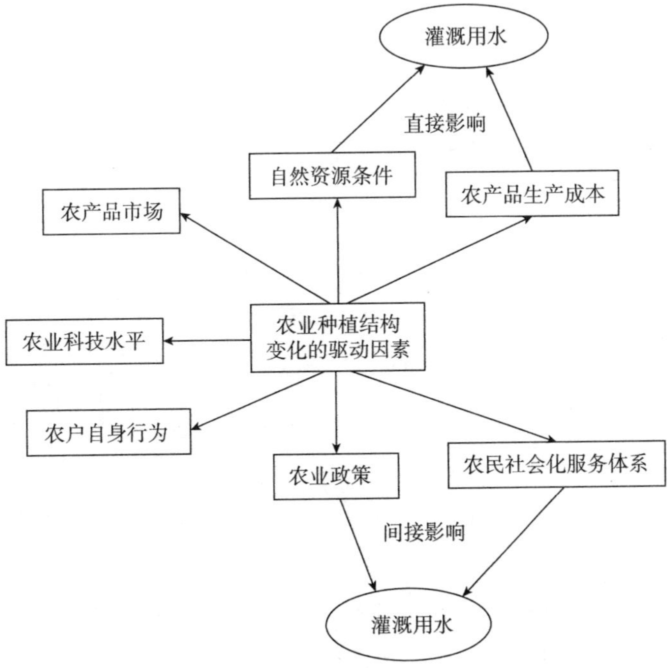

图 7－1　灌溉用水对农户种植结构变化的影响机理

第三节　数据来源及样本描述性分析

本节首先基于湖南省灌区农户进行问卷调查获取的第一手资料进行统计描述分析，主要内容包括调查问卷设计、抽样及对农户基本特征和农业经营概况的描述性分析，其次对农户种植结构变化的总体情况和变化原因进行描述性分析，同时对农户种植结构变化与没有变化的农户进行区间比较分析和农户家庭特征比较分析。

一、问卷设计及调查内容

问卷调查的目的是获取样本农户近年田地种植情况，了解农户种植行为变化的相关情况。通过阅读大量相关研究文献，结合湖南省农户种植情况和问卷调查的目的设计调查问卷，在实地调研过程中，根据调查获得的初始信息的反馈，进一步修改完善问卷，从而使得问卷中的问题更加准确地反映出农户种植结构变化情况，本研究的调查问卷包括以下内容：农户家庭基本情况、农田概况、最大田块灌溉作物的灌溉情况、灌区农户水费支付意愿、水费情况、农户粮食作物、经济作物种植情况、农户家庭收支构成情况、农户种植作物成本及其构成、节水技术采纳及运用情况、家庭社会资本情况等。

根据上述调查目的，问卷设计的具体内容如表 7－1 所示：

表 7－1　农户种植行为问卷调查的主要内容

问卷体系	调查内容	问卷题目	问题类型
第一部分	农户家庭基本情况、农田概况	1.1～1.2	封闭式
第二部分	最大田块灌溉作物的灌溉情况	2	封闭式
第三部分	灌区农户水费支付意愿调查、水费调查、粮食作物和经济作物种植情况、农户种植结构变化情况	3.1～3.4	封闭式、开放式
第四部分	农户家庭收支构成情况	4.1～4.2	封闭式
第五部分	农户种植作物成本调查	5	封闭式
第六部分	节水技术运用调查	6.1～6.9	封闭式
第七部分	社会资本调查	7.1～7.5	封闭式

二、抽样方法选择及样本地确定

本书所用数据来源于2013年8~9月在铁山和欧阳海灌区进行的实地问卷调查。样本抽样采用三阶段抽样方法：首先运用典型抽样方法选择了铁山和欧阳海灌区中灌溉面积最大的县（市）（铁山灌区的岳阳县和欧阳海灌区的耒阳市）；其次在样本县（市）根据经济发达程度不同选择样本乡镇，保证样本的代表性和合理性；最后在样本乡镇随机抽取村组，并在每个村组随机抽选农户进行入户调查，共逐户收回225份问卷，经过数据整理，获得有效问卷200份，样本有效率为88.89%。调查问卷的有效样本分布如表7-2所示。

表7-2　样本地区及样本分布情况

铁山灌区			欧阳海灌区		
县/市	乡/镇	农户数（户）	县/市	乡/镇	农户数（户）
岳阳县	杨林乡	22	耒阳市（县级市）	遥田镇	20
	长湖乡	29		哲桥镇	18
	新墙镇	12		永济镇	29
	黄沙街	27		仁义乡	29
	筻口镇	13		南京乡	1
	合计	103		合计	97

资料来源：根据调研数据整理得到。

本次调查采取集中调查的方式进行，课题组组织了一支由学校经济学院教师1名、研究生3名和本科生3名组成的7人调查组，先到耒阳欧阳海灌区进行为期3天的调研，再奔赴岳阳铁山灌区进行为期3天的调研。在当地灌区管理人员和各村村干部的陪同下进行问卷调查，为了保证数据的有效性和可靠性，课题组每到一村，首先与村里干部进行深度访谈，了解该村的整体情况，尤其是田地种植情况，其次由村干部随机组织当天在家农户，由课题组成员与农户一对一交谈收集所需要的数据资料和相关信息。

三、样本描述性分析

（一）样本地区概况

湖南省目前有20个大型灌区，灌区建设、运行、管理、地理和气候等情况大同小异。灌区是一个半人工的生态系统，它是依靠自然环境提供的光、热、水、土等资源，加上人为选择的作物和安排的作物种植比例等人工调控手段而组成的一个具有很强社会性质的开放式生态系统。灌区系统保证了农业生产外部环境的稳定性，因此灌区不仅是农业高产稳产地区，也是研究农户种植行为变化的理想区域。此外，灌区的农业生产和农业用水由政府统一管理，基础资料和相关数据较易取得，能够使课题研究得到顺利开展，因此选择灌区作为本书的研究区域。

本研究选择了湖南省铁山灌区和欧阳海灌区两个典型的大型灌区作为样本区域。两大灌区位于湖南省，属于亚热带季风性湿润气候，气候分明，光热充足，雨量丰沛。铁山灌区是全国重要的商品粮基地，位于洞庭湖水系新墙河下游的平原丘陵区，以铁山水库为水源，铁山水库是湘北最大水利工程，于1977年动工兴建，总库容量为6.35亿立方米，正常蓄水位92.2米，具有防洪、拦沙、发电、养鱼、旅游等综合效益，灌区覆盖岳阳县、汨罗市、临湘市、岳阳楼区、岳阳经济技术开发区五个县（市、区），占岳阳市耕地面积的五分之一，设计灌溉农田面积为56968.47公顷，是湖南省第二大灌区。欧阳海灌区是湖南省第三大灌区，地处湘南丘陵地带，灌区涉及耒阳、衡南、常宁及衡阳市珠晖区四个县（市、区），设计灌溉农田面积为48517.58公顷。

（二）样本农户基本特征

1. 户主特征

调查问卷数据分析显示，灌区农户户主特征具有以下基本特征（见表7-3）。

表7-3 户主特征

统计指标	分类	数量（人）	比例（%）
性别	男	195	97.5
	女	5	2.5
	合计	200	100
年龄	39~45岁	27	13.5
	46~55岁	69	34.5
	55~60岁	38	19.0
	>60岁	66	33.0
	合计	200	100

续表

统计指标	分类	数量（人）	比例（%）
户主文化程度	小学及以下	18	9.0
	初中	155	77.5
	高中	24	12.0
	大专及以上	3	1.5
	合计	200	100
主要职业	务农	156	78.0
	兼业	10	5.0
	其他	34	17.0
	合计	200	100

注：务农是指从事田地种植，兼业是在务农的同时务工（短期打工、做生意、做劳力等）赚钱。

资料来源：根据调研数据整理得到。

（1）户主性别。

户主是指家庭中做生产决策的人，俗称一家之主。在我国农村家庭中，户主往往是家庭中年长的男性。在调查的200份有效样本中显示97.5%的户主为男性，户主为女性的仅有5份，这一现象与我国男耕女织的传统和男权主义有关。

（2）户主年龄结构。

从表7－3中可以看出：户主的平均年龄为55.71岁，55岁以上的占52%，46～55岁的占34.5%，39～45岁的占13.5%，最低年龄是39岁。调研发现农村家庭中35岁以下的年轻劳动力不愿意以务农为生计，只愿意在农忙时节回家帮助年老父母干农活，年青一代大都选择外出务工或从事非农工作，留守农村务农和做农业生产决策的人主要是45岁以上的中老年人。

（3）户主文化程度。

表7－3显示，户主受教育程度为小学及以下的占9.0%，初中文化占77.5%，高中及以上占13.5%。由此看来，户主以初中文化为主，高中学历以上的比例较低，整体文化素质不高。在实际调研中了解到，户主的子女文化教育程度普遍为初中以上，接受高中与大学教育的有87人（43.5%），这与我国实施九年义务教育制度和农民越来越重视子女教育有关，然而文化程度提高了的新一代农民基本上选择非农行业，他们普遍认为从事农业生产劳动强度大、收益低，读书后进入城市里工作和生活是他们读书的主要目标。

（4）户主主要职业。

从表7－3中可以看出，以务农即种植田地为职业的比例为78.0%，兼业即务农的同时又打临时工赚钱的比例为5%，说明大部分户主还是以务农为生，这与户主的年龄在45岁以上有关，户主年龄大，身体不如年轻人强壮，无法像年轻人一样在城市务工，只能耕种家里的承包地，一方面解决自身消费需求，另一方面是务农一辈子，务农经验很丰富，耕种田地从事农业生产，也是一种传承，大部分户主表示只要能活动，就会继续种植田地，但户主的子女则大都放弃农业，外出务工、求学或从商等。

2. 农户家庭特征

（1）家庭人口。

被调查农户中，家庭人数以4～6人为主，占调查有效样本总数的60.5%，主要原因是样本地多数家庭育有两个以上子女，或者子女成家有小孩的，这些家庭中的年轻人大都外出务工，年幼小孩和田地交给父辈料理，这样就构成了主要是两代人组成的4～6人的家庭；其次是家庭人口有3人及以下的，该类农户占比为22%，这类家庭中以独立门户的3口之家和新婚夫妇居多；也有少数农户家庭人数在7人以上，这主要是三代以上的大家庭，年轻子女外出务工，家里留下老人负责照顾小孩，并从事农业生产活动。

（2）务农劳动力。

调查结果如表7－4所示，有25.5%户农户在家务农的劳动力人数为0，这些农户的农活由家里60岁以上的老人承担。其次是在家务农的劳动力为2人的农户占一半比例（50%），这类农户基本上是中年夫妇两人务农。这一现象说明，当前在家务农的青壮年劳动力极其缺乏，这与我国城乡经济长期二元化发展有关，随着乡镇企业逐渐兴起，沿海经济发达企业增多，务工工资是年青一代在家务农所得的数倍，青壮年一代更倾向选择外出务工，长期务农人员从早期的妇女老人变成了当下的中老年人。

（3）农户收入水平情况。

调查中农户家庭年收入有35.5%处于1万～4万的低收入水平，其次有28.5%处于4万～7万的中低收入水平，7万～10万和10万以上的比例均为13%，1万元以下的极低收入水平的家庭占比达10.0%。综合之前家庭人口数来分析，说明农户的家庭收入与家庭人口数有一定关系，家庭人口多的，大部分收入（约80%）都来自外出打工。

表 7－4　家庭人口和劳动力情况

统计指标	分类	数量（人）	比例（%）
家庭规模	≤3 人	44	22.0
	4～6 人	121	60.5
	≥7 人	35	17.5
	合计	200	100
务农劳动力	0	51	25.5
	1	42	21.0
	2	100	50.0
	3	4	2.0
	4	3	1.5
	合计	200	100

注：务农劳动力是指一个家庭中在家务农为主的 16 岁以上、60 岁以下的人。

资料来源：根据调研数据整理得到。

从表 7－5 农户种植业收入比重（种植业收入与家庭总收入的比重）的数据看，76.5% 农户的种植业收入占家庭总收入的比例在 30% 以下，即种植业收入对整个家庭来说重要性较低。

农户种植业生产投入比重的数据显示，57.0% 的农户对种植业生产投入占其家庭总开支的比例在 10% 以下，30.0% 的农户的生产投入占其家庭总开支的比例在 10%～30%。农户家庭支出中占比最大的两部分是家庭日常开支和子女教育费用，数据说明农户对农业生产投入较低，基本上只在水稻灌溉和收割环节花费一些机械费，雇用劳动力种田的现象较少。

综合上述分析表明，大部分样本农户属于自给自足的传统小农生产，种植田地的经济投入较低，其种植业获得的经济效益较低。

（三）农户农业经营概况

1. 田地种植规模

在调查的 200 户有效样本中，种植规模在 10 亩以下的居多，占比为 80.5%，这与家庭联产承包制度有关，大部分种植户都是利用自己的家庭承包地从事农业生产活动，租用或转包他人承包地的很少。水田种植面积在 5 亩以上的占比为 44.0%，有 43.5% 的农户的水田块数在 6 块以上。旱地种植面积以 3 亩以下居多，占比达 85.5%，分布也比较零散，这些情况与灌区以矮丘和海拔较低的山丘为主的地貌相吻合，表明样本地农户田地细碎化程度较高。

表 7-5　种植户家庭收支情况

统计指标	分类	数量（人）	比例（%）
家庭收入	≤1 万	20	10.0
	1 万~4 万	71	35.5
	4 万~7 万	57	28.5
	7 万~10 万	26	13.0
	≥10 万	26	13.0
	合计	200	100
种植业收入比重	<30%	153	76.5
	30%~50%	22	11.0
	≥50%	25	12.5
	合计	200	100
种植业生产投入比重	≤10%	114	57.0
	10%~20%	45	22.5
	20%~30%	15	7.5
	≥30%	26	13.0
	合计	200	100

资料来源：根据调研数据整理得到。

2. 田地流转情况

在调查的 200 户有效样本中，有 52 户存在水田出租和租入的情况，有 143 块田地被流转，其中有 92% 的田块属于转入，转出田块的占比为 8%，52% 的田地属于免费流转，没有土地流转收益。48% 的流转田块支付了租赁费用，其中租赁费用有支付实物即稻谷和支付资金两种形式。在调查中也了解到部分土地流转给了种植大户，采用机械化种植收割和水稻直播技术，有些种植大户发展为专业种植，获得了较好的经济效益。如欧阳海灌区耒阳市哲桥镇有位 200 多亩地的长豆角专业户。

3. 灌区作物种植情况

湖南省有十种种植较广泛的农作物，即水稻、小麦、玉米、大豆、甘薯、油菜、棉花、苎麻、甘蔗、烤烟。样本农户种植的主要农作物有水稻、油菜、玉米、花生、芝麻和豆类（大豆、黄豆、绿豆），此外还种植了少量的蔬菜、红薯、麻类、棉花、西瓜、高粱、甘蔗和树木。

本书根据灌区农户种植作物实际调查情况，将种植作物分为水稻、玉米、油料作物、糖料作物和经济作物。这样分类的依据是：水稻和玉米单独分为一类，是因为这两种作物种植比例较高，既可以作为农户的口粮或牲畜饲料，也可以出售；油菜、豆类、花生和芝麻归为油料作物；高粱和甘蔗归为糖料作物；西瓜、棉花、麻类和树木归为经济作物。另外，调查的农户中只种植了极其少量的红薯和蔬菜作为自己食用，本研究将其忽略。

调查农户种植作物分类统计（见图 7－2）如下：样本农户中：100% 的农户种植水稻，22. 0% 的农户种植玉米，61. 5% 的农户种植油料作物，其中油菜种植比例最大；此外，经济作物种植比例只有 14. 0%，糖料作物种植比例为 6. 5%。数据表明，农户种植经济作物比例较低，是因为农户种植作物的主要目的只是用于自家消费需求。糖料作物是湖南省近几年兴起的作物，高粱主要作为酿酒的原料，甘蔗则用于制糖或销售，这两种作物的比例虽然只占 6. 5%，但也表明湖南省作物种植结构在悄然发生变化。调查中还发现田地的复种指数较低，绝大部分田地一年只栽种一种作物，部分田地栽种两种作物，极少种植三种及以上作物的。

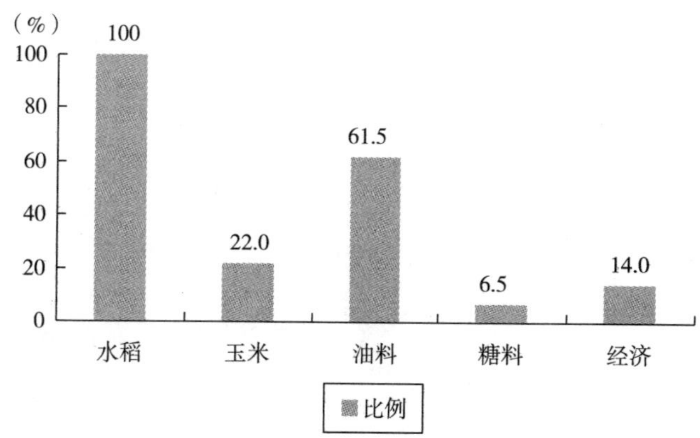

图 7－2　粮食作物和经济作物种植情况

资料来源：根据调研数据整理得到。

4. 农户作物种植成本情况

调查中了解到：农户种植作物的成本主要投入在水稻种植领域，其次是玉米和油菜种植花费的种子、化肥费用。在水稻种植的成本调查中（见图7－3），了解到每亩水稻种植成本主要集中于种子、化肥、农药、机械投入、劳动力投入、灌溉水电费，其中劳动力投入最多，达到47%；其次是化肥投入，占比为19%；农药、种子和机械投入均为10%左右，灌溉电费最低，占比为3%。要说明的是，进行数据核算时将劳动力成本根据农村当地雇工费用每人每天100元换算得到，农户自身劳动投入属于劳动力的机会成本。

图7－3中的数据表明，农户作物种植的生产成本主要是农户自身的劳动力投入，如果农户以种植业为生，忽略农户自己投入的劳动成本，则投入最大的是化肥。油菜和玉米种植过程中消耗的劳动量较水稻少，其种子和化肥农药花费也较低，每亩平均成本在70元左右。当前国家对农户种粮补贴以外，还对购买种子以及购置更新农机具进行补贴，调研中了解到国家的补贴政策促使部分农户将预备抛荒的田地继续种粮，大部分农户家庭都购置了抽水机等小型农业机械。课题组在欧阳海灌区耒阳市永济镇龙水村了解到水稻种植补贴的具体情况如下：政府补贴发放到村里，再由村组发放给种植农户。杂交水稻种子（早稻700千克，晚稻500千克）；犁田补贴农户50元/亩；收割补贴农户50元/亩。

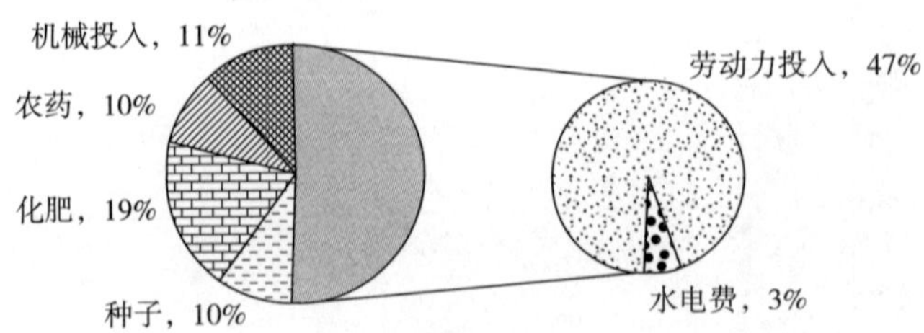

图7－3　水稻种植成本

资料来源：根据调研数据整理得到。

5. 水稻灌溉情况

为了解样本地区种植户种植水稻的灌溉情况，在问卷中设计了农田概况和最大田块种植情况两部分内容。调查结果显示，农户田块面积大多在1亩以下，农户拥有田块数目一般为2～3块，一块田地一般情况下，一年种植一种作物，复种率不高，主要水源来自灌区的干渠，其次是降雨和池塘，土壤类型以黏土为主，比例为52.0%，砂土和壤土的比例分别为27.0%、21.0%，平地、坡地和洼地均有，比例分别为39.5%、44.5%、16.0%，见表7-6。

表7-6 土壤和地形情况

统计指标	分类	农户数（户）	比例（%）
土壤	砂土	54	27.0
	黏土	104	52.0
	壤土	42	21.0
	合计	200	100
地形	平地	79	39.5
	坡地	89	44.5
	洼地	32	16.0
	合计	200	100

资料来源：根据调研数据整理得到。

为了解农户家庭最大田块灌溉情况，在问卷中设计了包括水稻生长全过程的土壤准备、秧田准备、移栽/播种准备、作物生长、开花、灌浆六个时期。调查内容涉及这六个时期的土壤条件、灌溉深度、灌水时间、水源、自家劳动力天数、雇工天数及报酬、水源充足与否等。调查数据显示，农户极少雇工，田块水源主要来自灌区的干渠。在土壤准备、秧田准备、移栽/播种准备、作物生长期水源水充足，在水稻开花、灌浆期会出现灌溉水不足的现象，可能是因为这两个时期正处于夏季或秋季的三伏天气，炎热高温，降雨量少，水稻又处于需水关键期，干渠的水量相对而言不足。此外，调研中也了解到从干渠到农田的支渠和毛渠主要由农户出资出力修建和维护，而支渠和毛渠多是土渠，水流失比率较高，农户有改造意愿，但改造费用较高，农户自身无法负担，希望政府能拨款修缮。

6. 节水技术采纳情况

灌区通过对大型水库运行管理，对农户农业用水收取一定费用。为了解农户对农业用水收费意愿和节水措施情况，问卷设计了相关问题进行调查。调研数据表明，农户种植水稻普遍采用传统的漫灌，很少采纳现代节水技术（如喷灌、微灌、滴灌等），农户很少采用现代节水技术的原因主要有三个方面：一是节水设备较贵；二是当时水资源充沛；三是农户不了解目前有哪些适宜的节水技术。其中占比最大的原因是农户对节水技术的不了解，占比达 93.5%。只有 6.0% 的农户认为在种植水稻过程中灌溉用水充足，不需要采用节水措施，说明绝大部分农户在种植水稻过程中遭遇到灌溉用水不够的情况，农户又没有相关知识采用节水措施。

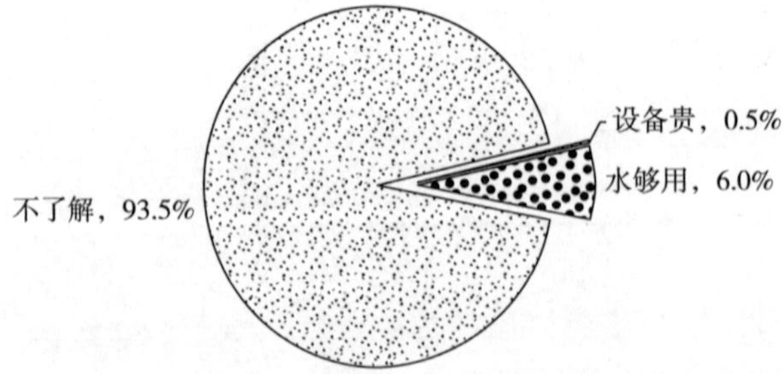

图 7-4　节水技术运用情况

资料来源：根据调研数据整理得到。

7. 农户对农业水费的支付意愿

2008 年以前水费是由农户交钱给村组，再由村组统一上缴给水管单位或者基层政府机构。调查期间农户的水费是从农户种粮补贴中直接扣除，属于隐形收费，农户误以为水费取消了。调查中了解到水费长期偏低，灌区水管单位运行经费主要来自国家拨款，水费对于农户只是一种象征性收取，水费没有成为农户种田的负担。

8. 农户农业种植技术采用情况

首先，通过与农户访谈对农户种植技术的学习渠道进行了解，60.5% 的农户跟随父母或有经验的家庭成员学习种植技术，14.5% 的农户会去请教有经验的农民和观察模仿他人的种植做法，23.0% 的农户会自己总结种植实践经验，2.0% 的农户通过农业电视节目或报纸杂志学习。调研中村干部和农户都表示，近几年政府没有派遣农业技术人员指导农户进行农业生产，大部分农户认为自己目前的学习渠道无法获得较先进的科学种植技术，如果政府派遣农业技术人员推广最新的农业生产种植技术，农户会乐意接受。

其次，对农户作物种子的获取渠道进行调查，水稻种子情况：95% 的农户通过购买获取水稻种子，仅有5%的农户使用自留种子，原因可能是使用杂交水稻种子无法进行自留，必须年年购买新种，此外购买的水稻种子品质和产量都有一定保障。玉米种子情况：76%的农户使用购买的种子，24%的农户会使用自留种子，原因与水稻类似，玉米自留种比例比水稻高是因为玉米比水稻的自留种容易操作和保存。油菜种子：96%的农户使用购买的种子，原因也是杂交油菜种子的品质和产量比自留种子高。芝麻、花生等种子大部分农户会使用自留种子，这是因为大部分农户种植芝麻和花生用于自己食用，种植面积少，自留种子品质和产量能满足农户需求。经济作物基本上都使用购买的种子，这是因为经济作物种子只能由专业育种机构来培育，农户自留的经济作物种子变异性强，无法保证种子质量。此外，农户购买种子的选择过程则比较简单，通常是打听别的农户种植哪个品牌的种子获得比较好的产量后去购买该品牌，一般不会随意挑选。

最后，对农业生产投资资金来源进行调查，60%的农户表示使用上年卖农产品的资金进行来年的农业生产，其余农户则使用非农收入用于农业生产。在调查的样本中没有农户与农户或农户与企业之间的合作投资生产，大部分农户种植规模小，导致农户种植生产资金需求也比较少，农户种植资金投入短缺问题少见。

9. 农户家庭社会资本调查

为了解农户家庭在农业经营活动中的社会资本，问卷设计了农户在互助、互信、租借东西、有无参与民间协会和社会组织这四个方面的问题。调查数据表明，大部分农户认为与同村人相处中是互助、互信的，较容易租借东西，说明社会风气比较好，关系融洽。调研了解到，灌区在政府引导下农户自发成立了农业用水协会组织，但没有实际运行管理，缺乏有效的民间协会和社团组织，说明农村农户与农户之间缺少一个真正合作的平台来对接小农和大市场。一方面因为大部分农户属于自给自足的经营模式，自身的小农思想较强，缺乏与他人合作经营的意识，另一方面政府在推动农村农业合作社发展方面力度还不够，资金投入不够，创新手段不够。

四、农户种植结构变化总体情况

（一）农户种植结构变化情况

基于调研数据，并根据湖南省作物种植情况以及咨询相关的农业专家，本研究将农户种植结构变化分为五种主要类型：一是水稻种植季数的改变，包括三季改两季、三季改一季、两季改一季情况，其中以两季改一季的情况为主。因为湖南省推行水稻多熟制的自然优势和传统，随着国家政策和水稻生产成本的变化，水稻多熟制发生了较大变化，故本研究将这种情况作为农户种植结构变化的主要类型之一；二是灌溉作物改为旱作作物种植；三是旱作作物改为灌溉作物种植。灌溉用水资源是否丰富极大影响着农户的种植行为，温室效应的增强和极端气候的增多影响了田地间地表水的水量，因而农户会根据灌溉条件，在种植灌溉作物还是旱作作物之间进行选择；四是粮食作物改为经济作物种植；五是经济作物改为粮食作物种植。在当前市场经济条件下，农产品销售市场和预期价格在很大程度上影响着农户的种植行为。由于经济作物和粮食作物的市场需求和价格有很大差异，因此农户面临着选择经济作物还是粮食作物种植的生产决策。

调查结果（见图7－5）显示，农户种植结构发生变化的共有85户，占比为42.5%。其中水稻种植两季改为一季的情况占比最大（57.1%）。其次为灌溉作物改为旱作作物种植，占比为35.2%。农户种植水稻两季改一季的主要原因有两方面：一是种植水稻需要投入的劳动力较多，而种植水稻的最大成本是劳动力的耗费，农村务农劳动力缺乏，因此农户改变水稻复种指数的比率就随之增加；二是农户家庭主要收入来自外出务工，种粮卖钱的现象在当地已经鲜见了，农户只需种植一季水稻来满足自需。农户将灌溉作物改为旱作作物主要指农户将种植水稻改为其他作物，如玉米和油料作物的种植，这种改变主要是由于水资源匮乏，而将旱作作物改灌溉作物和经济作物改粮食作物的情况极少。

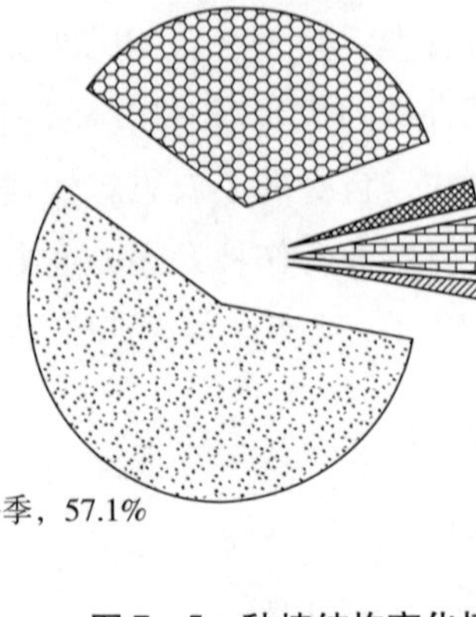

图7－5　种植结构变化情况

资料来源：根据调研数据整理得到。

（二）农户改变种植行为原因的考察

农户改变种植行为的驱动因素主要有市场需求、农资成本、人工成本、农业政策等。根据调查数据分析（见图7－6）表明：样本地农户种植结构变化的主要驱动因素是灌溉用水资源和劳动力，认为灌溉用水资源匮乏而改变种植行为的农户占比达64.71%，其次是由于缺少劳动力而改变种植行为的农户，这类农户占比为35.29%，农产品市场价格变化对农户种植行为的影响较低，只有12.94%的农户会因此而改变种植结构。另外，分别有3.53%和1.18%的农户因为政府号召和水费调整改变种植行为。

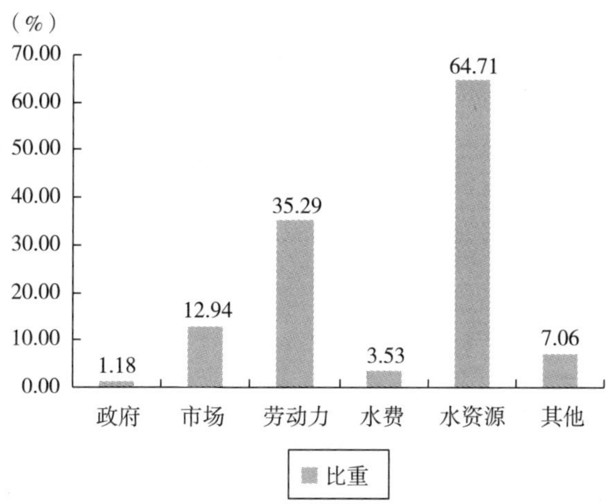

图7－6　样本地农户种植结构变化驱动因素

资料来源：根据调研数据整理得到。

五、农户种植结构变化的比较分析

（一）区间差异比较分析

铁山灌区和欧阳海灌区虽然都位于湖南省，气候差异较小，但两大灌区的农业发展情况仍然存在明显差异，如农业从业人口、田地地形和土壤质量、交通和灌溉基础设施等方面，农户种植结构变化情况也不同。

调研统计资料（见表7－7）显示：铁山灌区有47.57%（49户）的农户改变了种植结构，欧阳海灌区有37.11%（36户）的农户改变了种植结构，说明铁山灌区农户种植结构发生变化的情况比欧阳海灌区多。两大灌区农户种植结构发生变化的情况都集中于水稻种植季数改变和灌溉作物改旱作作物，铁山灌区这两类种植结构改变占比达 46.61%，欧阳海灌区的占比为 41.23%。铁山灌区农户水稻种植季数改变的情况最多，占铁山灌区有效样本农户数的 39.81%，而欧阳海灌区灌溉作物改为旱作作物的情况最多，占比为 25.77%。欧阳海灌区没有旱作作物改为灌溉作物的情况，两大灌区粮食作物和经济作物之间变化的农户数均比较少。

表 7-7　铁山灌区和欧阳海灌区种植结构变化比较

项目	欧阳海灌区		铁山灌区	
	户数（户）	占比（%）	户数（户）	占比（%）
种植结构有改变	36	37.11	49	47.57
其中：季数改变	15	15.46	41	39.81
灌溉改旱作	25	25.77	7	6.80
旱作改灌溉	0	0	2	1.94
粮食改经济	1	1.03	2	1.94
经济改粮食	1	1.03	1	0.97

注：①季数改变包括：三季改两季、三季改一季、两季改一季情况；②欧阳海灌区：5 户同时存在季数改变、灌溉改旱作情况；1 户存在季数改变、粮食改经济情况；③铁山灌区：1 户同时存在季数改变、灌溉改旱作情况；1 户存在季数改变、灌溉改旱作、粮食改经济情况；1 户同时存在季数改变、经济改粮食情况。

资料来源：根据调研数据整理得到。

在驱动因素上也存在差异，据统计，铁山灌区农户种植结构变化的驱动因素以劳动力匮乏为主，欧阳海灌区则以水资源匮乏为主；两大灌区作物种植种类类似，在水稻种植面积上，铁山灌区相对欧阳海灌区多。

基于前文分析，两大灌区出现上述差异的主要原因是：一是铁山灌区农户种植业收入相对欧阳海灌区多，农户对种植业投入的成本和花费的精力也较多。二是铁山灌区对灌溉基础设施的投入相对欧阳海灌区大。三是铁山灌区田块地形以平地较多，欧阳海灌区的田块地形以坡地较多。地形的差异使得铁山灌区的灌溉基础设施建设比欧阳海灌区相对容易。四是欧阳海灌区田地出现水资源匮乏的情况较多，而铁山灌区由于水稻种植面积大需要更多的劳动力，但因为农村劳动力的流失，导致铁山灌区水稻种植出现两季改一季的情况比较多。

（二）农户种植规模及其变化情况比较分析

通过分析 200 户有效样本数据中农户种植结构变化和不变化的农户在水田面积、旱地面积、水田块数三方面的差异，结果如表 7－8 所示。

表 7－8 农户种植规模变化情况

统计指标	分类	变化户数（户）	变化户数占总户数比例（%）
水田面积（亩）	$x<5$	40	20.0
	$5\leqslant x<10$	28	14.0
	$10\leqslant x<20$	10	5.0
	$x\geqslant 20$	7	3.5
旱地面积（亩）	$x<3$	69	34.5
	$3\leqslant x<5$	13	6.5
	$x\geqslant 5$	3	1.5
水田块数（块）	$x<6$	42	21.0
	$6\leqslant x<12$	30	15.0
	$12\leqslant x<18$	6	3.0
	$18\leqslant x<24$	4	2.0
	$x\geqslant 24$	3	1.5

资料来源：根据调研数据整理得到。

水田面积小于 5 亩时，种植结构变化的农户数有 40 户（20.0%）；水田面积为 5～10 亩，种植结构变化的农户数有 28 户（14.0%）；水田面积为 10～20 亩，种植结构变化的农户数有 10 户（5.0%）；水田面积在 20 亩以上时，种植结构变化的农户数只有 7 户（3.5%）。调研数据说明农户种植水田面积越大，农户改变其用途的概率就越小，原因可能是水田面积越大，农户种植水稻的规模效益越大，农户也愿意将种植水稻季数改少。另外，稻田面积越大，改种其他作物的成本越大。

旱地面积小于 3 亩时，种植结构变化的农户数有 69 户（34.5%）；旱地面积为 3～5 亩，种植结构变化的农户数有 13 户（6.5%）；旱地面积大于 5 亩时，种植结构变化的农户数只有 3 户（1.5%）。调研数据说明旱地面积越小，农户改变其作物种植情况的概率越大。一方面，可能是由于种植面积小，农户持续种植某一作物的意愿不强。另一方面，面积小的旱地大都用于种植家用蔬菜，农户根据市场和自家需求变化，改变种植作物种类概率增多。

水田块数小于6块时，种植结构变化的农户数有42户（21.0%）；水田块数在6~12块，种植结构变化的农户数有30户（15.0%）；水田块数为12~18块，种植结构变化的农户数有6户（3.0%）；水田块数在18~24块，种植结构变化的农户数有4户（2.0%）；水田块数在24块以上时，种植结构变化的农户数只有3户（1.5%）。表7-8中的数据显示，水田块数对农户种植结构变化有着负向影响，原因可能是田地细碎化程度较低时，农户对种植作物选择的自由度更大，田地改变用途的成本较低。

（三）农户家庭特征差异

通过对200户有效样本农户的家庭在种植业收入比重、家庭收入、务农人数这三方面对种植结构变化和不变化的差异进行比较分析。分析结果见表7-9。

表7-9　农户家庭特征变化情况

统计指标	分类	变化户数	变化户数占总户数比例（%）
种植业收入比重（%）	$x<30$	60	30.0
	$30\leqslant x<50$	12	6.0
	$x\geqslant 50$	13	6.5
家庭年收入（万元）	$x<1$	7	3.5
	$1\leqslant x<4$	34	17.0
	$4\leqslant x<7$	21	10.5
	$7\leqslant x<10$	13	6.5
	$10\leqslant x$	10	5.0
务农劳动人数（个）	0	17	8.5
	1	16	8.0
	2	47	23.5
	3	4	2.0
	4	1	0.5

资料来源：根据调研数据整理得到。

种植业收入占农户家庭总收入比重为30%以下，农户种植结构变化的农户数有60户（30.0%）；比重为30%~50%，农户种植结构变化的农户数有12户（6.0%）；比重为50%以上，农户种植结构变化的农户数有13户（6.5%），说明种植业收入比重小时，农户种植结构变化情况相对多些，原因可能是种植业收入比重越小，种植业对于农户家庭重要性越低。

当农户家庭收入在1万元以下时，农户种植结构变化的农户数有7户（3.5%）；当农户家庭收入在1万~4万元时，农户种植结构变化的农户数有34户（17.0%）；当农户家庭收入在4万~7万元时，农户种植结构变化的农户数有21户（10.5%）；当农户家庭收入在7万~10万元时，农户种植结构变化的农户数有13户（6.5%）；当农户家庭收入在10万元以上时，农户种植结构变化的农户数有10户（5.0%）。从表7-9中可以看到，家庭年收入与农户种植结构变化户数呈现类似正态分布，家庭年收入对农户种植结构改变行为有一定的正向影响，但农户高收入家庭对种植结构改变的概率较小，原因可能是大部分高收入农户家庭收入的主要来源是非农收入，该类家庭的主要精力不在于务农，所以不关心种植结构的变化。

务农劳动人数为2人，种植结构变化的农户数有47户（23.5%）；务农劳动人数为1人，种植结构变化的农户数有16户（8.0%）；务农劳动人数为3人，种植结构变化的农户数有4户（2.0%）。从整体上看，务农人数与变化户数之间呈现类似正态分布，说明务农劳动人数对农户种植结构有一定的正向影响。但劳动力相对充裕的农户家庭，家庭主要收入来自农业收入，对农业生产经验丰富，已经形成家庭种植模式，因此改变种植结构的意愿就不强。

第四节　灌区农户种植结构变化影响因素的实证分析

在前一节基于灌区调研获取资料的描述性分析的基础上，结合200户有效样本数据，对农户种植结构变化的影响因素进行实证分析，获得影响农户种植结构变化的关键因素，并对其影响机理进行分析。

一、Logistic 模型的构建

农户种植结构变化所涉及的因变量是一个二元型变量，即因变量赋值时只有两种情况：有 =1；无 =0。在社会科学中，对因变量是二元数据或定性资料的二分类变量，可构建一个概率评价模型对遇到的问题作出预测，本书采用应用较多的普通二分类 Logistic 模型来分析农户种植结构变化的概率与其影响因素间的相关关系和重要程度，构建的模型如下：

$$Y = \sum \beta_i X_i + \varepsilon \tag{7-1}$$

式中，Y 为农户种植结构有无变化（有 =1；无 =0），农户种植结构变化情况判别标准采用五种类型：水稻两季改一季、灌溉作物改旱作作物、旱作作物改灌溉作物、粮食作物改经济作物、经济作物改粮食作物；X_i 为未知参数，即表 7 - 10中的代码；ε 为误差项，并假设它与其他解释变量不相关。

Logistic 回归中的回归系数 β_i 表示，在控制其他变量的条件下，自变量每变化一个标准差，农户种植结构变化的可能性变化了 β_i 个 Logistic 单位。回归系数 β_i 换算成发生比 OR 后［转换公式如式（7 - 2）所示］，可直接比较组间差异以及自变量对因变量的影响程度，系数 β_i 才会有更加明确的意义。

$$\mathrm{OR} = \frac{p_1/(1+p_1)}{p_0/(1+p_0)} \tag{7-2}$$

式中，p_0 为农户改变种植结构这一事件发生的概率；p_1 为自变量所代表事件发生的概率。

二、变量选择及预期效应

农户种植结构变化是多重因素相互作用的结果。基于农户视角，结合问卷中所涉及的问题和实地调研中获取的信息，选择了农户在制定生产决策时优先考虑的三类主客观因素以及对所有变量的定义、描述性统计及“自变量”对“因变量”影响的预测，见表 7 - 10。

1. 农户户主个人特征

选取了户主的年龄和文化程度两个指标。理论上认为，户主作为家庭事务的决策者，是改变种植行为的主要行为人，户主年龄越大，务农时间越长，种植习惯的惯性越大，主观上改变种植行为的倾向越小，预期年龄的影响效应为负。户主的文化程度越高，对于现代农业生产技术和作物新品种的认可度越高，对农产品市场需求变化的预测能力越高，改变种植行为的倾向越大，预期其影响效应为正。

表 7-10 变量说明及描述性统计

变量名称	变量定义	均值	最小值	最大值	影响预测
因变量					
农户种植结构有无变化（Y）	1：有；0：无				
自变量					
农户户主个人特征					
户主年龄（X_1）	户主年龄（岁）	55.71	39	87	-
文化程度（X_2）	户主受教育程度（年）	9.18	6	15	+
农户家庭特征					
水田面积（X_3）	实际耕种的水田面积（亩）	6.83	0.5	70	-
旱地面积（X_4）	实际耕种的旱地面积（亩）	1.50	0	21	-
水田块数（X_5）	实际耕种水田田块数（块）	6.82	0	60	-
年收入（X_6）	2012 年的年收入（万元）	4.96	1	10	+
种植业收入占比（X_7）	种植业收入与年收入之比	19.37	0	100	-
在家务农人数（X_8）	16~60 周岁的实际在家务农人数（人）	1.33	0	4	+
社会地理特征	1：铁山；0：欧阳海	0.52	0	1	+
地区（X_9）	农户家离最近集贸镇的距离	3.39	0	25	+
距最近集贸镇距离（X_{10}）					
水资源是否匮乏（X_{11}）	1：是；0：否	0.25	0	1	+
灌溉设施状况（X_{12}）	1：好；0：不好	0.63	0	1	+
有无协会组织（X_{13}）	1：有；0：无	0.23	0	1	
土壤类型（X_{14}）	1：砂土；2：黏土；3：壤土	1.94	1	3	+
地形类型（X_{15}）	1：平地；2：坡地；3：洼地	1.77	1	3	-

资料来源：根据调研数据整理得到。

2. 农户家庭特征

包括耕种水田面积、旱地面积、水田块数、家庭年收入、种植业收入占年收入的比重和务农的劳动力人数。刘乃全、刘学华（2009）的研究认为，劳动力的流动是农户进行种植选择和生产要素投入决策的重要影响因素；土地细碎化不利于规模种植，限制了农户的生产决策。因此，农户承包田地面积越小，在家务农人数越少，农户制定生产决策时会越倾向节省劳动力，当务农劳动力多时，可以有更多精力投入农业生产，根据第六章的比较分析，预期其影响效应为正。根据第六章对水田和旱地面积的比较分析结论，预期农户耕种的水田面积和旱地面积这两个变量的影响效应为负。农户种植的水田块数越多，则土地细碎化程度越高，根据第六章的比较分析，同样预期其影响效应为负。种植业收入与年收入占比反映了农户农业生产的经济效益，种植业收入占比越小，表明相对农户的非农收入，农户种植承包田地的经济效益较低，同样根据第六章的比较分析，预期其影响效应为负。

3. 社会地理特征

包括农户家离最近集贸镇的距离、地区位置、水资源是否匮乏、灌溉设施状况、所在村组有无协会组织、土壤类型和地形这七个变量。董晓霞、黄季焜（2006）的研究发现：生产地到消费中心地的地理距离对果蔬种植面积大小有显著负影响，即随着距离越远，果蔬种植面积越小。因此农户家与最近集贸镇的远近影响农户的生产决策，距离越远，农产品流通成本越高及市场化程度越低，农产品经济效益越低，农户改变种植结构的倾向可能提高，预期其影响效应为正。不同地区有不同的生态、经济条件和农业发展水平，因此不同地区的农户在制定生产决策时会考虑区域的影响，根据第六章的分析，铁山灌区比欧阳海灌区的农户种植结构变化情况多，因此其影响效应为正。灌溉设施状况和水资源是否匮乏影响需水作物的种植，农户会根据田地的水资源条件来选择种植灌溉作物还是旱作作物，预期两者的影响效应均为正。农民协会组织即以农民为主体，按照合作制或股份合作制方式生产、经营、分配、管理的互助经济组织，提高了农业生产经营的组织化程度，有利于农产品专业化生产经营。但黄季焜、牛先芳（2007）的研究发现，目前由于农户协会不是农户根据自身需要建立的，不能满足农户在生产和销售中对技术、生产资料和市场信息的需求，对种植行为改变没有产生积极作用，因此该变量的影响效应不确定。高晓红（2000）的研究发现：各农户所拥有的土地等级不同、条件差异较大的情况下，农户会依据作物生长特性需求对不同等级的土地进行分析后决策种植作物的种类，因此土壤类型和地形会影响农户种植行为。土壤的类型一般分为壤土、黏土和砂土三类，壤土的农艺性状较好，适宜各类农作物生长；黏土具有较强的保水保肥能力，但通透性差，肥效较慢，适宜种植蔬菜等作物；砂土保水保肥能力差，有效矿质营养含量低，只适宜耐旱的瓜类和根菜类作物。因此，壤土适宜作物的范围最大，黏土次之，砂土最小，适宜作物的范围越广就越有利于农户进行生产决策，因而预期土壤类型的影响效应为正。平地有利于耕作翻整，适宜种植水稻和其他需水作物；坡地和洼地上的田地一般呈细碎化分布，并且水资源量不充足，不适宜种植需水作物。农户在制定生产决策时，平地的作物选择范围较大，而坡地和洼地的相对窄小且需要较多的劳动量，因而预期地形类型的影响效应为负。

三、模型估计结果分析

本书运用Stata11.0统计分析软件，对构建的模型式（7－1）进行二元Logistic回归，回归结果如表7－11所示。

表7－11 农户种植结构变化影响因素方程参数Logistic回归结果

变量	回归系数βi	标准误差	Z值	P值
户主年龄（岁）	0.0457	0.0268	1.7	0.088*
文化程度（年）	－0.0978	0.1420	－0.69	0.491
水田面积（亩）	－0.0095	0.0312	－0.31	0.760
旱地面积（亩）	－0.0469	0.1089	－0.43	0.667
水田块数（块）	0.0059	0.0344	0.17	0.863
年收入（万元）	0.0554	0.0786	0.71	0.481
种植业收入占比（%）	0.0056	0.0095	0.59	0.556
在家务农人数（人）	0.3038	0.2490	1.22	0.222
地区	1.5643	0.5205	3.01	0.003***
距最近集贸镇距离（千米）	0.1181	0.0680	1.74	0.082*
水资源是否匮乏	3.8560	0.6097	6.32	0.000***
灌溉设施状况	0.1935	0.4507	0.43	0.668
有无协会组织	－0.3961	0.4820	－0.82	0.411
土壤类型	0.6308	0.2882	2.19	0.029**
地形类型	－0.3353	0.2713	－1.24	0.217
常数项	－5.4620	2.4297	－2.25	0.025***

注：*、**、***分别表示在10%、5%、1%水平上具有统计显著性；样本数为200。

基于表 7－11 的回归结果和发生比 OR［式（7－2）］，计算出发生率见表 7－12。

表 7－12 中的发生比表明：自变量变化一个 Logistic 单位，农户改变种植结构的发生率就提高（OR－1）个比例。

农户种植结构变化影响因素的回归结果分析如下：

（1）户主年龄每增加一岁，发生率增加 5%（见表 7－12），户主年龄对农户种植结构变化有显著正向影响。但这个结果与预期相反，原因可能是在当前的家庭承包模式下，户主年龄的平均值为 55.71 岁（见表 7－12），属于体力日趋衰弱的年龄阶段；在家务农的壮年劳动力较少，户主会考虑农业生产的劳动力不足而减少劳动力密集型作物的种植；另外，通过调研了解到大部分农户家中的壮年劳动力绝大部分外出务工，在家务农的劳动力年龄大都在 45 岁以上。因此，户主考虑家庭劳动力不足，选择种植劳动量需求较少的作物甚至转租自家的承包地。

表 7－12　Logistic 回归获得 OR 的结果

变量	OR 值	变量	OR 值	变量	OR 值
X_1	1.05	X_6	1.06	X_{11}	47.28
X_2	0.91	X_7	1.01	X_{12}	1.21
X_3	0.99	X_8	1.36	X_{13}	0.67
X_4	0.95	X_9	4.78	X_{14}	1.88
X_5	1.01	X_{10}	1.13	X_{15}	0.72

（2）铁山灌区的农户比欧阳海灌区的农户种植结构变化的发生率高 378%（见表 7－12），地区差异对农户种植结构变化有显著正向影响。不同地区的生态条件、经济发展水平、农业政策等情况都有差异，农户在根据当地资源作生产决策时，种植行为变化情况自然有差异。丁忠义等（2005）的研究发现，不同区位、不同产业构成及不同区域经济发展水平是农户选择生产行为差异的主要原因，也是区域内部农业产业结构调整程度有差异的主要原因。在实地调研中也了解到铁山灌区农业发展水平相对欧阳海灌区较高，且当地从事农业生产农户比例也相对较多，铁山灌区的农户制定生产决策时更注重提高农业经济效益，因此农户种植结构变化的发生率比欧阳海灌区高。

(3) 农户家与最近集贸镇的距离每增加 1 千米，发生率增加 13 个百分点(见表 7-12)，表明农户家离最近集贸镇的距离对农户种植结构变化具有显著正向影响，与预期一致。土壤类型对农户种植结构变化在 5% 的水平上有显著正向影响，土壤类型每提高一个等级，农户改变种植结构的发生率增加 88 个百分点(见表 7-12)。

(4) 灌溉水资源是否匮乏对农户种植结构变化在 1% 的水平上有显著正向影响。灌溉水资源匮乏比灌溉水资源不匮乏的农户改变种植结构的发生率高 47.28 倍（见表 7-12）。南方地区的粮食作物以需水作物水稻为主，田地水资源匮乏会极大地影响水稻的种植。当田地水资源不充足时，农户不愿意单家独户投入人力、物力从附近的水源引水种植水稻，通常将水稻改为旱作作物。农户将灌溉作物改成旱作作物的农户占比达 35.16%，调研中也了解到农户因水源不充足而改变种植作物的现象比较普遍。

(5) 水田块数、家庭年收入、种植业收入比重、务农人数、灌溉设施状况对农户种植结构变化有正向影响，但不显著。其中水田块数影响方向与预期相反，原因可能是样本农户种植的水田大都分布在山丘，面积较小且分散，近几年的气候变化导致季节性干旱严重，山丘田块水资源匮乏情况相对平地更加凸显，导致农户将山丘田地种植水稻改为玉米、芝麻等旱作作物。

(6) 户主文化程度、水田面积、旱地面积、协会组织、地形类型对农户种植结构变化的影响方向为负，也不显著。其中户主文化程度的影响方向与预期相反，原因可能是文化水平较高的农户大都从事非农行业，如外出务工、做生意等，因此当户主文化程度越高时，对农业生产的投入越少，农户种植行为变化的发生率越低。

第五节 农业水价变化对灌区农户种植结构影响分析

——以湖南省欧阳海灌区为例

一、欧阳海灌区种植结构概况

欧阳海灌区工程地处湘江支流舂陵水和耒水下游地区，由欧阳海水库和灌区干、支渠组成。灌区渠道灌溉工程分布在耒阳、衡南、常宁三县和衡阳市郊，分右总干、东支干、西支干、左干四条干渠，全长 291 千米。本次调研对象为耒阳农户。耒阳最主要的粮食作物为水稻，2013 年耒阳水稻总产量为 45.86 万吨，是粮食作物总产量的 91.69%。而水稻是典型的灌溉作物，因此选择欧阳海灌区评估农业水价变化对灌区农户种植结构影响效应是有意义的。

根据作物需水量及耕种目的不同，将欧阳海灌区种植作物分为灌溉作物、旱地作物及经济作物。根据调研数据，欧阳海灌区农户种植作物分类见表 7－13。

表 7－13　样本农户主要种植作物分类

种类	作物							
灌溉作物	水稻							
旱地作物	玉米	高粱	芝麻	花生	红薯	大豆		
经济作物	麻类	油菜	西瓜	蔬菜	水果	甘蔗	香瓜	烤烟

资料来源：根据问卷调查资料整理得到。

由表 7－14 的数据可以计算得到，水稻为欧阳海灌区的主要种植作物，其种植面积占耕地总面积的 64.2%，净收益为 796.97 元/亩；其次是经济作物，种植面积占耕地总面积的 23.6%，净收益为 731.10 元/亩；旱地作物的种植面积最小，仅占耕地总面积的 12.2%，收益也是最小的，仅有 594.98 元/亩的净收益。

表 7－14　2013 年欧阳海灌区各种植作物的种植面积及成本收益

项目	水稻	旱地作物	经济作物	总和
种植面积（亩）	381.32	72.44	140.2	593.96
成本（万元）	25.45	7.98	4.17	37.60
收益（万元）	55.84	12.29	14.42	82.55
净收益（万元）	30.39	4.31	10.25	44.95

资料来源：根据问卷调查数据整理得到。

从成本方面来看（由表 7－14 表中数据计算得到），旱地作物的成本最高，为 1101.60 元/亩；其次是水稻，为 667.42 元/亩；而经济作物成本最低，为 297.43 元/亩。由此可知，在欧阳海灌区的种植作物中，旱地作物属于高成本低收益作物。但是农户并没有将旱地作物淘汰，而是适当有选择性地种植，可能是为了满足家庭对旱地作物的需求或者为其他行业（如养殖业）提供原材料。

二、线性规划模型构建

线性规划主要研究两类问题：一是如何统筹安排一项任务，以尽量少的资源来完成它；二是如何利用一定量的资源来完成最多的任务。本节研究的是如何在既定要素条件下实现农户净收益最大化，属于第二类问题。

（一）建立目标函数

根据“理性经济人”假设，农户种植作物选择行为追求的是净收益最大化。根据这一原则建立农户种植作物行为选择的目标函数为：

$$\text{Max} \sum Z_i = \sum (a_i x_i - S_i + F_i + H_i + M_i + L_i + W_i) \tag{7-3}$$

式中，$i=1, 2, 3$ 分别为水稻、旱地作物和经济作物；Z_i 为欧阳海灌区第 i 种种植作物的净收益；a_i 为第 i 种种植作物每亩的毛收益；x_i 为第 i 种种植作物的种植面积；S_i、F_i、H_i、M_i、L_i、W_i 分别为第 i 种种植作物种植过程中种子、化肥、农药、机械、劳动力及水费支出。由于在欧阳海灌区调研的农户很少有土地流转发生，因此不考虑地租成本。

（二）约束条件

假定自然环境、劳动力数量、人力资本及技术条件不变的前提下，主要考虑土地资源、耕种成本及变量本身特征三个约束条件。

1. 土地资源约束

欧阳海灌区农户进行种植作物选择时，假定没有新开垦的耕地，则其总耕地面积必须不大于原有耕地的总面积。即：

$$\sum x_i \leqslant G \tag{7-4}$$

式中，G 为总耕地面积。作为谋求最大利益的理性经济人，农民会充分利用自己已经具备的要素禀赋，调研数据显示，样本农户的总耕地面积为 517.32 亩，即欧阳海灌区样本农户在现有条件下能耕种的最大土地面积。因此，土地资源约束条件式如下：

$$\sum x_i \leqslant G = 593.96 \tag{7-5}$$

2. 成本约束

从理论上说，农户从事再生产所追加的成本如果小于因此带来的额外收益，那么农户就会对其追加投资。但是对农户特别是自种自销的农户来说，农产品增收只是产量的增加并不意味着能带来货币收益，但付出的成本却是自己持有的现金货币。考虑到自然风险，追加投资并不一定会带来预期收益。再加上农户对农业投资的承受能力很难估算，因此，本研究认为农户种植作物的成本支付意愿为原来支付的最高成本。即

$$\sum b_i x_i \leqslant C_{最大} \tag{7-6}$$

式中，$C_{最大}$为欧阳海灌区样本农户所支付的最大总成本，调研数据整理得到2013年农户种植作物所支付的最大总成本为37.60万元。即：

$$\sum b_i x_i \leqslant C_{最大} = 37.60 \tag{7-7}$$

3. 变量自身约束

本研究考察的是农业水价变化对欧阳海灌区农户种植结构的影响，因此最终考察的是农业水价变化所引起的各种种植作物面积的变化。而农户种植的土地面积不可能小于0，因此：

$$x_i \geqslant 0 \quad (i=1,\ 2,\ 3) \tag{7-8}$$

（三）构建线性规划模型

基于以上目标函数和约束条件，研究农业水费水价变化对农户种植结构影响的线性规划模型如下：

$$\begin{cases} \sum x_i \leqslant 593.96 \\ \sum b_i x_i \leqslant 37.60 \\ x_i \geqslant 0 \quad i = 1,2,3 \\ \text{Max} \sum Z_i = \sum (a_i x_i - S_i + F_i + H_i + M_i + L_i + W_i) \end{cases} \tag{7-9}$$

三、线性规划结果分析

运用Excel对线性规划模型：对式（7－9）进行运算，模拟在不同的农业水价水平下样本农户最优种植结构选择，结果见表7－15。其中，现行水价为调研农户的平均水价，考虑折旧后的水价在现行的水价上提高50%，同时考虑折旧和管理成本的水价为原水价的2倍。

表 7－15　不同农业水价水平下欧阳海灌区农户种植选择行为最优模拟结果

农业水价变化状态	水价（元/亩）	水稻面积（亩）	旱地作物面积（亩）	经济作物面积（亩）	总成本（万元）	总收益（万元）	净收益（万元）
现行水价	30	538.75	0	55.21	37.60	84.57	46.96
考虑折旧后的水价	45	517.78	0	76.18	37.60	83.65	46.05
同时考虑折旧和管理成本后的水价	60	498.38	0	95.58	37.60	82.81	45.20

从表 7－15 的模拟结果看：

（1）农业水价变化后，农户种植结构会发生变化。水价由 30 元/亩上涨到 60 元/亩时，水稻种植面积由 538.75 亩下降到 498.38 亩；经济作物种植面积由 55.21 亩增加到 95.58 亩。

（2）现行农业水价水平下，获得收益最高的水稻种植面积为 538.75 亩，而调查数据显示，农户实际水稻种植只有 381.32 亩，并没有达到最优。随着农业水价的提高，水稻种植面积会下降。同时考虑折旧和管理成本后的农业水价，水稻种植面积也仅下降 7.5%，说明现行农业水价还有较大的提升空间。

（3）从种植业角度来看，相较于水稻和经济作物，旱地作物收益最低，因此模拟结果认为原有旱地作物全改为水稻种植才是最优选择。

（4）经济作物相对水稻具有成本优势，相对旱地作物具有收益优势，因此随着农业水价的提高，经济作物种植面积将越来越大。但是根据模拟结果可以发现，经济作物的实际种植面积已经超过了模拟的最优种植面积。根据以水价为唯一变量的试验发现：当农业水价为 95 元/亩时，经济作物的最优种植面积为 135.65 亩、水稻最优种植面积为 458.31 亩；当农业水价为 96 元/亩时，模拟的最优种植结构为全部种植经济作物。

（5）随着农业水价的提高，虽然有利于供水单位，但是从表 7－15 中可以看出农户种植作物的净收益是减少的，而且农业水价定得越高，净收益就越小。

第六节　本章小结

本章首先界定了与农户种植结构相关的几个概念，其次理论分析了农户种植结构变化的驱动因素，再次采用湖南灌区调研数据，对农户种植结构的总体情况进行了描述统计分析，最后构建农户种植结构变化影响因素的实证模型，对回归结果进行深入讨论和分析。本章的研究得出如下关键结论：

（1）驱动农户种植结构变化的因素有自然资源条件、农产品市场、农产品生产成本、农业科技水平、农业政策、农业社会化服务体系及农户自身行为七大因素。灌溉作物种植的关键投入要素灌溉用水与农户种植结构变化的两大驱动要素直接相关：一是自然资源条件；二是农产品生产成本。

（2）运用统计描述分析方法分析调研数据，得到的主要结论为：①灌溉电费在每亩水稻种植成本中占比最低，为3%。②灌区农作物种植的主要水源来自干渠，其次是降雨和池塘。③农户种植水稻普遍采用传统的漫灌，很少采纳现代节水技术。④水稻生长全过程的土壤准备、秧田准备、移栽/播种准备、作物生长、开花、灌浆六个时期中，在水稻开花、灌浆期会出现灌溉水不足的现象。⑤农户的水费是从农户种粮补贴中直接扣除，属于隐形收费，农户误以为水费取消了。并且水费长期偏低，灌区水管单位运行经费主要来自国家拨款，水费对于农户只是一种象征性收取，水费没有成为农户种田的负担。⑥灌区在政府引导下农户自发成立了农业用水协会组织，但没有实际运行管理，缺乏有效的民间协会和社团组织，说明农村农户与农户之间缺少一个真正合作的平台来对接小农和大市场。

（3）构建农户种植结构变化影响因素的实证模型，得到影响农户种植结构变化的显著因素为户主年龄、地区差异、水源与田块的距离、土壤类型以及灌溉水资源是否匮乏。其中，农业灌溉水资源是否匮乏对农户种植结构变化在1%的水平上有显著正向影响，灌溉水资源匮乏比灌溉水资源不匮乏的农户改变种植结构的发生率高47.28倍，因此，灌溉水价调节灌溉水资源的供求，灌溉水资源的供给影响农户种植结构的变化。

（4）考虑现行农业水价、考虑折旧后的水价、同时考虑折旧和管理成本后的水价三种状态下，运用线性规划模型模拟水价变化对农户种植结构的影响，模拟结果得到农业水价变化会导致农户种植结构的变化，随着农业水价的提高，农户种植经济作物的面积会增加，种植水稻的面积会减少。

第八章　基于多维视角对灌区农业水价政策综合绩效评估

本章研究选择层次分析法与综合评分法相结合的分析方法。先是通过层次分析法来构建绩效评估指标体系，因为层次分析法在判断已确定方案的优劣和权重定值方面有明显优势，并且能够系统性地将农业水价改革绩效评估这个总目标进行分层处理，具有综合性强、易操作的特点。农业水价改革绩效评估指标体系较为复杂，评价的指标既有定量指标又含有定性指标，而综合评分法可以通过数学方法对各指标进行评分，较为全面地显示事物的整体性特征，所以使用其对农业水价政策综合绩效进行评分计算。

第一节　指标体系的构建及评估指标权重的度量

一、绩效评估指标体系构建的原则

（一）系统性原则

建立指标体系不仅要能反映农业水价政策综合绩效的成果，同时也要反映农业水价政策的特点，这样才能形成更为完整的体系。也要既能充分体现农业水价政策绩效的内涵与特点及其综合改革发展水平，还要能为农业水价政策后续完善及其优化提出对策建议。本章从社会、经济和生态环境三个方面进行综合考虑，多维度评估农业水价政策对农业农村现代化建设与生态环境保护等方面做出的贡献和进一步提升的空间。

（二）代表性原则

保证选取的评估指标具有代表性，是能够真实有效地对农业水价政策绩效进行评估的首要前提条件。特别是进行定量评估中的定量指标，不仅要能够反映农业水价政策为农业水价综合改革发展确定的方向及目标，而且也要科学合理地避免自然或人为因素造成的评估偏差。同时，选取的评估指标要方便进行考核与准确评价。

（三）可操作性原则

农业水价政策绩效评估的目的主要是保障政策进一步实施以及提高政策的实施效果，因此，要根据实际情况有针对性地构建评估指标体系。同时，评估指标必须要具有可操作性。可操作性的具体要求就是要求构建的指标体系符合实际，一旦评估结果反映某些指标与政策实施目标存在一定偏差，那么结合实际情况对这些指标进行政策调整，能够提高评估绩效。另外，构建的评估指标不能太复杂，简洁明了、方便计算即可。

（四）定量与定性相结合的原则

农业水价政策绩效评估覆盖面广，牵涉到方方面面。既要构建相关的定性指标，又要考虑选择合适的定量方法，设计定量指标进行定量分析。因此，为了更加全面地对农业水价政策绩效进行评估，要采取定性指标与定量指标相结合的方式，从多个维度来进行评估。

（五）科学性原则

在建立评价指标体系过程中，必须保证每一个指标的计算方法到计算结果都要科学、合理及准确，评估过程中量化环节的正确性才能得到保障。如果选取的指标不科学，选择的研究方法不科学，那么依据这些指标，采用这些研究方法得到的研究结果进而提炼的研究结论也就无法保障其科学性。因此，科学性原则的重要性不言而喻，是保障得到正确评价结果和结论的前提条件。

二、绩效评估指标体系构建的基本框架

本章采用层次分析法构建农业水价政策绩效评估指标体系，农业水价政策绩效评估是对农业水价政策执行情况和政策效果的评估。不仅仅只是考察农业水价政策的基本目标是否得到实现，政策目标的实现只是显性绩效的体现。而农业水价政策实施过程中还会产生一系列隐性绩效，如节水效应、水价政策引起农户种植结构变化的影响、农户间用水矛盾的改善等。节水效应的提高不仅能够减少农

户的负担，而且还能改善当地生态环境。因此，除考虑经济绩效、社会绩效两个常规绩效指标外，农业水价政策在实施过程中产生的生态绩效也应进行考虑。本研究构建的农业水价政策绩效评估指标体系：在综合国内外学者们的研究成果之后，再根据我国农业水价综合改革现状，充分考虑农业水价政策实施过程中和实施后对经济、社会、生态三个维度的影响。构建的农业水价政策绩效评估指标体系具体见表 8 -1。

表 8 -1　农业综合水价政策综合绩效评价指标体系

<table>
<tr><th>目标层</th><th>准则层</th><th>指标层</th></tr>
<tr><td rowspan="15">农业水价改革绩效评估</td><td rowspan="5">经济绩效</td><td>粮食平均增产量</td></tr>
<tr><td>农业用水成本减少幅度</td></tr>
<tr><td>年人均纯收入增长幅度</td></tr>
<tr><td>农户对节水补贴满意度</td></tr>
<tr><td>节水补贴发放到位程度</td></tr>
<tr><td rowspan="7">社会绩效</td><td>水利设施建设满意度</td></tr>
<tr><td>农户间用水矛盾改善程度</td></tr>
<tr><td>政府与农户关系改善程度</td></tr>
<tr><td>节水灌溉技术普及程度</td></tr>
<tr><td>农户参与用水管理程度</td></tr>
<tr><td>农业用水供给充足程度</td></tr>
<tr><td>农业水费缴纳程度</td></tr>
<tr><td rowspan="3">生态绩效</td><td>灌溉用水的节水程度</td></tr>
<tr><td>农户的水商品意识程度</td></tr>
<tr><td>农村环境改善程度</td></tr>
</table>

首先，将农业水价政策绩效评估指标体系分为三个层次：目标层、准则层和指标层。其次，对每层设计相应的指标。目标层是表示解决问题的目的，即层次分析要达到的总目标，通常只有一个总目标，也可称为一级指标。本研究的目标层就是农业水价政策绩效评估。准则层表示采取某种措施、政策、方案等实现预定总目标所涉及的中间环节。本研究选取了经济绩效、社会绩效、生态绩效作为准则层，即二级指标。最底层为具体指标层，即三级指标。本研究共构建了 15 个三级指标，具体如下：

（1）反映农业水价政策实施过程中或者实施后产生的经济绩效的评估指标有：粮食平均增产量、农业用水成本减少幅度、年人均纯收入增长幅度、农户对节水补贴满意度以及节水补贴发放到位程度，这五项指标主要集中在农业水价政策给农户带来的经济收益变化。粮食平均增产量主要是针对农业水价政策实施后能否为农户带来增产；农业水价政策实施的目标应该减轻农户负担，减少生产成本，农业用水成本减少幅度则是反映这一目标的实施效果；年人均纯收入增长幅度是指农业水价政策的实施能否直接给农户带来收入增长；节水补贴满意度以及节水补贴发放到位程度这两个指标反映农业水价政策在实施过程中，中央财政以及地方财政为了保障农业水价政策节约农业用水的目标的实施，对农户节水的补贴资金，节水资金及时到账能提高农户节水的积极性，也反映了各级政府对农业水价政策实施的重视程度和推动力度。农户对节水补贴的满意度反映了农户现阶段对节水补贴的满意程度，为将来后续政策的完善做出指导。

（2）反映社会绩效的评估指标有：水利设施建设满意度、农户间用水矛盾改善程度、政府与农户关系改善程度、节水灌溉技术普及程度、农户参与用水管理程度、农业用水供给充足程度、农业用水水费缴纳程度七项指标。其中水利设施建设满意度反映了农业水价政策实施过程中和实施之后，农户对水利灌溉设施的建设与完善的满意程度，从侧面也能反映先行农业水价政策加大水利基础设施建设投入的效果；农户间用水矛盾改善程度、政府与农户关系改善程度这两项都是反映农业水价政策的实施对农户与农户之间、农户与政府之间的灌溉用水矛盾是否得到了缓解的评估；节水灌溉技术普及程度则是评估政府对节水灌溉技术的宣传与教育的普及程度；农户参与用水管理程度体现了农业水价政策实施后，农户是否能够积极地参与灌溉用水管理；农业用水供给充足程度评估的是农业水价政策的实施是否起到了对灌溉用水供给产生影响的效果；农业水费缴纳程度是农户生产成本的构成部分，直接影响到农户生产积极性，也是农户对水费承受能力的体现。

（3）反映生态绩效评估指标主要有：灌溉用水的节水程度、农户的水商品意识程度、农村环境改善程度三项指标。其中灌溉用水的节水程度主要是从农户角度反映灌溉用水效率，通过提高灌溉用水效率来改善生态环境，减少水土流失；提高农户的水商品意识是农业水价政策实施的重要目标之一，农户的水商品意识程度就是评估这一目标是否达到的指标；农村环境改善程度是最为直观反映农业水价政策实施后生态环境是否得到改善的评估指标。

三、评估指标的权重与计算

农业综合水价政策综合绩效评价指标体系（见表8-1）中要解决的关键问题是关于指标层对目标层的相对权重问题，即指标的权重问题。指标的权重是某评估指标对农业水价政策综合绩效影响程度的具体体现，不同评估指标针对的是农业水价政策综合绩效的不同方面，因此，不同评估指标对农业水价政策综合绩效的影响程度也不同。首先，要根据不同评价指标的重要性进行分类分层。明确每一层包含的评价指标。本研究对农业水价政策综合绩效评估指标进行的分类分层具体见表8-1。其次，根据Santy的1~9标度方法，即9标度评价尺度（见表8-2），构建判断矩阵（见表8-3）。判断矩阵是表示本层所有因素针对上一层某一个因素的相对重要性的比较，判断矩阵的元素aij用Santy的1~9标度方法给出。

表8-2　9标度评价尺度

判断尺度	含义
1	两指标相比，具有同等重要性
3	两指标相比，一指标较另一指标稍微重要
5	两指标相比，一指标较另一指标明显重要
7	两指标相比，一指标较另一指标强烈重要
9	两指标相比，一指标较另一指标绝对重要
2、4、6、8	介于以上两个相邻判断尺度中间状态

表8-3　判断矩阵

A	B_1	B_2	…	B_n	W_1
B_1	B_{11}	B_{12}	…	B_{1n}	W_1
B_2	B_{21}	B_{22}	…	B_{2n}	W_2
…	…	…	…	…	…
B_n	B_{n1}	B_{n2}	…	B_{nn}	W_n

农业综合水价政策综合绩效评价指标权重计算：

（1）确定各一级指标权重。

构建了绩效评估指标体系之后，下一步就是对各评价指标的权重进行计算。各个评价指标的相对权重为 W_1，W_2，…，W_n，则有 $W=(W_1, W_2, \cdots, W_n)^T$。本研究首先采用专家打分法比较各个指标的重要性。其次运用软件 YAAHP（V. 10. 3）计算指标权重。

按照层次分析法，对准则层的 3 个一级指标（生态绩效、社会绩效和经济绩效）分别进行两两比较，判断其重要性，然后构造判断矩阵。构建的 3 个一级指标的判断矩阵及权重见表 8－4。

然后进行一致性检验，一致性比例 $CR=CI/RI$，其中 RI 通过查表获取，一致性指标 $CI=(\lambda_{max}-n)/(n-1)$，由软件运行后直接获得 $\lambda_{max}=3.0026$。最后通过计算可以得到：$CR=0.0516$，当 $CR<0.1$ 时，可认为判断矩阵具有一致性。从表 8－4 中可以看出，在农业水价政策综合绩效评估的因素中，权重排序依次为：社会绩效（0.4934）> 经济绩效（0.3108）> 生态绩效（0.1958）。社会绩效权重最大，生态绩效权重最小。

表 8－4　一级指标判断矩阵及一致性检验

农业水价政策综合绩效	生态绩效	社会绩效	经济绩效	W_i	CR
生态绩效	1	1/2	1/2	0. 1958	0. 0516
社会绩效	2	1	2	0. 4934	
经济绩效	2	1/2	1	0. 3108	

（2）确定各二级指标的权重。

根据一级指标权重获得相同的原理，先是构建各指标层二级指标的判断矩阵，同样通过软件 YAAHP（V. 10. 3）对获得各项二级指标的权重。并且重复以上过程进行一致性检验。检验通过后，得到农业水价政策综合绩效评估指标体系的各个分权重（见表 8－5～表 8－7）。

由表 8－5～表 8－7 显示，经济绩效的一致性比例 CR＝0. 0377；社会绩效的一致性比例 CR＝0. 0568；生态绩效一致性比例 CR＝0. 0707。以上三项的一致性比例都小于 0. 1，因此构造的判断矩阵都通过了一致性检验。

表 8－5　经济绩效判断矩阵及一致性检验

经济绩效	农田平均粮食增产量	农业用水成本减少幅度	年人均纯收入增长幅度	农户对节水补贴满意度	节水补贴发放到位程度	W_i	CR
农田平均粮食增产量	1	3	1/2	1/2	1/2	0. 1439	0. 0377
农业用水成本减少幅度	1/3	1	1/2	1/3	1/5	0. 0687	
年人均纯收入增长幅度	2	2	1	1/2	1/3	0. 1617	
农户对节水补贴满意度	2	3	2	1	1/2	0. 242	
节水补贴发放到位程度	2	5	3	2	1	0. 3838	

表 8－6　社会绩效判断矩阵及一致性检验

社会绩效	农业水费缴纳程度	农户参与用水管理程度	节水灌溉技术普及程度	政府与农户关系改善程度	农业用水供给充足程度	农户间用水矛盾改善程度	水利设施建设满意度	W_i	CR
农业水费缴纳程度	1	4	5	5	2	5	2	0. 3402	0. 0568
农户参与用水管理程度	1/4	1	1/3	2	1/4	2	1/3	0. 0676	
节水灌溉技术普及程度	1/5	3	1	3	2	3	1/2	0. 1481	
政府与农户关系改善程度	1/5	1/2	1/3	1	1/2	1/2	1/4	0. 0464	
农业用水供给充足程度	1/2	4	1/2	2	1	4	1/2	0. 1427	
农户间用水矛盾改善程度	1/5	1/2	1/3	2	1/4	1	1/3	0. 0536	
水利设施建设满意度	1/2	3	2	4	2	3	1	0. 2013	

表 8-7　生态绩效判断矩阵及一致性检验

生态绩效	灌溉用水节水程度	农户的水商品意识程度	农村环境改善程度	W_i	CR
灌溉用水节水程度	1	1/3	1/4	0.1172	0.0707
农户的水商品意识程度	3	1	1/3	0.2684	
农村环境改善程度	4	3	1	0.6144	

（3）指标值权重汇总。

根据上文的计算结果，汇总农业水价政策综合绩效评估的 15 个指标的权重见表 8-8。

表 8-8　各指标值权重汇总表

目标层	要素层	权重	指标层	权重
农业水价改革绩效评估	经济绩效	0.3108	农田平均粮食增产量	0.0447
			农业用水成本减少幅度	0.0213
			年人均纯收入增长幅度	0.0502
			农户对节水补贴满意度	0.0752
			节水补贴发放到位程度	0.1193
	社会绩效	0.4934	农业用水水费缴纳程度	0.1679
			农户参与用水管理程度	0.0334
			节水灌溉技术普及程度	0.0731
			政府与农户关系改善程度	0.0229
			农业用水供给充足程度	0.0704
			农户间用水矛盾改善程度	0.0265
			水利设施建设满意度	0.0993
	生态绩效	0.1958	灌溉用水的节水程度	0.0230
			农户的水商品意识程度	0.0525
			农村环境改善程度	0.1203

第二节 研究区域概况

河南省是我国的农业大省，同时还是粮食主产区之一。河南省的农业水价综合改革对促进农业节水和农业可持续发展起到了非常重要的作用，在全国有很大影响。本节基于上节构建的农业水价综合改革绩效评估的指标体系，以及用层次分析法确定的各项指标权重，拟从农户角度，通过问卷调查与实地调研获得的相关数据和资料，对河南省的农业水价政策综合绩效进行评估分析。

一、社会经济概况

河南省地处中国中东部、黄河中下游，是我国重要的经济大省之一。在2016年国内生产总值排名中稳居我国第5位、中西部首位。我国首家同时也是中西部唯一一家期货交易所位于河南的郑州，同时郑州的航空港区也是我国唯一一个国家级航空港经济实验区，河南还拥有我国新设立的自由贸易区。在2016年12月，郑州正式得到国家批复，成功入选国家中心城市。河南引领着中原城市群成为了我国经济第四增长极。河南的经济在近几年也得到了长足发展，成为我国中部的GDP大省，每年的生产总值都呈现大幅度增长，其中第二产业在河南所占的比重最大。

河南作为我国传统的农业大省，每年的农作物产量都在我国排名靠前，并且河南由于地形优势，大规模的机械种植也得到了普及。

二、农业水价综合改革实施情况

农业水价综合改革是我国现阶段农业水价政策全面实施的体现。为了做好农业水价综合改革工作，河南省各部门对农业水价改革的重要性进行了积极广泛的宣传，同时将切入点放在了灌区末级渠系管理体制的理顺上，认真规范地开展农业水价综合改革工作。为了做好将水价改革试点工作落实到位，积累经验，并为进一步全面推进农业水价综合改革工作打下基础，河南省各部门联合起来起草了《河南省农业水价改革实施方案》（以下简称《实施方案》），指导农业水价综合改革工作，在《实施方案》中提出了改革的目标、原则及主要内容等。2008年河南省按照水利部提出的试点灌区的条件的基础上作出补充，选择薄山、渠村、窄口、广利、石山口、鸭河口、韩董庄7个灌区作为河南省农业水价综合改革试点先行区。2012年，商丘市的民权县、郑州市的中牟县和安阳市的安阳县被划为全国农业水价综合改革示范县，并且各个试点县投入了大量的财政补贴。随后在2013年，濮阳市的清丰县、三门峡市的灵宝市和焦作市的博爱县加入全国农业水价综合改革示范县中。目前各试点县都在积极地制订方案，方案的制定主要是针对灌区末级渠系的完善，并且对其工程配套设施进行翻新与建设。

河南省以乡村行政区为单元，在大中小型灌区内组建了依托现有渠系的用水合作协会2557个，涉及的总灌溉面积达到了1179万亩，其中已在民政部门进行了注册登记的协会有432个。农民用水合作协会的建立，成功地将灌区与农民用水户进行了有效结合。例如，在原阳县的韩董庄灌区，成立的41个渠系用水合作协会以及326个村用水合作协会，都在民政部门进行了注册登记。自从有了农业用水合作协会，在引水量没有改变的情况下，原阳县不仅水稻种植面积较往年增加了5万亩，而且水费实际征收率也得到了很大提高，由原来的20%大幅提高到了84%，创纪录地达到了422.98万元，其中给两级用水协会返还了122.36万元，大大地促进了灌区建设，同时农民用水合作协会的运作也进入了良性循环。

同时根据水源的不同类型，依照灌区水费调价意向以及现有调价空间，在补源灌区以及引黄自流灌区的范围之内，对灌区做好供水成本核算工作。截至2016年，已经按照要求对农业供水成本进行了测算的具有代表性的灌区共计10个（见表8-9）。其中有3个大型灌区：南阳市的鸭河口灌区、信阳市的石山口灌区、焦作市的广利灌区；4个中型灌区：许昌白沙新北干灌区、焦作市郏县的广阔灌区、濮阳市范县的邢庙灌区、新乡市原阳县的堤南灌区；2个小型灌区：平顶山汝州荒草寺灌区、南阳邓州三郎堰灌区；还有1个补源灌区：商丘民权补源灌区。

表8-9　河南已完成供水成本核算的10个代表性灌区

灌区名称	灌区类型	所属县市
鸭河口灌区	大型灌区	南阳市
石山口灌区	大型灌区	信阳市
广利灌区	大型灌区	焦作市

续表

灌区名称	灌区类型	所属县市
白沙新北干灌区	中型灌区	许昌市
广阔灌区	中型灌区	焦作市郏县
邢庙灌区	中型灌区	濮阳市范县
堤南灌区	中型灌区	新乡市原阳县
荒草寺灌区	小型灌区	平顶山汝州
三郎堰灌区	小型灌区	南阳市邓州县
民权补源灌区	补源灌区	商丘市民权县

第三节　数据来源及样本特征

一、数据来源

我国的农业水价综合改革是由政府主导、广大农户参加的重要改革，许多改革措施都与农户的生产生活习惯和经济利益息息相关，农户的参与至关重要。因此，本章着重从农户角度对农业水价政策综合绩效评估，采用的数据主要来自问卷调查。

为了分析农户对农业水价政策实施过程中以及实施后的绩效进行评价，课题组设计了相关调查问卷，选择河南省农业水价综合改革试点县的农户进行了入户调查。样本选择采取典型抽样与随机抽样相结合的方法，首先，选取了5个农业水价综合改革的试点县作为样本县，分别为：安阳县、清丰县、中牟县、民权县和灵宝县。问卷设计的内容主要包括：农户家庭基本情况以及根据表8－1设计的农业水价政策综合绩效评价指标体系等相关内容，调研工作是2015年7～8月暑假期间到各试点县对每一位农户进行问卷调查，主要方式是由调查人员根据调查表的内容向对被调查农户进行询问并记录其回答结果。本次调查一共在5个试点县中随机抽取了37个自然村的210个农户，总共收回问卷210份，其中有效问卷 179 份，有效回收率为 85.2%。调查样本分布详情见表 8－10。

表 8－10　河南省调查样本分布

县名	有效调查问卷（份）
安阳县	51
清丰县	30
中牟县	30
民权县	30
灵宝县	38
合计	179

二、样本特征

179 户样本农户中，其中有男性农户 136 人，占比 76%，女性农户 43 人，占比 24%。样本农户基本上都有多年从事农业活动的经验，平均年龄为 46 岁，对农事活动都很了解。179 户农户的平均人均耕地面积为 6.08 亩，其中人均耕地面积最大的有 37 亩，最小的只有 0.2 亩。人均拥有耕地面积最多的为中牟县，人均 7.9 亩；最少的为安阳县，人均 3 亩。可见，样本农户中有种植大户，也有小农户。样本农户家庭平均人口为 4.77 人，样本县的差距不大（见表 8－11）。样本农户种植的主要农作物有玉米和小麦，也有小部分农户种植大米、大豆、花生、红薯等农作物。样本农户基本情况的数据表明，179 个样本农户层次较为分散，能够更好地反映不同层次农户对农业水价政策实施效果的看法与感受，较为全面地反映农业水价综合改革的绩效。

表 8－11　样本农户基本情况表

县名	家庭平均人口（人）	人均耕地面积（亩）
安阳县	4.74	3
清丰县	4.53	4.78
中牟县	5.2	7.9
民权县	4.86	7.1
灵宝县	4.55	7.61
均值	4.77	6.08

第四节 评估结果分析

一、综合绩效结果分析

按照表 8－1 构建的评估指标体系，根据河南省农业水价综合改革在经济绩效、社会绩效、生态绩效等方面的实施效果，对每项指标进行评分。通过整理问卷结果，运用综合评分法进行定性与定量分析，计算各分类指标和总体指标的综合评分，得到河南省农业水价政策综合绩效评估结果见表 8－12。

表 8－12 河南省农业水价政策综合绩效评估结果

目标层	准则层	指标层	综合评分	分权重	总权重
农业水价政策综合绩效评估	经济绩效	粮食平均增产量	85.7	0.0447	0.3108
		农业用水成本减少幅度	89.3	0.0213	
		年人均纯收入增长幅度	87.5	0.0502	
		农户对节水补贴满意度	40	0.0752	
		节水补贴发放到位程度	20	0.1193	
	社会绩效	农业水费缴纳程度	88.8	0.1679	0.4934
		农户参与用水管理程度	65.7	0.0334	
		节水灌溉技术普及程度	52.8	0.0731	
		政府与农户关系改善程度	86.7	0.0229	
		农业用水供给充足程度	82.7	0.0704	
		农户间用水矛盾改善程度	97.4	0.0265	
		水利设施建设满意度	62.6	0.0993	
	生态绩效	灌溉用水的节水程度	92.6	0.023	0.1958
		农户的水商品意识程度	88.7	0.0525	
		农村环境改善程度	64	0.1203	

表 8－12 中的每一项评价指标反映了河南省农业水价政策实施的具体情况。

本书采用综合评分法计算综合评分对农业水价政策综合绩效进行评估，综合评分法具体的计算式如下：

$$Z_n = B_i \times W_i \tag{8-1}$$

$$Y = \sum (Z_n \times W_n) \tag{8-2}$$

式中，B_i 为指标层的各项指标；W_i 为指标层各项指标的权重；Z_n 为准则层的各指标，Z_1、Z_2、Z_3 分别为经济绩效、社会绩效和生态绩效。

式（8-2）中，Y 则是农业水价综合改革绩效整体评价值，W_n 是其权重值。

将数据代入式（8-1）和式（8-2）中，可以计算出：

$Z_1 = 85.7 \times 0.0447 + 89.3 \times 0.0213 + 87.5 \times 0.0502 + 40 \times 0.0752 + 20 \times 0.1193 = 15.51$

$Z_2 = 88.8 \times 0.1679 + 65.7 \times 0.0334 + 52.8 \times 0.0731 + 86.7 \times 0.0229 + 82.7 \times 0.0704 + 97.4 \times 0.0265 + 62.6 \times 0.0993 = 37.57$

$Z_3 = 92.6 \times 0.0230 + 88.7 \times 0.0525 + 64 \times 0.1203 = 14.49$

由此可以算得：

$Y = 15.51 + 37.57 + 14.49 = 67.57$

河南省农业水价政策综合绩效的综合评分为67.57分。根据满分为100分的百分制，一般将80~100分划为良好，60~79分划为中等，40~59分划为较差，40分以下划为差（曹信邦，2008）。从评价结果来看，河南省农业水价政策综合绩效处于中等水平。农业水价综合改革的初步目标基本实现，并且在经济绩效、社会绩效及生态绩效方面取得了较好效果，部分指标超过了平均水平，取得了较好效益。

二、分项绩效结果分析

（一）在经济绩效方面

反映经济绩效的粮食平均增产量、农业用水成本减少幅度和年人均纯收入增长幅度这三项指标表现良好，其综合评分都在80分以上。说明农业水价政策实施对于提高农户的生活质量、实现农民增产增收起到了明显作用。但也有一些指标综合评分分值很低，如节水补贴发放到位程度，综合评分只有20分。这与问卷调研中收集到的其他方面信息也比较吻合。179户样本农户中，没有一位农户回答对节水补贴政策非常了解；对节水补贴政策比较了解的有26户农户，占比为14.5%；62户农户表示对节水补贴政策知道一些，占比为34.6%；对节水补贴政策只是听说过的农户有41户，占比为22.9%；对节水补贴政策完全不了解的有50户，占比达27.9%。这些数据表明，政府对节水补贴政策宣传还不到位，如果农户不能了解和理解相关政策，就谈不上有效实施，导致节水补贴发放到位程度这一项指标综合评分较低。节水补贴满意程度的综合评分也只有40分，即样本农户基本处于不满意状态。

（二）社会绩效方面

在社会绩效方面，各项指标表现差异较大。

（1）综合评价在80分以上的有四项指标，分别是农户间用水矛盾改善程度（97.4分）、农业水费缴纳程度（88.8分）、政府与农户关系改善程度（86.7分）以及农业用水供给充足程度（82.7分）。其中农户间用水矛盾改善程度综合评分最高，达到了97.4分。这个结果在问卷中得到了很好的反映，农户间过去五年在灌溉问题上平均发生过2.3次矛盾，最多发生过5次矛盾，通过大力推进农业用水合作协会建设，这一问题已经得到显著改善。农业水费缴纳程度是一项关键指标，因为及时收取水费对于补贴用水成本、维护农田水利设施正常运作和维护都有着重要的资金保障作用，影响农业可持续发展。这项指标的最后综合评分达到88.8分，也处于较高水平。这主要得益于河南省农业水价综合改革过程中，通过农业用水计量设施配套建设，合理设置计量点，推行按方收费，使河南省的农业水费收取率得到很大提高，由原来最低时期的20%提高到近年的84%。另外，调研数据显示农户对农业水价很不满意的有5户，占比为2.8%（见图8-1）。可见，农户对目前的农业用水的水价满意度并不高，还有很大改进空间。

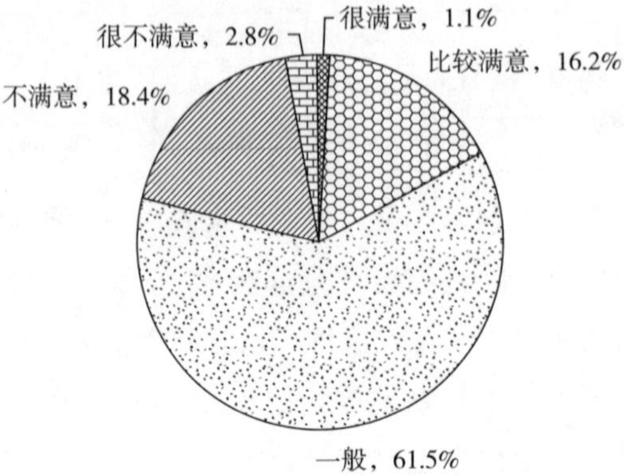

图8-1　农户对农业水价的满意度

（2）农户认为农业水价政策改革应该注重哪些方面。对农户认为“农业水价综合改革应该注重哪些方面”的问卷调查，设计的是多选题，调研数据结果如图 8－2 所示。

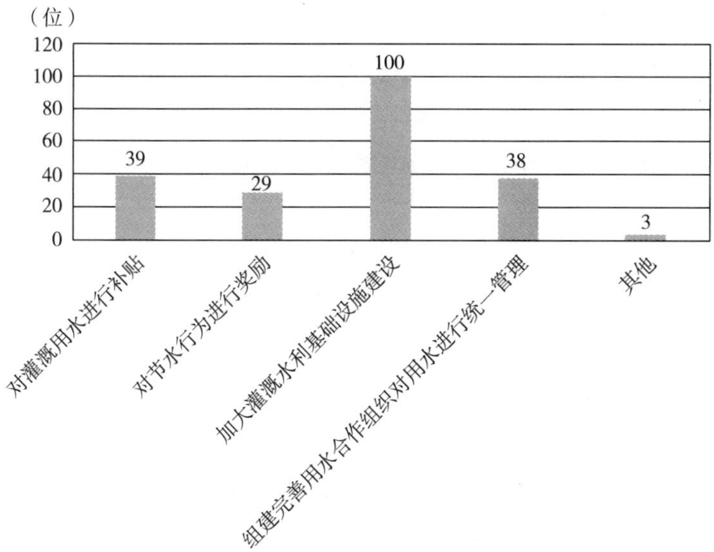

图 8－2 农户对农业水价综合改革建议

如图 8－2 所示，农户认为下一步最为迫切需要解决的问题首先是加大灌溉水利基础设施建设，其次就是加大对灌溉用水的补贴。值得注意的是，选择“其他并说明”的有 3 位农户，他们的建议都是加大农业水价综合改革的宣传力度。

第五节 本章小结

本章基于层次分析法构建农业水价政策综合绩效评估指标体系，通过软件 YAAHP（V. 10. 3）确定各项指标的权重，并运用综合评分法采用河南省农户调研数据对河南省农业水价政策的综合绩效进行实证分析，得到以下主要研究结论：

（1）从评价结果来看，河南省农业水价政策综合绩效处于中等水平，其综合评分为 67.57 分。说明河南省农业水价综合改革的初步目标基本实现，并且在经济绩效、社会绩效及生态绩效方面取得了较好效果，其中取得的社会效益最好，其次是经济效益。

（2）在经济绩效方面，粮食平均增产量、农业用水成本减少幅度和年人均纯收入增长幅度这三项指标表现良好，其综合评分都在 80 分以上。说明农业水价政策实施对于提高农户的生活质量、实现农民增产增收起到了明显作用。但节水补贴发放到位程度以及节水补贴满意程度这两项指标的综合评分很低，说明样本农户对节水补贴基本处于不满意状态。

（3）在社会绩效方面，取得的最大成果就是农户之间用水矛盾的减少，政府与农户之间的关系得到了改善。推过一系列的改革，开展末级渠系节水改造，农业用水计量设施配套建设，合理设置计量点推进按方收费，河南省的农业水费收取率也得到了很大的提高。但是，在推进农业用水户协会的建设、提高农户参与用水管理的积极性方面还是做得不够好，用水协会的建设还不够规范，农户参与用水管理的程度还是比较低。虽然现在农业用水的供给比较充足，但是在水利基础设施的建设方面还需进一步加快。

（4）在生态绩效方面，虽然通过农业水价综合改革，农户的水商品意识得到了很好的提高，灌溉用水的节水程度也得到了较好提升。但是在生态环境改善方面的杠杆作用尚不明显，还需要后期进一步观察研究。

第九章　研究结论与政策建议

第一节　研究结论

一、农业综合水价改革已取得一定成效，奠定了进一步推进农业水价综合改革的基础，但改革依然面临很多问题

2008年我国开始实施农业水价综合改革，以构建农田水利良性运行机制、保障粮食安全、实现农民增产增收为改革重要目标。国家对农业水价综合改革十分重视，根据国家对农业水价综合改革提出的总目标和最新要求，农业水价综合改革的具体目标可以分解为：完善农田水利配套工程以及供水计量设施；提高农业供水效率和效益；大力推广节水技术的运用；加强水费的计收以及使用的监管；建立健全现有农业水价形成机制；建立精准的补贴以及节水奖励机制。

2016年国务院办公厅印发了《关于推进农业水价综合改革的意见》，对农业水价综合改革做了全面部署，并在全国选取了80个农业水价综合改革试点县，这些试点县都围绕农业水价综合改革的进一步完善做了许多探索性改革的尝试，全社会节水型价格改革取得了一定成效：①提高了农民的水商品意识。水费为农业供水单位提供了正常运行的成本，农民的抵触心理得到了一定程度的缓解，避免了水费作为行政事业性收费被随时取消的可能性，保障了收取农业灌溉水费的合法地位。②提高了农民参与用水管理的积极性。伴随着农业水价改革的进一步深入，农民用水合作协会也随之建立。农民用水合作协会的建立不仅为农民直接

参与水利建设与管理搭建了平台，还为进一步推进的农业水价综合改革和实施提供了良好的条件。③加大了农业节水灌溉工程的建设与改造的力度。④促使分类农业水价、全额补给成本的新探索。⑤奠定了进一步推进农业水价综合改革的坚实基础。

我国农业水价改革实施以来虽然取得了一定的成效，但是依然面临着很多问题。①水商品意识欠缺现象仍然比较严重。②农业水价与供水成本之间的矛盾。目前农业供水成本与水价之间存在着矛盾，这成为了农业水价综合改革进一步推进亟须解决的问题。农业供水成本与水价之间存在着缺口，并且一直难以得到缩小，部分地区的农户在农业用水方面的支出较高。③水利设施建设落后并且缺乏有效管理。我国很多地方还存在着农业末级渠系不配套的问题，导致了农业用水的计量设施不完善，计量手段不合理，不利于农业水资源的节约。由于各个地方经济发展水平的不同，一些落后地区的灌溉设施迟迟难以得到更新，一些配套设施的建设也没有跟上，这些问题不利于我国农业进一步发展，也妨碍了农业水价综合改革的推进。在水利设施的管理方面也存在一些问题。由于我国的水利基础设施大多是由政府进行统一管理与建设，有些地方管理人员专业素质不高，不能及时解决水利设施出现的问题，也不能准确核算建设和维护水利设施正常运行的投资情况，导致水利设施难以有效运作。因此，继续推进农业水价改革仍然是我国农业今后一定时期内的重要任务。

二、灌区农业水资源定价机制需遵循政府与市场双重定价规律

（1）灌溉用水是农户的一种生产行为，可视同为市场经济条件下的一个市场行为。遵循经济人假设，农户是一个理性的生产单位，农户将追求农业生产效益的最大化。在农业生产过程中，灌溉用水与耕地、劳动力、农业机械、农药、化肥、种子等都是农业生产活动的投入要素，农户必然要考虑投入要素的经济合理性。另外，农业灌溉用水作为一种稀缺的商品资源，由市场供求定价调节农业用水的资源配置，理论上是具有效率的。因此，需要充分考虑市场定价机制，发挥农业灌溉水价对灌溉水的资源配置作用。供水单位基于市场经济商品价格理论，期望的农业灌溉水价由三部分组成：一是供水单位提供水资源获得的最低收入要能够弥补其当年进行生产、经营等全部成本性支出；二是供水单位取得的水费收入能够平衡所有运行成本及资本折旧费，从而能从中提取适当比例的费用对供水工程进行改造、维护、保养等，保证日常的生产经营；三是供水单位在最期

望的水价情况下，收取的水费能弥补全部供水成本的同时，还能有一定的利润收入。虽然供水单位期望的农业灌溉水价在市场经济条件下是合理的，但由于目前合理的灌溉水价制度尚未充分建立，农民的经济水平虽有提高但仍处于较低的水平。因此，在目前条件下这一要求实现起来困难较大。

（2）我国是农业大国，农业人口占比高，因此，保证粮食安全和农业平稳发展是我国一项长期的基本国策。一方面，粮食是维持人们日常生活的必需品，其市场价格相对稳定；但另一方面，农业生产成本却一直处于较高水平，生产投入的种子、化肥、农药、劳动力、机耕费用等支出逐年上涨，农民的收入增长速度远远慢于投入成本增加的速度，导致农民净收益逐年减少，进而造成农民选择放弃粮食作物的生产，转而生产经济价值较高的经济作物，不利于保障我国粮食生产安全，同时也间接反映出农户对灌溉水价的经济承受能力比较弱。另外，灌区水利工程修建时，农民投入了大量人力、物力、财力，如果再以全成本水价向农民收取水费，又没有相应的水费补偿措施，农民自然很难承受这一价格水平。因此，制定农业灌溉水价应充分考虑农户的承受能力，才能提高农民进行农业生产的积极性，有效促进农业生产的稳定发展和保障粮食生产安全。

（3）基于市场机制构建的农民灌溉用水决策行为对农业水价变动的反应模型，当农业灌溉水价上涨到临界点后，如果水价继续上涨，农民为了满足作物生长要求，又不能减少灌溉水的投入，农民的灌溉成本大幅增加，生产获得的利润开始减少。在这种情况下，农民的灌溉决策行为面临两难选择，要么减少灌溉水的投入，降低成本支出，产量也随之降低；要么继续保持作物的灌溉需水量，支付高额的灌溉水费。不管如何选择，农民的收入都会受到影响，此时的农业灌溉水价的市场定价机制失灵。

（4）农业灌溉水价按照市场机制进行成本核算时，只考虑了供水生产成本和生产费用而没有考虑外部性所造成的影响，因而，此时的灌溉水价并没有充分体现农业灌溉作为准公共产品的属性。为了维持灌溉水利工程的正常运营以及灌溉农业的可持续发展，根据“谁受益谁负担”的基本原则以及外部性理论，应将灌溉水利工程的供水成本在各受益对象之间进行分摊，同时对灌溉农业实行一定的经济补贴，最后再来确定农业灌溉水价的定价标准。

（5）我国在过去很长一段时期内，农业灌溉用水采用了政府定价制度。但在农业用水政府定价制度下，农户的实际灌溉行为并没有合理地规划利用水资源，由于缺乏用水约束或节水鼓励，过度的水资源占用现象普遍存在。无论作为生活必需品还是生产要素，水资源对所有社会成员来说都是稀缺资源，因此，在农业生产中某个经济主体过度占用水资源，会导致他人利用水资源的成本增加，在消费水资源的同时产生负外部性。

（6）农业灌溉用水完全根据市场机制定价，市场失灵引起大量农业生产者因为生产成本过高，从事农业生产收益过低，而转向从事其他行业就业，诱发国家粮食安全和农业的可持续发展，也会成为国家实现现代化的战略目标的实现。过去，我国农业灌溉用水采用政府定价制度，由于定价过低，农业生产者过度灌溉，导致他人消费水资源时产生下游农户取水的负外部性，行业间的负外部性，代际间的负外部性以及环境的负外部性。因此，农业灌溉用水定价需采用政府与市场双重定价机制。

三、考虑农户是否有能力支付和是否愿意支付度量的农户水费支付能力，在湖南省和河南省调研区，绝大多数农户水费支付困难较大

农户对水价的支付能力包括两方面内容：农户是否有能力支付和是否愿意支付。

（1）采用湖南省 225 户农户调研数据，选择 13 个变量，运用因子分析方法，根据旋转因子载荷负载的因子得分情况，将 13 个变量划归到 5 个影响因子，分别为耕种面积、收入构成与节水技术采用因子（*Z*1）、生产成本构成与水电费成本因子（*Z*2）、家庭总收入与总支出因子（*Z*3）、户主文化程度与水费支付变化因子（*Z*4）、主要生产要素投入与水费支付水平因子（*Z*5）。再根据因子得分系数矩阵，计算 5 个主因子的得分分别为 54.796、44.526、71.545、58.772、418.879，最后得到农户水费支付能力的综合得分为 103.063。根据农户水费支付能力综合得分均值，将农户划分为“高值区”“较高值区”“中值区”“较低值区”“低值区”五种类型。从铁山和欧阳海两个灌区整体来看，较高值区户数占比 2.22%，水费支付存在一些问题；中值区户数占比 9.78%，水费支付有一定困难；较低值区户数占比 47.11%，水费支付困难较大；低值区户数占比 39.56%，无水费支付能力。由此可见，高达 86.67% 的农户水费支付存在较大困难，只有 1.33% 的农户水费支付没有任何问题。铁山灌区和欧阳海灌区农户水费支付能力有差异。总体上，铁山灌区农户对水费支付能力要高于欧阳海灌区农户。并且，铁山灌区农户水费支付能力在农户间差异较大，而欧阳海灌区农户水费支付能力在农户间差异较小。

（2）采用河南省209户农户调研数据，选择16个变量，运用因子分析方法，根据旋转因子载荷负载的因子得分情况，将16个变量划归到6个影响因子，分别为农作物成本与农业水价改革效果因子（Z1）、耕地用水数量与务农收入因子（Z2）、农户用水满意度因子（Z3）、家庭收入构成因子（Z4）、文化水平与水价影响因子（Z5）、农业用水供给与节水意识因子（Z6）。再根据因子得分系数矩阵，计算6个主因子的得分分别为1837.26、1838.26、164.118、17839.6、609.945、-658.42，最后得到河南省农户水费支付能力的综合得分为3788.39。根据农户水费支付能力综合得分均值，将农户划分为“高值区”“较高值区”“中值区”“较低值区”“低值区”五种类型。可以看出，水费支付没有任何问题的农户占比只有0.96%，水费支付困难较大及无水费支付能力的农户占比高达92.35%，总体上农户水费支付能力很低。

四、理论上，灌溉用水作为自然资源条件和农业生产成本的构成部分，直接驱动农户种植结构变化，实证检验验证了农业水价变化会引起农户种植结构变化

（1）驱动农户种植结构变化的因素有自然资源条件、农产品市场、农产品生产成本、农业科技水平、农业政策、农业社会化服务体系以及农户自身行为七大因素。灌溉作物种植的关键投入要素灌溉用水与农户种植结构变化的两大驱动要素直接相关：一是自然资源条件，二是农产品生产成本。

（2）运用统计描述分析方法分析调研数据，得到的主要结论为：①灌溉电费在每亩水稻种植成本中占比最低，为3%。②灌区农作物种植的主要水源来自于干渠，其次是降雨和池塘。③农户种植水稻普遍采用传统的漫灌，很少采纳现代节水技术。④水稻生长全过程的土壤准备、秧田准备、移栽/播种准备、作物生长、开花、灌浆的六个时期中，在水稻开花、灌浆期会出现灌溉水不足的现象。⑤农户的水费是从农户种粮补贴中直接扣除，属于隐性收费，农户误以为水费取消了。并且水费一直以来都偏低，灌区水管单位运行经费主要来自国家拨款，水费对于农户只是一种象征性收取，水费没有成为农户种田的负担。⑥灌区在政府引导下农户自发成立了农业用水协会组织，但没有实际运行管理，缺乏有效的民间协会和社团组织，说明农村农户与农户之间缺少一个真正合作的平台来对接小农和大市场。

（3）构建农户种植结构变化影响因素的实证模型，得到影响农户种植结构变化的显著因素为户主年龄、地区差异、水源距离田块的距离、土壤类型以及灌

溉水资源是否匮乏。其中，农业灌溉水资源是否匮乏对农户种植结构变化在1%的水平上有显著正向影响，灌溉水资源匮乏比灌溉水资源不匮乏的农户改变种植结构的发生率高47.28倍，因此，灌溉水价调节灌溉水资源的供求，灌溉水资源的供给影响农户种植结构的变化。

（4）考虑现行农业水价、考虑折旧后的水价，同时考虑折旧和管理成本后的水价三种状态下，运用线性规划模型模拟水价变化对农户种植结构的影响，模拟结果得到农业水价变化会导致农户种植结构的变化，随着农业水价的提高，农户种植经济作物的面积会增加，种植水稻的面积会减少。

第二节　政策建议

一、加大农业水价政策宣传力度

造成节水灌溉技术普及程度低、节水补贴发放满意度低等情况的主要原因之一就是农户对农业水价改革的政策不够了解。因为对水价改革政策的不了解，导致很多农户不知道节水补贴如何申请、发放，政府有时候开展了节水灌溉培训等活动也没能及时得知。因此各级政府应加大对政策的宣传力度，努力地将政策的实施细节普及到每一位农户。充分利用各种宣传手段，如网络、电视、宣传手册等进行宣传。不但要定期在农村开办农业水价综合改革知识讲座，提高广大农民参加农业用水管理的主动性和积极性。还应该积极地举办农技讲座班，向农户普及灌溉节水技术。

农业水价改革的最终目标之一就是促进农业节水，继续深入宣传水价政策，使大多数的农民意识到农业水资源的珍贵，并不断提高农业用水的效率。为了进一步提高广大农民群众的节水意识与积极性，更应该将节水补贴政策落实到位，而这离不开对政策对宣传与普及。节水灌溉技术的普及也同样离不开对政策的宣传，只有农户了解到节水灌溉技术对他们的益处之后，才会主动地去学习节水灌溉技术。因此，应该继续积极推进农业水价综合改革，加大对农业水价改革的宣传力度，提高农户主动参与农业水价改革的积极性。

二、建立科学合理的农业水价构成体系

首先，要建立正确的水价形成机制。建议农业水价基于全成本模型定价，充分考虑供水单位在供水各环节中产生的所有供水成本以及生产管理费用。全成本模型定价让水利工程在供水各环节的成本支出更加透明化和公开化，农户在用水过程中，对于水价的各项成本能够心知肚明，当出现水价上涨时，农户更易于接受公开透明且合理的水价上调，这也有利于于水价改革的深入推进，提升农业水价政策绩效。运用全成本模型对农业人灌溉用水定价，必然使得现有的水价标准上涨，尽管上涨的水价一方面能够保证供水单位的正常营运，另一方面也能抑制农业水资源的浪费，但农民用水户是弱势群体，水价的上涨会使这一群体利益受损。

其次，完善农业水费补贴激励机制。弥补农民用水户这一群体损失的利益。目前实行的节水补贴政策主要只是针对节水行为进行补贴，而且实施效果欠佳。所以需要确定并实行精准的补贴激励机制。农业水费补贴激励机制就是将农业水费补贴、节约用水和农民种粮积极性结合起来，提高农业水资源利用效率和农民种粮积极性。对农业水费进行补贴如同粮食补贴一样直接发放到农民手中，同时对农业水价分类实施，这样既有利于调动水管单位又有利于调动农民的积极性。值得注意的是，要调控水价调整幅度和农民补贴之间的比例关系，应该让农民补贴高于水价涨幅的支出，同时完善激励机制，充分发挥农业水资源准公共物品的作用，提高农业水价政策绩效。

三、调查用水农民承受能力，实施分类农业水价综合改革

结合对农户进行访谈时了解到的情况以及问卷调查的结果，可以看出目前农户对农业水价并不是很满意。农业水价改革能够得到贯彻实施的关键在于是否对农民用水户的承受能力进行了充分考虑，农民用水户的利益是否得到了切实保障。如果水价在广大农户的承受范围内，推进水价改革肯定会简单一些；如果水价超出了农户的承受能力，必然会导致用水矛盾增多。因此，提高农业水价政策绩效应该充分考虑农户的承受能力，应该对农户的承受能力进行科学并且全面的调查，设定的农业水费标准要得到农户的普遍认可。在此基础之上，可以更进一步对农业水价进行分类管理。区分不同农业经营方式、种植养殖结构、灌溉水源及灌溉条件，根据当地实际情况制定适合当地的农业水价综合改革模式，如在粮

食主产区或者节水效益好的种植模式，可以实行更加优惠的价格政策；在缺水地区对节水效益差的种植模式或者高耗水的作物，可以实行一定的惩罚政策。通过水价政策来促进农民调整种植结构、改良灌溉方式，实现水价对节水行为的杠杆作用。灌区部分地区实行了终端水价。在实行终端水价的基础上，配合使用超额累进加价制度、阶梯性水价、丰枯水季节浮动水价等科学的水价制度，通过对灌区农业用水户用水行为的奖惩措施，来达到节约用水、合理分配灌区农业水资源的目的。

四、发挥农民用水户协会的地位和作用

农户最为直接的参与农业用水管理的方式便是农民用水户协会，研究结论证实农户参与用水管理程度低，最主要的原因就是农民用水户协会的作用没有得到有效发挥。因此应该提高农户参与农民用水户协会的积极性，使农民用水户协会的作用得到充分发挥。加大对农民用水户协会的政策及资金支持，农民用水户协会要保证分配充足经费对农民进行必要技术培训，使农民用水户能够有效完成基本对田间的农田水利设施的维修及维护工作，对节水知识有充分了解。提高农民参与用水管理的积极性。同时也要加强农民用水户协会的制度规范，使其能够良性高效运作。

五、加大对农田水利基础设施建设的更新改造

虽然在农业水价改革之后，田间基础灌溉设施建设得到了一定程度的完善，但还是难以跟上农业生产需求，农户对此的满意度还是不高。高效健全的灌区水利工程设施对于农业健康发展非常重要，其中完善的用水计量基础设施又是灌区实行供水按计量收费的基础前提。当前大多数灌区的供水计量设施缺乏有效的更新与维护，导致老化严重，并且相应的灌区配套设施也不齐全，造成灌区供水效率低下、发展迟缓。近些年，在中央和地方政府的大力支持下，逐渐加大了对灌区节水改造与配套设施方面的投资建设力度，然而由于灌区在发展的过程中累积问题较多，解决力度又不够，并且财政投入资金进行更新改造的重点也是大型灌区，忽视了中、小型灌区的改造维护，造成这些灌区水利工程状况日渐恶化。因此，加快灌区的更新改造，提升灌区整体水平已刻不容缓。因此，政府应加大对灌区水利设施的建设投入力度，并将投入的资金更多倾斜到中、小型灌区。同时不断丰富现有的投资方式，拓宽多元化的投资渠道，加快对农业用水计量设施与

灌渠的建设与完善。供水单位要将增加的那部分水费收入更多地投入到灌区水利基础设施的维护上，避免其他不必要的开支。水利部门要从各地实际出发，站在高效性、实用性的发展角度上，选择正确合理的设施计量农民灌溉用水。

附录1　湖南省灌区农户调查问卷

所在行政村名称：________　受访者姓名：________　联系电话：________

填表人姓名：________　　填表时间：________

一、基本情况

1. 家庭劳动力组成：全家有________人。您家距离最近的市场大约有(　　)千米。

家庭成员人口特征（重要提示：家庭成员是指依靠户主吃饭和基本生活的人）

家庭成员关系	年龄	1＝男 2＝女	文化程度 （代码 a）	健康状况 （代码 b）	主要职业 （代码 c）
1（户主）					
2（配偶）					
3					
4					
5					
6					
7					

续表

a. 文化程度 1 = 初中以下 2 = 高中 3 = 大专以上	b. 健康状况 1 = 健康 2 = 偶尔生病 3 = 经常生病 4 = 丧失劳动能力	c. 主要职业 1 = 务农 2 = 打工 3 = 村干部 4 = 当地医生或民办教师 5 = 学生 6 = 其他（请说明＿＿＿＿＿＿）

2. 农田概况

自家承包地：水田面积＿＿＿亩，共有＿＿＿块；旱地面积＿＿＿亩，共有＿＿＿块。

田块编号	多少（亩）	2012年						土壤类型（代码b）	地形（代码c）	土地转让情况（代码d）	
		春收			秋收						
		作物	主要水源（代码a）	次要水源（代码a）	作物	主要水源（代码a）	次要水源（代码a）			类型	数量

代码：

a. 水源
1 = 干渠
2 = 抽取地表水灌溉
3 = 抽取地下水灌溉
4 = 降雨
5 = 塘堰
6 = 其他（请说明）＿＿＿

b. 土壤类型
1 = 砂土
2 = 黏土
3 = 黏壤土
4 = 砂壤土
5 = 粉砂壤土
6 = 其他（请说明）＿＿＿

c. 地形
1 = 平坦
2 = 矮丘
3 = 起伏较大

d. 土地转让情况
1 = 支付租赁费
2 = 免费转让
3 = 合伙共同经营

二、最大田块灌溉作物的灌溉情况

<table>
<tr><th colspan="2" rowspan="2">灌溉活动</th><th rowspan="2">灌溉时
土壤条件
（代码 a）</th><th rowspan="2">每次灌溉
深度
（cm）</th><th rowspan="2">灌水时间
（h）</th><th rowspan="2">水源
（代码 b）</th><th colspan="2">劳动力</th><th rowspan="2">水源充足吗？
1＝充足
2＝不足</th></tr>
<tr><th>天数
（自家）</th><th>天数（雇工）
雇工报酬______
元/天</th></tr>
<tr><td colspan="2">土壤准备</td><td></td><td></td><td></td><td></td><td></td><td></td><td></td></tr>
<tr><td colspan="2">秧田准备</td><td></td><td></td><td></td><td></td><td></td><td></td><td></td></tr>
<tr><td colspan="2">移栽/播种</td><td></td><td></td><td></td><td></td><td></td><td></td><td></td></tr>
<tr><td rowspan="4">作物生长期间</td><td>第 1 次灌水</td><td></td><td></td><td></td><td></td><td></td><td></td><td></td></tr>
<tr><td>第 2 次灌水</td><td></td><td></td><td></td><td></td><td></td><td></td><td></td></tr>
<tr><td>第 3 次灌水</td><td></td><td></td><td></td><td></td><td></td><td></td><td></td></tr>
<tr><td>…</td><td></td><td></td><td></td><td></td><td></td><td></td><td></td></tr>
<tr><td colspan="2">开花</td><td></td><td></td><td></td><td></td><td></td><td></td><td></td></tr>
<tr><td colspan="2">灌浆（籽粒充实）</td><td></td><td></td><td></td><td></td><td></td><td></td><td></td></tr>
<tr><td colspan="2">其他</td><td></td><td></td><td></td><td></td><td></td><td></td><td></td></tr>
</table>

注：代码 a 为灌溉时土壤条件：1＝干；2＝湿；3＝淹水。

代码 b 为水源：1＝渠道（欧阳海水库）；2＝堰塘；3＝河流；4＝水泵；5＝其他（请说明）。

三、灌区农户水费支付意愿调查

1. 水费支付方式调查

<table>
<tr><td>您家水费支付最近几年是否有变化？</td><td>有（ ） 无（ ）</td></tr>
<tr><td>如有变化，发生了怎样的变化？</td><td>增加（ ）降低（ ）保持不变（ ）</td></tr>
<tr><td>您家现行的水费上缴方式为：</td><td>村组织代收直接上缴供水组织（ ）
农民用水者协会收集（ ）
其他行政机构代收（ ）
农民直接上缴给供水组织（ ）</td></tr>
<tr><td>您认为选择现行水费收缴方式的原因是：</td><td>缺乏量水设施（ ）
农民用水者协会不能发挥作用（ ）
上级行政机构愿意承担水费收缴职责（ ）
以上原因都有（ ）
其他原因（请说明）：</td></tr>
</table>

续表

您现行的水费支付方式为：	按亩现金支付（ ） 稻谷（元/亩）______；小麦（元/亩）______ 其他作物（元/亩）______ 从量水费（ ）______元/小时；______元/立方米 您建议的付费方式________________

2. 水费调查

您认为现行水费支付水平是高还是低？	高（ ） 低（ ） 比较合理（ ）
如果您认为水费太高，您认为合理的水费是多少？	
如果您认为水费太低，您认为合理的水费是多少？	
如果您认为水费高，那么造成水费高的可能原因是：	量水设施缺乏造成水量测量不准（ ） 水传送损失太大（ ） 水费收缴人员经费支出过高（ ） 上级管理机构水费收缴中的搭车行为（ ） 其他原因（请说明）
如果您认为缺乏水量设施造成水费过高，您是否愿意承担增加水量设施的成本？	是（ ） 否（ ）
如果水传送损失太大造成水费过高，您是否愿意承担更多的渠道维护劳动？	是（ ） 否（ ）
您和您家庭成员每年是否有对灌区维护的义务劳动？如果有，一年内大约有多少天？	
您和您家庭成员每年灌区维护的有偿劳动大约有多少天？每天的劳动报酬是多少？	
您认为谁应该是灌区基础设施维护的主要承担者？	政府（ ） 灌区供水组织（ ） 农民用水者协会（ ） 受益农户（ ）

3. 农户粮食作物、经济作物种植情况调查表

最近几年您家种植的主要粮食作物为： 灌溉粮食作物： 旱作粮食作物：	 稻谷（ ） 小麦（ ） 其他（ ） 玉米（ ） 大豆（ ） 其他（ ）

续表

最近几年您家种植的主要经济作物为：	棉花（ ） 油料（ ） 油茶籽（ ） 麻类（ ） 茶叶（ ） 烟叶（ ） 水果（ ） 其他（ ）

4. 农户作物种植结构变化调查表

最近几年您家的作物种植结构有无变化？	有（ ） 无（ ）
如果有，发生了怎样的变化？	将灌溉作物调整为旱作作物（ ） 将旱作作物调整为灌溉作物（ ） 将粮食作物调整为经济作物（ ） 将经济作物调整为粮食作物（ ）
将灌溉作物调整为旱作作物的原因：	1. 政府号召（ ） 2. 市场变化（ ） 3. 劳动力变化（ ） 4. 耕作过程中机械化投入的变化（ ） 5. 水费变化（ ） 6. 水资源匮乏（ ） 7. 其他原因__________
将旱作作物调整为灌溉作物的原因：	1. 政府号召（ ） 2. 市场变化（ ） 3. 劳动力变化（ ） 4. 耕作过程中机械化投入的变化（ ） 5. 水费变化（ ） 6. 水资源匮乏（ ） 7. 其他原因__________
将粮食作物调整为经济作物的原因：	1. 政府号召（ ） 2. 市场变化（ ） 3. 劳动力变化（ ） 4. 耕作过程中机械化投入的变化（ ） 5. 水费变化（ ） 6. 水资源匮乏（ ） 7. 其他原因__________
将经济作物调整为粮食作物的原因：	1. 政府号召（ ） 2. 市场变化（ ） 3. 劳动力变化（ ） 4. 耕作过程中机械化投入的变化（ ） 5. 水费变化（ ） 6. 水资源匮乏（ ） 7. 其他原因__________

续表

您认为造成上述作物种植结构发生变化的原因的重要程度排序为：	• 政府号召（　） • 市场变化（　） • 劳动力变化（　） • 耕作过程中机械化投入的变化（　） • 水费变化（　） • 水资源匮乏（　） • 其他原因________________

四、农户家庭收支构成情况（2012 年）

1. 您家年收入为（　）元。

（1）1 万元以下　（2）1 万 ~4 万元　（3）4 万 ~7 万元　（4）7 万 ~10 万元　（5）10 万元及以上

2. 收入来源及每项所占的比重：

家庭收入构成	种植业收入			养殖业收入	工资性收入（外出务工或帮工）	政策性收入（政府补贴）	其他收入
	粮食作物		经济作物				
	水稻等灌溉作物	大豆等旱作作物					
比重（%）							

3. 家庭总支出大约____万元。用于支出的主要方面占比为：

（1）孩子上学____%　（2）医疗费用____%　（3）日常生活开支____%

（4）生产投入____%　（5）用于建房或买房____%

（6）其他____%，请说明________________

五、农户成本调查表（2012 年）

<table>
<tr><th colspan="3">类别</th><th>种子</th><th>化肥</th><th>农药</th><th>机械投入</th><th>劳动力投入</th><th>役畜费</th><th>灌溉水量</th><th>水电费</th></tr>
<tr><td rowspan="6">粮食作物</td><td rowspan="3">灌溉作物</td><td>作物 1</td><td></td><td></td><td></td><td></td><td></td><td></td><td></td><td></td></tr>
<tr><td>作物 2</td><td></td><td></td><td></td><td></td><td></td><td></td><td></td><td></td></tr>
<tr><td>作物 3</td><td></td><td></td><td></td><td></td><td></td><td></td><td></td><td></td></tr>
<tr><td rowspan="3">旱作作物</td><td>作物 1</td><td></td><td></td><td></td><td></td><td></td><td></td><td></td><td></td></tr>
<tr><td>作物 2</td><td></td><td></td><td></td><td></td><td></td><td></td><td></td><td></td></tr>
<tr><td>作物 3</td><td></td><td></td><td></td><td></td><td></td><td></td><td></td><td></td></tr>
<tr><td colspan="2" rowspan="3">经济作物</td><td>作物 1</td><td></td><td></td><td></td><td></td><td></td><td></td><td></td><td></td></tr>
<tr><td>作物 2</td><td></td><td></td><td></td><td></td><td></td><td></td><td></td><td></td></tr>
<tr><td>作物 3</td><td></td><td></td><td></td><td></td><td></td><td></td><td></td><td></td></tr>
</table>

注：成本单位：种子（元/亩）；化肥（元/亩）；农药（元/亩）；机械投入（元/亩）；劳动力投入（天/亩）；役畜费（元/亩）；水电费（元/亩）。经济作物：灌溉水量（立方米）。

六、节水技术运用调查

1. 您了解农业节水技术吗？（　　）　（1）不了解　（2）了解

2. 您一般通过哪些方式了解节水灌溉技术？（　　）

（1）媒体　（2）村科技能人或者农业大户　（3）技术推广人员

（4）政府/管水单位/企业的宣传资料　（5）亲朋好友近邻　（6）其他

3. 您家现在主要采用哪种灌溉技术？（　　）

（1）漫灌（传统）　（2）喷灌　（3）微灌　（4）滴灌

4. 您为什么没有采用农业节水技术？（　　）

（1）水够用，不需要　（2）节水设备太贵　（3）节水设备质量不过关

（4）对节水技术不了解　（5）采用后收益效果不显著　（6）其他

5. 您采用农业节水技术的原因是什么？（　　）

（1）村里其他人的示范作用　（2）政府/管水单位的推广

（3）采用节水技术效益明显　（4）其他

6. 您使用的节水灌溉设备效果如何？（　　）

（1）很好　（2）一般　（3）不好

7. 您觉得节水灌溉技术难度如何？(　　)

(1) 容易　(2) 不太难　(3) 一般　(4) 比较难　(5) 很难

8. 您觉得节水灌溉技术投入如何？(　　)

(1) 非常小　(2) 比较小　(3) 一般　(4) 比较高　(5) 非常高

9. 政府是否对采用节水技术进行了资金补贴？(　　)

(1) 是　(2) 否

七、社会资本

1. 通常，您认为大多数人是（　　）。

(1) 愿意帮助别人的　(2) 只顾自己　(3) 不知道

2. 通常，您认为大多数人（　　）。

(1) 是值得信任的　(2) 需谨慎交往　(3) 不知道

3. 您所在的村民组成员间互相帮助的情况怎么样？(　　)

(1) 总是相互帮助　(2) 大多数情况能相互帮助　(3) 有时候相互帮助

(4) 很少相互帮助　(5) 从不相互帮助

4. 您所在的村民组成员间相互借东西时的信任度怎么样？(　　)

(1) 相互信任　(2) 不信任　(3) 不知道

5. 您是否参加了民间协会、社团组织？(　　)

(1) 是　(2) 有组织没有参加　(3) 当地没有这样的组织

附录 2　河南省农业水价改革调查问卷

________县________乡（镇）________村________组

调查人姓名：________联系方式：________

被调查人姓名：________性别：________年龄：________

一、家庭基本情况

1. 您的文化程度（　　）。

（1）未上过学　（2）小学　（3）初中　（4）高中及中专　（5）大专及大专以上

2. 您家现在有______人，其中有无丧失劳动能力或长期生病的有______人，65 岁以上的老人有______人，15 岁以下的小孩有______人。

3. 您家常年在家务农的有______人，常年在外打工的有______人，半务农______人，务农______天。

4. 家庭年均纯收入（　　）。

（1）2 万元以下（2）2 万 ~5 万元（3）5 万 ~10 万元（4）10 万元以上

5. 您家有耕地面积______亩，种植农作物情况：

作物种类	面积（亩）	平均每亩种植成本（元）	平均每亩产量（千克）
水稻			
小麦			
其他农作物（　　　）			
其他农作物（　　　）			
其他农作物（　　　）			

6. 家庭收入来源及其占比：

	务农收入							打工收入	其他收入	总计
收入来源	水稻	小麦	其他农作物	其他农作物	其他农作物	经济作物	其他收入			100%
比重（%）										

二、农业水价改革情况

1. 您对当地的农业水价改革了解吗？（　　）

（1）很了解　（2）大概了解　（3）知道一些　（4）听说过　（5）完全不了解

2. 您家近年是否获得农业用水补贴？（　　）　（1）有　（2）没有

有的话，每亩补贴多少元？＿＿＿＿＿

3. 您家是否获得节水奖励？（　　）　（1）是　（2）没有

3.1 有的话，获得多少金额？＿＿＿＿＿

3.2 您对节水奖励或者补贴的发放满意吗？（　　）

（1）很满意　（2）满意　（3）一般　（4）不满意　（5）很不满意

4. 当地是否有用水合作组织？（　）　（1）是　（2）否

4.1 有的话，您是否加入了？（　）　（1）是　（2）否

4.2 如果没有加入，原因是什么？＿＿＿＿＿

4.3 如果有用水小组，用水小组领导是（　　）。　（1）村领导　（2）不是村领导

4.4 该用水小组领导是怎样选出来的？（　　）　（1）选举　（2）指派任命　（3）其他

4.5 您认为您参与用水管理程度是（　　）。

（1）很好　（2）较好　（3）一般　（4）较差　（5）很差

5. 农业水价改革后，您认为您与政府关系的改善程度（　　）。

（1）改善了　（2）没有变化　（3）比以前差了

5.1 您家收入增长情况（　　）。　（1）增加了　（2）没有变化　（3）减少了

5.2 您家粮食作物产量（　　）。　（1）增产了　（2）跟以前差不多

（3）减产了

5.3 您家的农业用水成本（　　）。（1）减少了　（2）没有变化　（3）增加了

6. 当地的灌溉设备和农田水利设施近两年是否有改造重建或者完善？（　　）

（1）是　（2）否

6.1 如果有完善或者重建是自己出钱还是有补贴？（　　）

（1）都是自己出钱　（2）都是国家出钱　（3）自己出一部分，国家补贴一部分

6.2 灌溉设施建好后田间投工投劳的减少程度（　　）。

（1）减少了　（2）没有减少　（3）增加了

7. 您对农田水利设施建设的满意度是（　　）。

（1）很满意　（2）满意　（3）一般　（4）不满意　（5）很不满意

8. 您家的主要水源是（　　），您家的次要水源是（　　）。

（1）干渠　（2）抽取地表水灌溉　（3）抽取地下水灌溉　（4）降雨（5）塘堰　（6）其他

9. 您家的农业用水的供给充足程度（　　）。

（1）充足　（2）基本满足　（3）不充足

10. 您家平均每月灌溉用水量是多少？________

11. 您认为现在在保证农作物产量不变的情况下，灌溉用水量还有没有节约空间？（　　）

（1）有　（2）没有了

12. 农田用水灌溉费用计量方式？（　　）

（1）按照土地面积收取（每亩________元）。

（2）按照用水量收取（每立方米________元）。

12.1 农田用水灌溉费用收取方式是？（　　）

（1）有人上门收取　（2）买卡充值　（3）自己去交

13. 您家灌溉水费的缴纳情况？（　　）

（1）很好（按时按量缴纳）　（2）较好（有过拖欠但基本按时按量）

（3）一般（偶尔拖欠）　（4）较差（经常拖欠）　（5）很差（没有缴纳）

三、其他情况

1. 近两年，您家在灌溉水问题上与别家发生过冲突没有？（　　）

（1）发生过　（2）没有

1.1 如果发生过冲突，共发生过几次？________

1.2 比以前发生冲突和矛盾的次数（　　）。

（1）减少了　（2）差不多　（3）增加了

2. 您是否接受过节水灌溉技术培训？（　　）　（1）是　（2）否；您觉得有没有需要进行节水灌溉技术培训？（　　）　（1）有需要　（2）没有需要

3. 请问您对目前的水价满意吗？（　　）

（1）很满意　（2）满意　（3）一般　（4）不满意　（5）很不满意

4. 您觉得灌溉水价的高低对您用水量影响大吗？（　　）

（1）影响大　（2）有一定的影响　（3）没有影响

5. 您觉得您现在的节水意识怎么样？（　　）

（1）比以前提高了　（2）跟以前差不多　（3）比以前差了

6. 您觉得农业水价政策改革最应该注重哪个方面？（　　）

（1）对灌溉用水进行补贴　（2）对节水行为进行奖励　（3）加大灌溉水利基础设施建设　（4）组建完善用水合作组织对用水进行统一管理　（5）其他（请说明）________

附录 3　湖南省铁山和欧阳海灌区样本农户水费支付能力综合得分情况

	农户序号	因子 1 得分	因子 2 得分	因子 3 得分	因子 4 得分	因子 5 得分	综合得分
铁山灌区	1	70. 057	48. 393	79. 756	64. 532	460. 393	116. 170
	2	-7. 104	27. 369	67. 257	53. 399	371. 432	73. 988
	3	43. 158	27. 600	49. 615	41. 938	292. 797	72. 706
	4	27. 977	28. 867	67. 639	56. 485	392. 532	87. 515
	5	67. 694	51. 452	79. 384	70. 799	485. 428	120. 282
	6	48. 277	0. 835	43. 733	32. 592	238. 618	58. 698
	7	32. 875	45. 025	79. 029	66. 362	463. 983	105. 501
	8	65. 365	42. 932	70. 066	57. 428	411. 156	104. 200
	9	51. 259	0. 439	49. 933	33. 652	246. 372	61. 922
	10	-20. 083	7. 684	48. 646	37. 888	252. 970	44. 533
	11	52. 521	19. 908	51. 507	42. 186	296. 057	74. 540
	12	66. 017	59. 948	89. 550	78. 434	535. 673	131. 421
	13	73. 422	43. 906	72. 762	63. 272	453. 966	113. 652
	14	54. 457	24. 544	58. 146	47. 932	342. 255	84. 301
	15	54. 304	97. 019	96. 219	80. 712	568. 918	142. 166
	16	120. 081	121. 182	145. 514	126. 181	930. 295	229. 760
	17	39. 491	90. 415	90. 932	82. 219	574. 807	136. 409
	18	53. 740	48. 021	75. 134	58. 105	432. 457	105. 902
	19	68. 250	63. 581	65. 436	64. 345	303. 709	95. 972
	20	46. 519	21. 309	59. 815	50. 535	347. 519	82. 789
	21	59. 117	24. 395	56. 874	48. 424	308. 231	81. 071

续表

	农户序号	因子 1 得分	因子 2 得分	因子 3 得分	因子 4 得分	因子 5 得分	综合得分
铁山灌区	22	43.469	61.063	99.678	86.452	614.810	138.772
	23	75.886	46.073	83.891	68.979	495.416	123.362
	24	67.819	48.496	70.377	61.187	415.470	107.325
	25	73.858	61.451	77.705	68.845	471.748	121.792
	26	55.630	18.511	58.513	46.694	329.111	81.527
	27	50.921	24.761	61.486	47.757	342.613	84.069
	28	34.759	19.877	54.042	47.017	321.317	74.028
	29	45.768	15.855	52.997	45.136	311.340	74.479
	30	83.618	83.851	89.048	82.833	559.393	145.225
	31	72.404	59.177	79.721	70.808	459.973	120.130
	32	148.493	245.228	224.373	215.550	1426.207	358.907
	33	114.137	153.132	193.609	149.091	1129.403	274.194
	34	113.795	136.252	143.396	126.906	923.139	230.015
	35	69.668	45.756	79.612	65.942	486.989	119.067
	36	117.541	131.250	144.054	127.026	928.789	230.866
	37	34.660	41.689	55.078	46.631	328.260	79.782
	38	45.479	-8.216	34.794	24.898	184.517	45.928
	39	39.954	41.677	84.914	63.849	467.738	108.094
	40	47.826	-3.664	42.636	29.764	218.059	54.289
	41	95.674	83.020	107.291	92.701	678.307	169.030
	42	72.651	44.462	75.755	63.034	454.534	114.220
	43	28.544	9.570	45.014	33.754	245.060	56.283
	44	16.473	32.595	54.269	45.851	319.718	71.268
	45	59.714	12.081	51.958	44.454	312.314	77.405
	46	72.705	54.789	87.108	72.573	527.580	129.706
	47	-8.344	25.194	58.843	49.058	334.422	65.980
	48	39.451	49.285	81.805	69.152	486.054	112.134
	49	44.547	23.062	46.621	35.898	259.298	66.246
	50	30.244	37.711	40.905	33.396	235.651	60.760
	51	53.875	19.932	44.637	36.548	259.880	67.969
	52	45.023	17.316	41.090	32.265	222.643	58.716

续表

	农户序号	因子1得分	因子2得分	因子3得分	因子4得分	因子5得分	综合得分
铁山灌区	53	142.628	204.055	158.619	154.645	975.884	267.314
	54	-29.559	36.037	46.024	27.707	209.818	40.329
	55	40.502	12.106	45.857	34.101	249.599	61.033
	56	57.358	25.948	62.691	48.297	356.374	88.242
	57	65.375	33.730	69.293	60.073	421.704	103.807
	58	41.402	4.820	30.827	24.699	173.451	45.330
	59	45.195	-3.587	40.419	28.607	205.775	51.343
	60	14.259	56.610	79.227	56.945	421.835	95.908
	61	46.822	40.491	43.291	34.583	246.949	68.194
	62	51.354	32.845	55.513	45.733	328.072	82.512
	63	49.932	-4.268	36.784	28.418	210.653	52.361
	64	76.536	51.604	91.113	75.353	535.585	132.410
	65	67.028	48.646	74.853	62.588	448.956	112.564
	66	92.538	114.949	94.093	86.482	618.014	163.625
	67	53.300	31.674	53.056	43.375	309.584	79.558
	68	104.155	107.485	121.541	109.569	748.155	191.361
	69	15.789	78.569	92.567	81.667	546.272	123.744
	70	79.154	57.713	88.336	74.731	549.762	135.598
	71	4.670	15.749	76.390	61.691	437.191	86.426
	72	29.026	6.632	44.972	29.565	213.229	51.047
	73	92.618	99.286	114.354	103.800	697.726	177.448
	74	67.495	63.541	84.847	70.156	506.371	126.568
	75	59.065	54.477	56.635	51.175	347.988	93.047
	76	60.188	15.193	57.889	43.136	320.185	80.257
	77	57.649	26.367	63.726	49.726	359.515	89.264
	78	52.419	45.232	72.023	63.857	436.478	105.702
	79	57.197	73.515	79.259	68.423	480.598	121.081
	80	58.372	48.208	57.742	50.682	337.087	90.255
	81	40.279	37.462	39.256	37.920	239.340	64.399
	82	90.666	73.109	98.643	87.772	596.696	152.453
	83	59.687	65.831	66.539	56.767	396.047	104.797

续表

	农户序号	因子1得分	因子2得分	因子3得分	因子4得分	因子5得分	综合得分
铁山灌区	84	59.618	18.843	49.488	41.909	279.972	73.802
	85	67.898	78.878	116.896	87.961	655.087	158.568
	86	-30.728	-26.689	23.774	16.574	96.120	5.406
	87	23.145	87.090	104.678	97.509	667.088	148.159
	88	61.718	62.082	93.112	77.410	514.215	128.524
	89	64.322	42.534	64.158	54.129	393.495	99.793
	90	20.349	16.727	43.379	32.716	232.975	53.467
	91	53.389	98.639	78.577	66.177	481.202	125.035
	92	28.968	58.460	68.442	59.308	409.291	96.986
	93	52.459	65.559	66.817	52.923	386.716	100.943
	94	185.222	248.236	251.244	222.424	1625.512	402.104
	95	85.444	125.105	160.791	134.590	975.276	231.100
	96	32.813	18.834	53.969	36.692	275.690	65.766
	97	76.573	119.327	117.537	104.444	740.391	183.463
	98	147.370	194.980	205.941	184.373	1346.496	328.614
	99	1.881	59.059	93.936	71.609	519.239	110.792
	100	36.447	6.069	49.162	31.030	234.063	56.798
	101	84.504	171.814	157.224	136.021	995.883	243.088
	102	13.884	71.963	99.747	82.961	597.292	129.983
	103	116.579	199.394	180.003	139.762	1073.220	273.422
欧阳海灌区	1	50.643	2.834	44.847	31.350	237.111	59.646
	2	54.820	6.344	49.423	38.460	280.903	69.275
	3	30.532	-40.420	10.452	0.957	13.641	3.959
	4	30.322	-39.992	8.987	2.661	12.017	3.751
	5	30.786	-37.973	11.162	3.720	22.296	6.259
	6	51.746	14.292	56.045	46.041	326.473	78.548
	7	48.349	-3.319	35.623	28.765	203.676	51.041
	8	30.498	-36.184	13.627	3.950	31.858	8.340
	9	53.192	3.434	42.405	33.597	239.543	60.654
	10	25.004	30.861	56.771	46.329	316.065	73.448
	11	51.677	-0.298	55.300	34.068	255.638	64.259

续表

	农户序号	因子 1 得分	因子 2 得分	因子 3 得分	因子 4 得分	因子 5 得分	综合得分
欧阳海灌区	12	57.770	19.839	56.215	43.054	310.793	79.021
	13	79.291	60.778	78.609	68.698	500.925	127.065
	14	66.481	34.868	60.981	52.650	378.426	95.912
	15	65.198	32.738	61.200	52.221	375.574	94.700
	16	69.307	55.871	73.859	62.802	452.288	115.029
	17	74.384	64.248	86.333	74.874	542.069	134.288
	18	71.546	50.491	73.760	64.448	444.699	113.772
	19	−0.413	1.123	1.121	0.916	0.602	0.588
	20	68.156	65.207	69.591	65.612	453.761	116.472
	21	76.090	52.828	82.192	70.672	506.814	126.253
	22	68.230	130.970	121.656	114.339	765.027	189.227
	23	−10.075	48.263	58.511	50.403	337.556	71.050
	24	54.608	7.137	57.437	37.272	288.862	71.900
	25	69.529	30.082	70.093	58.216	421.964	104.094
	26	41.769	39.033	60.961	53.616	382.229	90.451
	27	−1.686	1.508	2.433	−0.671	0.830	0.361
	28	20.504	64.610	69.571	61.663	433.933	99.678
	29	17.687	131.364	132.440	96.574	742.209	171.504
	30	33.917	21.391	41.536	35.810	254.133	61.126
	31	91.565	87.328	110.815	98.904	712.156	174.851
	32	64.451	64.615	79.055	71.084	467.658	119.940
	33	50.690	26.357	66.690	52.911	379.093	90.920
	34	30.690	−40.168	9.950	1.602	13.464	4.034
	35	29.180	−40.012	11.491	2.284	14.049	4.149
	36	31.176	−36.818	15.924	4.646	36.180	9.541
	37	22.420	−29.926	20.882	8.848	66.226	14.104
	38	43.073	−7.960	34.412	25.801	185.865	45.539
	39	55.806	7.979	47.074	36.601	274.354	68.281
	40	50.062	0.646	47.272	31.375	243.311	60.310
	41	63.152	21.313	58.512	46.864	350.140	86.971
	42	57.247	36.494	65.057	54.498	399.557	97.496

续表

	农户序号	因子1得分	因子2得分	因子3得分	因子4得分	因子5得分	综合得分
欧阳海灌区	43	40.213	25.788	48.921	45.081	309.473	73.959
	44	45.576	-13.108	30.777	23.726	171.510	42.201
	45	68.264	31.178	72.740	57.290	428.988	105.277
	46	67.203	25.340	65.443	53.024	395.897	97.270
	47	63.393	92.852	81.275	75.993	539.417	136.169
	48	65.762	38.034	53.676	46.371	331.593	87.885
	49	76.521	59.182	71.251	60.669	451.623	116.815
	50	61.917	17.126	54.748	46.493	334.136	82.820
	51	78.379	78.227	75.777	64.934	472.390	125.766
	52	65.499	23.895	68.177	52.410	383.893	95.424
	53	76.495	45.783	85.463	69.592	509.277	125.666
	54	64.737	133.309	142.190	99.649	787.038	193.515
	55	86.463	66.119	91.765	81.466	587.087	146.053
	56	87.333	94.125	96.103	87.501	628.011	159.483
	57	72.193	59.209	60.647	54.884	397.920	105.592
	58	91.883	69.739	105.319	87.873	648.270	160.052
	59	28.957	-40.154	11.523	0.648	13.590	3.740
	60	79.501	58.721	86.788	74.607	537.951	134.066
	61	80.088	70.442	98.391	83.666	607.175	149.495
	62	60.541	44.411	75.154	61.581	444.739	109.171
	63	29.809	3.429	29.947	25.003	169.754	41.135
	64	81.579	54.270	91.262	76.986	560.163	137.840
	65	63.467	39.555	79.765	61.906	453.528	111.087
	66	88.746	77.534	112.114	92.971	683.040	167.537
	67	98.412	91.993	122.865	106.342	775.611	189.619
	68	73.022	36.362	71.158	59.325	431.513	108.068
	69	42.372	17.933	49.125	41.013	288.576	69.592
	70	27.595	-40.077	14.697	0.379	12.247	3.827
	71	112.195	111.258	137.006	120.965	882.062	216.596
	72	74.023	52.076	78.957	67.826	492.884	122.591
	73	101.386	105.415	120.224	108.176	763.309	191.553

续表

	农户序号	因子 1 得分	因子 2 得分	因子 3 得分	因子 4 得分	因子 5 得分	综合得分
欧阳海灌区	74	69.767	109.398	124.990	107.958	781.426	186.736
	75	74.102	44.388	79.366	64.569	468.927	117.455
	76	73.080	37.779	73.368	61.918	450.714	111.719
	77	37.326	37.119	65.009	53.536	382.636	89.669
	78	30.544	-40.387	9.583	1.043	13.659	3.802
	79	133.461	230.303	132.952	149.565	590.373	215.137
	80	98.278	90.692	119.103	105.111	762.894	186.688
	81	43.288	3.152	38.675	30.886	217.546	53.764
	82	-9.155	51.637	65.458	54.517	366.321	77.833
	83	80.683	53.467	85.038	71.597	524.199	130.655
	84	60.655	22.396	59.508	47.204	342.214	85.755
	85	-58.444	161.805	189.042	25.207	562.483	134.141
	86	53.248	1.520	45.034	33.940	246.350	61.730
	87	49.472	2.705	41.647	31.631	229.202	57.650
	88	80.733	56.384	89.336	73.669	537.692	134.261
	89	79.718	52.138	82.894	71.459	518.390	128.879
	90	57.280	29.689	52.376	45.280	318.411	81.541
	91	62.672	19.347	57.453	45.958	341.885	84.988
	92	41.313	118.991	94.291	80.246	449.278	127.557
	93	81.062	52.454	89.579	74.333	539.556	133.895
	94	58.021	17.136	62.761	44.055	333.993	82.999
	95	59.866	13.844	54.436	42.606	313.338	78.187
	96	52.585	5.508	46.099	34.499	255.076	63.834
	97	24.864	-3.389	34.001	24.230	177.606	39.983
	98	104.314	112.910	133.409	115.796	842.470	208.093
	99	56.883	18.293	46.836	39.183	279.315	71.826
	100	148.104	173.981	186.203	167.294	1218.654	301.075
	101	42.977	7.599	41.754	30.335	220.865	55.626
	102	5.455	1.165	32.542	25.548	167.608	34.105
	103	52.856	25.117	48.694	39.390	292.128	74.224
	104	36.967	5.341	40.979	31.727	230.773	54.754

续表

	农户序号	因子 1 得分	因子 2 得分	因子 3 得分	因子 4 得分	因子 5 得分	综合得分
欧阳海灌区	105	35.646	4.045	47.590	34.481	248.389	58.178
	106	83.787	28.294	65.753	52.322	395.298	102.488
	107	71.495	34.469	79.119	60.575	448.508	111.267
	108	61.828	19.530	59.508	46.985	347.656	86.122
	109	87.428	71.738	94.895	83.701	602.276	150.501
	110	49.655	0.396	42.704	29.040	220.015	55.837
	111	91.445	78.085	94.635	85.478	622.230	155.790
	112	7.703	28.091	53.863	38.803	277.852	61.257
	113	-0.326	-9.349	33.434	24.428	161.636	29.430
	114	44.725	-8.826	36.821	24.674	190.556	46.742
	115	50.747	11.958	51.736	38.535	290.694	71.087
	116	-1.902	9.462	41.378	33.038	220.820	43.666
	117	-16.525	-10.270	31.513	21.942	149.329	22.268
	118	-3.319	2.945	39.161	19.421	159.230	31.351
	119	-9.263	-5.530	30.359	21.520	149.160	25.023
	120	-12.465	-9.398	33.365	19.740	142.587	22.786
	121	0.612	18.396	55.259	42.825	307.137	61.808
	122	4.487	13.079	53.119	40.784	288.329	58.577

附录4　河南省样本农户水费支付能力综合得分情况

农户序号	因子1得分	因子2得分	因子3得分	因子4得分	因子5得分	因子6得分	综合得分
1	302.261	-302.913	415.9542	4801.168	950.61	-130.353	979.6816
2	251.693	-577.183	521.399	4698.455	1157.901	-127.35	940.7535
3	297.708	-475.874	472.628	4749.263	1059.478	-144.828	958.636
4	313.905	-248.104	415.1134	4785.63	994.676	-118.862	996.5913
5	1072.515	-997.514	1247.834	14398.06	2901.401	-475.981	2962.879
6	639.301	-574.152	836.575	9574.224	1974.97	-260.143	1979.356
7	471.085	-584.09	666.799	7159.528	1521.132	-214.145	1459.667
8	553.184	-569.444	825.1326	9601.868	1884.013	-234.512	1951.918
9	1070.131	-1528.64	1395.836	14291.9	3117.213	-542.821	2889.534
10	713.95	-918.764	899.2876	9555.089	2022.273	-349.936	1939.002
11	490.554	875.165	-1.992	5178.982	193.405	-103.803	1154.292
12	217.551	-745.036	817.82	6964.035	1890.148	-76.731	1412.891
13	309.996	-268.784	415.803	4791.366	977.786	-122.798	990.3902
14	709.706	-939.419	900.568	9560.949	2006.283	-355.167	1932.81
15	150.484	-22.7042	264.8864	3360.74	658.257	-28.2306	705.8394
16	140.727	-278.881	359.7982	3378.309	842.324	-46.5938	694.1873
17	902.147	-1101.44	1120.15	11388.89	2622.683	-413.428	2356.892
18	1731.164	-2480.2	2141.026	21391.55	4812.107	-886.17	4341.994
19	3021.954	-4757.55	3904.123	37955.19	8685.123	-1599.97	7656.652
20	3016.301	-4927.68	3931.672	37957.1	8666.801	-1630.4	7623.257

续表

农户序号	因子1得分	因子2得分	因子3得分	因子4得分	因子5得分	因子6得分	综合得分
21	2514.259	-4104.75	3473.029	33109.04	7803.027	-1299.92	6702.705
22	1934.099	-2486.03	2324.469	23784.56	5328.947	-941.842	4873.112
23	1876.109	-2945.4	2464.517	23675.77	5537.555	-972.276	4799.409
24	827.556	-1553.88	1253.275	11836.69	2733.087	-456.365	2357.451
25	1762.486	-3133.63	2481.161	23709.22	5409.456	-976.398	4727.133
26	1833.83	-2546.57	2365.505	23736.77	5404.985	-898.071	4847.637
27	1982.908	-3442.44	2720.342	26090.07	5940.619	-1092.87	5209.496
28	1783.158	-3097.64	2463.914	23728.37	5372.061	-983.403	4734.46
29	1642.71	-2459.4	2143.617	21386.9	4795.23	-846.079	4324.13
30	1810.151	-2791.43	2408.003	23736.16	5384.035	-936.112	4796.592
31	1519.065	2838.956	-580.037	12639.01	-1099.53	-489.527	2728.448
32	1566.923	3124.807	-694.221	12753.99	-1337.42	-492.651	2765.755
33	1170.877	2481.949	-544.841	9980.713	-1058.68	-355.131	2157.868
34	1188.5	2497.01	-554.324	9990.553	-1075.93	-362.651	2162.585
35	782.099	3167.689	-1087.26	4760.115	-2239.32	-138.889	1118.023
36	1907.243	4453.378	-1184.96	14296.54	-2345.82	-558.623	3148.747
37	1098.087	911.0014	182.5712	11347.44	472.574	-423.552	2365.571
38	1350.931	1724.61	-101.424	12681.61	-104.106	-485.024	2681.245
39	141.215	815.517	-246.06	1502.111	-516.708	-3.712	333.1842
40	1273.962	1093.657	174.035	12824.59	469.447	-490.734	2679.935
41	1281.997	3122.799	-835.734	9752.657	-1663.29	-366.087	2148.205
42	1057.93	1451.636	-108.139	10068.21	-146.591	-371.197	2129.408
43	1304.955	3579.309	-1009.54	9923.12	-2029.67	-343.129	2197.284
44	1107.353	4194.208	-1363.63	7654.649	-2798.88	-214.258	1750.345
45	685.296	1393.555	-246.308	6535.299	-472.555	-207.829	1395.224
46	1018.072	1001.04	98.7574	10383.36	287.907	-382.348	2171.347
47	725.966	228.547	341.836	8565.754	774.711	-301.236	1758.161
48	514.008	931.689	-108.679	5348.615	-197.195	-162.164	1129.258
49	1599.588	1439.74	154.028	15570.5	458.014	-613.764	3264.018
50	827.274	1356.18	-161.195	8022.659	-278.419	-272.985	1700.435
51	1116.374	1952.89	-318.874	10068.73	-585.247	-365.658	2151.906

续表

农户序号	因子1得分	因子2得分	因子3得分	因子4得分	因子5得分	因子6得分	综合得分
52	1105.571	865.251	211.016	11527.97	532.556	-429.031	2399.927
53	810.791	1381.938	-201.504	7539.549	-362.29	-265.788	1605.719
54	1124.639	2241.946	-447.417	9882.24	-857.366	-348.268	2125.494
55	1780.029	3844.855	-935.216	14044.34	-1828.57	-540.068	3064.974
56	963.098	1489.563	-177.258	8983.859	-299.644	-326.829	1908.332
57	889.136	1153.047	-31.4772	8941.227	-0.203	-314.182	1880.031
58	1093.549	915.4596	181.6598	11347.86	469.597	-420.675	2365.053
59	2095.47	1498.182	367.605	20599.16	952.599	-831.971	4303.25
60	1577.752	831.2442	449.8566	16321.2	1081.638	-642.489	3388.178
61	1803.417	5343.688	-1623.12	12087.24	-3207.47	-432.569	2762.344
62	1348.48	2893.888	-639.745	11108.15	-1196.02	-393.222	2430.626
63	1622.189	4291.694	-1202.25	11668.24	-2343.01	-421.266	2623.164
64	1553.274	4030.692	-1093.03	11556.48	-2116.69	-406.717	2584.379
65	1890.462	4937.108	-1402.31	13448.83	-2757.91	-504.414	3015.785
66	2692.448	11021.77	-4046.26	12169.14	-8243.78	-468.222	3066.02
67	1861.166	4088.407	-1009.58	14096.04	-1909.06	-542.02	3118.128
68	1861.945	4380.512	-1147.77	14257.62	-2271.46	-541.02	3133.538
69	2009.826	3327.488	-561.991	16794.98	-960.366	-658.426	3633.56
70	1240.351	-350.763	908.049	14796.4	2056.243	-555.36	3028.813
71	1358.769	4282.214	-1280.7	9645.266	-2532.65	-303.265	2196.133
72	1945.266	6262.43	-1993.22	12462.69	-3988.69	-437.461	2878.094
73	1680.471	1446.567	190.185	16045.92	581.098	-638.814	3382.712
74	966.806	2638.59	-640.976	8485.391	-1245.59	-238.944	1861.182
75	2016.571	3783.604	-755.512	16458.64	-1355.94	-626.979	3589.238
76	1169.293	787.002	293.126	12275.42	736.303	-456.254	2559.838
77	1361.953	3275.371	-778.882	11242.21	-1485.07	-370.85	2472.096
78	5452.217	21525.14	-7917.8	24713.9	-16170.6	-1026.03	6172.648
79	841.88	3150.946	-967.348	6190.748	-1937.19	-148.856	1420.018
80	1742.281	4595.75	-1233.72	13265.79	-2394.46	-449.653	2959.438
81	2245.418	4868.13	-1215.49	16930.69	-2327.36	-669.398	3733.56
82	3206.919	9048.384	-2769.7	21105.23	-5505.9	-820.325	4801.575

续表

农户序号	因子1得分	因子2得分	因子3得分	因子4得分	因子5得分	因子6得分	综合得分
83	2135.284	7792.682	-2716	11307.02	-5495.45	-427.795	2726.28
84	1589.45	2579.402	-406.713	13496.33	-677.163	-522.321	2914.842
85	1948.641	5171.171	-1350.63	15470.91	-2617.36	-499.28	3432.12
86	554.155	2711.389	-919.171	3525.536	-1866.19	-52.007	850.9343
87	1783.125	5157.784	-1550.37	12014.86	-3054.37	-436.148	2740.339
88	190.087	1704.454	-651.317	642.928	-1343.74	38.225	209.6306
89	217.171	2001.568	-764.255	757.273	-1586.67	47.162	244.247
90	1763.96	3715.958	-852.309	13936.96	-1588.16	-521.7	3063.097
91	711.491	3060.299	-1030.73	4700.031	-2125.87	-111.311	1095.046
92	2695.495	83.176	1338.21	28535.12	3061.698	-1189.45	5875.576
93	4673.722	-3260.53	3944.061	53699.3	8749.481	-2285.46	10901.11
94	3994.232	-5181.67	4586.184	49907.61	10039.84	-2105.07	10019.03
95	3907.554	838.947	1586.85	40339.46	3697.789	-1679.41	8341.064
96	4109.22	-3384.99	3769.643	48629.56	8327.161	-2039.81	9842.471
97	2227.906	-1342.85	1858.053	26436.41	4116.993	-1068.77	5365.367
98	2220.115	359.486	1015.651	23876.71	2333.087	-957.665	4920.366
99	5457.715	-4127.65	4742.241	62858.18	10507.45	-2689.29	12749.9
100	3116.73	-867.933	2034.065	34596.33	4569.867	-1437.08	7073.616
101	3323.611	1713.73	879.455	33188.08	2145.85	-1362.62	6906.73
102	2099.369	3698.717	-674.831	17972.93	-1248.34	-688.033	3863.86
103	5887.841	120.014	2922.552	62062.31	6694.697	-2607.08	12778.63
104	3045.708	1076.775	1068.405	31422.78	2522.917	-1279.03	6509.382
105	7975.401	-10805.3	9235.895	98182.38	20231.99	-4241.26	19709.98
106	3515.609	-1835.56	2714.526	40255.8	6039.491	-1677.73	8190.346
107	4351.92	-3078.78	3693.229	50075.21	8184.623	-2130.4	10162.26
108	1864.82	1414.691	311.259	18557.76	811.589	-732.023	3875.728
109	2051.629	-1185.8	1699.39	24498.98	3762.739	-982.392	4970.482
110	8026.351	-9843.75	8803.847	97570.43	19314.29	-4201.79	19625.66
111	2549.315	3290.522	-284.09	22827.04	-385.967	-917.773	4847.251
112	581.121	3007.033	-1020.76	4162.021	-2120.88	-55.313	970.2018
113	1664.24	-383.871	1079.743	18832	2424.367	-760.505	3848.482

续表

农户序号	因子1得分	因子2得分	因子3得分	因子4得分	因子5得分	因子6得分	综合得分
114	529.644	2027.104	-581.961	4770.651	-1196.43	-96.25	1052.202
115	1227.305	4251.83	-1309.6	6438.668	-2327.35	-169.17	1662.291
116	3088.48	12994.99	-4665.02	12380.33	-9096.39	-394.769	3376.01
117	1547.055	3305.239	-404.089	10553.15	207.037	-200.403	2692.203
118	638.2673	-206.611	510.7928	7309.809	1242.547	-258.168	1535.536
119	828.137	-473.597	773.234	9643.059	1880.657	-339.069	2029.783
120	1767.57	9428.074	-2607.03	1704.708	-2843.22	559.723	1786.158
121	1305.463	2168.961	334.49	9604.146	2298.644	3.9	2651.063
122	1583.893	-1591.54	1682.196	19224.18	3837.122	-759.526	3933.936
123	2301.512	1067.95	782.54	24348.14	1904.014	-927.466	5064.57
124	804.182	681.441	205.131	8668.567	587.291	-279.995	1837.164
125	494.913	-608.988	675.2324	7147.967	1553.246	-225.035	1463.549
126	462.279	3450.229	-1202.35	2180.45	-2332.47	81.746	654.4759
127	2349.146	-1546.98	2233.066	29101.78	5173.526	-1055.15	5985.062
128	1086.468	1871.204	-291.084	9719.045	-506.919	-351.333	2086.715
129	3255.043	10385.59	-2753.76	17949.93	-4052.82	-338.394	4766.838
130	637.312	1051.773	30.177	6697.238	329.95	-139.77	1492.909
131	1134.128	-1004.09	1225.454	14445.67	2816.65	-508.446	2968.845
132	900.609	-724.953	983.4932	12068.64	2263.082	-401.73	2474.045
133	1117.845	-912.142	1225.313	14407.35	2899.86	-480.113	2987.919
134	2340.541	-2355.79	2515.046	28839.76	5734.312	-1118.74	5896.157
135	1297.345	-1300.02	1463.917	16817.36	3344.572	-607.552	3438.174
136	4224.673	19069.65	-7073.05	14758.39	-13958.7	-478.16	4213.776
137	2431.676	-2571.88	2638.81	28678.08	6134.592	-1141.67	5919.046
138	1684.938	9459.622	-3609.2	3476.917	-7058.08	-13.426	1340.649
139	1584.188	-1830.51	1786.535	19106.99	4098.842	-764.632	3918.068
140	418.115	-571.977	699.488	7102.05	1639.651	-170.745	1462.195
141	2207.399	-2517.49	2377.182	26409.06	5319.012	-1112.18	5360.842
142	927.557	-893.17	965.059	11598.34	2148.375	-453.671	2351
143	774.875	1833.207	-178.331	5183.515	337.979	-29.961	1403.306
144	1495.096	-2071.33	1863.711	19051.09	4188.325	-755.334	3864.891

续表

农户序号	因子 1 得分	因子 2 得分	因子 3 得分	因子 4 得分	因子 5 得分	因子 6 得分	综合得分
145	1338. 512	278. 373	742. 377	14893. 84	1898. 55	-502. 37	3146. 807
146	526. 048	3014. 756	-873. 603	625. 369	-1108. 24	167. 493	542. 7146
147	5063. 678	27841. 26	-10979. 8	10825. 5	-22149. 5	-290. 56	3824. 049
148	1023. 521	-1383. 32	1321. 222	14386. 51	2889. 472	-528. 964	2881. 865
149	1932. 739	-2401. 93	2262. 665	23870. 87	5131. 674	-955. 639	4867. 643
150	1440. 682	1240. 511	144. 2806	13470. 53	469. 915	-547. 586	2846. 759
151	4690. 59	-3349. 97	3950. 692	52944. 13	8821. 963	-2287. 89	10774. 44
152	1697. 885	3825. 177	-955. 831	12778. 71	-1797. 38	-484. 512	2837. 692
153	2000. 818	-1507. 6	1861. 527	24746. 36	4116. 405	-973. 779	5007. 336
154	1549. 496	1563. 354	73. 704	14200. 79	387. 872	-557. 688	3032. 943
155	4689. 33	-7135. 11	5880. 435	59604. 68	12867. 69	-2533. 65	11936. 87
156	1193. 487	-1874. 73	1636. 523	16686. 45	3581. 48	-636. 076	3336. 216
157	3243. 798	332. 477	1533. 831	33694. 25	3641. 955	-1385. 14	6994. 894
158	1623. 51	2222. 489	-144. 003	15367. 63	-116. 608	-556. 326	3270. 939
159	1811. 741	2792. 263	-478. 55	14082. 35	-755. 018	-601. 546	3080. 345
160	1982. 673	3406. 999	-620. 634	16272. 88	-1073. 86	-640. 84	3534. 104
161	1851. 173	3129. 19	-542. 382	15406. 9	-920. 24	-599. 356	3340. 851
162	1524. 087	3435. 731	-834. 661	11600. 78	-1537. 41	-425. 956	2582. 687
163	1908. 403	3576. 799	-747. 01	15031. 92	-1330. 81	-592. 82	3295. 871
164	2464. 24	4357. 689	-810. 212	20005. 05	-1370. 53	-776. 765	4370. 509
165	3923. 613	-1945. 3	2998. 806	44665. 71	6733. 877	-1849. 16	9113. 515
166	4332. 229	1824. 513	1270. 002	41934. 83	3180. 343	-1778. 96	8774. 729
167	4483. 776	-1687. 73	3052. 552	48706. 28	6908. 256	-2086. 68	9978. 391
168	2008. 406	2041. 16	34. 667	17997. 05	327. 662	-738. 34	3834. 457
169	5529. 092	19587. 76	-6915. 12	28695. 96	-14076. 7	-1191. 25	6883. 431
170	1114. 835	113. 297	627. 139	12976. 99	1459. 667	-469. 162	2674. 866
171	948. 453	1837. 058	-297. 148	8765. 042	-498. 997	-280. 228	1894. 328
172	899. 883	4128. 735	-1374. 96	5851. 089	-2763. 6	-101. 763	1400. 831
173	1904. 241	5142. 662	-1445. 22	13950. 93	-2828. 22	-490. 664	3125. 956
174	5193. 115	-3699. 19	4386. 318	58460. 9	9847. 25	-2518. 95	11917. 95
175	2493. 895	4074. 908	-659. 841	21075. 91	-1104. 07	-821. 853	4553. 44
176	2054. 643	1817. 311	276. 506	20503. 32	818. 148	-772. 444	4310. 95
177	6915. 428	33673. 57	-13115. 6	20928. 17	-26730. 2	-820. 034	6107. 613

续表

农户序号	因子1得分	因子2得分	因子3得分	因子4得分	因子5得分	因子6得分	综合得分
178	2646.867	-1467.9	2161.738	30651.14	4907.77	-1235.24	6271.634
179	2259.191	5454.072	-1438.69	16604.58	-2736.6	-618.23	3712.317
180	1714.286	1793.797	323.214	19536.25	917.244	-595.624	4094.911
181	1292.095	5720.009	-1787.66	10133.02	-3612.82	-161.649	2328.19
182	1253.796	5057.479	-1401.91	11836.09	-2806.14	-182.768	2631.504
183	1483.101	6058.805	-1856.85	11231.88	-3682.25	-210.61	2597.408
184	1388.046	5472.82	-1568.59	11996.07	-3113.56	-211.239	2703.66
185	1992.551	4136.987	-663.053	19477.83	-1144.74	-567.723	4190.105
186	1559.104	6093.614	-1845.84	12288.18	-3709.2	-257.146	2791.329
187	1576.576	7476.134	-2398.87	11767.95	-4828.03	-155.43	2753.787
188	1483.223	2549.104	-203.15	15893.91	-270.216	-461.465	3362.378
189	1350.841	4506.155	-1205.07	11638.05	-2342.48	-260.99	2601.823
190	1685.543	6926.174	-2245.3	11645.55	-4540.75	-262.799	2709.05
191	2096.272	4318.645	-764.644	19594.24	-1374.9	-613.958	4221.779
192	658.771	1623.305	-164.334	8516.234	-260.561	-154.31	1799.873
193	302.611	1921.45	-463.35	4615.825	-909.739	27.46	1012.929
194	1009.912	648.176	492.04	13621.74	1158.287	-373.4	2803.842
195	1686.78	10068.17	-3670.18	8876.654	-7563.23	-55.904	2266.333
196	1826.596	4082.657	-609.465	19415.85	-1054.19	-490.773	4153.181
197	2006.184	2690.226	-33.692	20970.92	121.593	-689.81	4411.617
198	1751.478	399.221	996.312	22031.13	2274.235	-722.507	4514.205
199	1777.776	1600.415	448.489	20459.44	1188.476	-636.129	4276.018
200	1638.009	1929.936	186.926	18650.07	553.878	-572.9	3891.405
201	1734.912	-35.608	1193.268	22357.77	2690.075	-742.441	4562.397
202	1780.351	1429.611	651.229	22886.53	1549.301	-656.111	4717.455
203	1482.683	1281.018	430.674	17875.97	1068.913	-541.407	3707.084
204	1817.878	407.484	1026.363	22515.16	2372.956	-743.053	4627.313
205	1918.595	-1150.61	1740.6	24430.48	3885.04	-898.289	4960.225
206	1728.414	-1180.54	1656.239	22418.64	3690.731	-815.346	4545.575
207	1245.09	516.475	593.566	15098.58	1399.559	-490.913	3117.526
208	1434.714	-236.696	1033.122	17803.21	2348.963	-624.906	3643.163
209	1475.404	132.532	902.482	17922.83	2104.433	-610.162	3693.086

参考文献

[1] 陈丹．南方季节性缺水灌区灌溉水价与农民承受能力研究［D］．南京：河海大学博士学位论文，2007.

[2] 陈丹等．基于支付能力和支付意愿的农民灌溉水价承受能力研究[J]．水利学报，2009（11）：1524－1529.

[3] 陈惠敏，黎红梅．农业用水定价政策绩效评估研究进展［J］．湖南农业科学，2014（8）：90－94.

[4] 陈萌山．把加快发展节水农业作为建设现代农业的重大战略举措[J]．农业经济问题，2011（2）：4－7.

[5] 褚琳琳．基于条件价值评估法农民灌溉水价承受能力研究［D］．南京：河海大学硕士学位论文，2007.

[6] 陈俏梅．水资源价格研究——以辽宁省为例［D］．南京：河海大学硕士学位论文，2004.

[7] 陈新业．水资源价格形成机制与路径选择研究［J］．探索，2010（1）：92－96.

[8] 曹信邦．政府社会保障绩效评估指标体系研究［J］．中国行政管理，2006（7）：30－34.

[9] 池泽新．农户行为的影响因素、基本特点与制度启示［J］．农业现代化研究，2003（5）：368－371.

[10] 曹云虎，陈华堂．农业水价综合改革若干政策问题探讨［J］．中国农村水利水电，2015（12）：21－22.

[11] 陈菁，褚琳琳，陈丹．基于 CVM 的农民灌溉水价心理承受能力研究［J］．水利经济，2008（5）：39－41.

[12] 畅明琦，刘俊萍．农业供水价格与需求关系分析［J］．水利发展研究，2005（6）：21－24.

[13] 陈刚，梅昀．非自愿性水库移民安置补偿政策绩效评估研究——以湖北省丹江口水库为例［J］．武汉理工大学学报（社会科学版），2016（2）：238－244.

[14] 陈永福，于法稳．农户意愿灌溉水价影响因素的实证分析——以内蒙古河套灌区为例［J］．中国农村观察，2006（4）：42－47.

[15] 丁平．我国农业灌溉用水管理体制研究［D］．武汉：华中农业大学博士学位论文，2006.

[16] 董文虎．水价形成机制探析［J］．中国水利，2001（8）：30－32.

[17] 杜为长，科尔曼．中国农作物播种面积对价格变化反应的实证分析［J］．中国农村观察，1997（2）：35－40.

[18] 杜丽娟，柳长顺．农民灌溉水费承受能力测算初步研究［J］．水利水电技术，2011（6）：59－62.

[19] 杜丽娟，柳长顺．财政直接补贴农业水费研究［J］．资源科学，2008（11）：1742－1745.

[20] 丁杰，万劲松，康敏．推进我国农业水价改革基本思路研究［J］．价格理论与实践，2012（5）：10－11.

[21] 段永红，杨名远．农田灌溉节水激励机制与效应分析［J］．农业技术经济，2003（4）：13－18.

[22] 冯治良．甘肃省水价改革初探［J］．水利经济，2005，23（2）：24－26.

[23] 樊胜岳．基于公共价值的生态建设政策绩效评价及比较［J］．公共管理学报，2013（2）：110－116.

[24] 樊湘琪．新疆农业水价综合改革探索［J］．水利发展研究，2016（6）：54－56.

[25] 冯广志．完善农业水价形成机制若干问题的思考［J］．水利发展研究，2010（8）：26－32.

[26] 方耀民．我国水价形成机制改革回顾与展望［J］．经济体制改革，2008（1）：17－22.

[27] 冯远香，刘光远．新疆农地流转与种植结构变化分析——基于区域粮食供给安全视角下［J］．农村经济与科技，2013（2）：30－32.

［28］方兰，孟晓东．农业灌溉活动中农户和政府行为研究——以山西雁北地区为例［J］．陕西师范大学学报（哲学社会科学版），2012，41（1）：159－168.

［29］高兰仲．镫口扬水灌区农业用水水价承受能力分析［J］．内蒙古水利，2012（3）：150－151.

［30］郭善民，王荣．农业水价政策作用的效果分析［J］．农业经济问题，2004（7）：41－44.

［31］龚宇，王璞，刘明，戴明宏．调高农用水价对农业节水可能产生的影响与相关对策探讨［J］．水利经济，2009，23（2）：34－36.

［32］韩青．农户灌溉技术选择的激励机制［J］．农业技术经济，2005（6）：22－25.

［33］何寿奎．农业水价形成机制与配套政策——基于经济自立灌溉区模式下三方满意的视角［J］．价格理论与实践，2014（4）：50－52.

［34］何腾．湖南省灌区农业灌溉水价研究［D］．长沙：湖南农业大学硕士学位论文，2015.

［35］郝海广，李秀彬，谈明洪等．农牧交错区农户作物选择机制研究——以内蒙古太仆寺旗为例［J］．自然资源学报，2011，26（7）：1107－1118.

［36］胡新明，罗满妹，游兴．湖南省水资源开发利用现状及对策［J］．湖南水利水电，2010（6）：53－55.

［37］韩青，谭向勇．农户灌溉技术选择的影响因素分析［J］．中国农村经济，2004（1）：63－69.

［38］胡珊，吴泽宁，赵云．济源市农业水价分析及其调整策略［J］．节水灌溉，2012（2）：81－85.

［39］韩青，袁学国．参与式灌溉管理对农户用水行为的影响［J］．中国人口·资源与环境，2011，21（4）：126－131.

［40］韩洪云，赵连阁．中国灌溉农业发展——问题与挑战［J］．水利经济，2007，22（1）：54－58.

［41］黄楠，郭翔宇，颜华，付强．政府定价机制下黑龙江省农户灌溉行为的负外部性分析［J］．中国农学通报，2013，29（5）：127－131.

［42］金芬．原州区末级渠系节水改造和农业水费补贴机制调研报告［R］．水利工程，2011：52－53.

[43] 姜文来．我国农业水价改革总体评价与展望［J］．水利发展研究，2011（7）：47－51.

[44] 姜文来．我国农业灌溉水价政策的改革建议［J］．资源与人居环境，2008（6）：32－33.

[45] 姜文来．现代可持续发展资源价值观体系研究［J］．农业现代化研究，1999（4）：34－37.

[46] 姜文来．农业灌溉水价承载力研究［J］．中国水利，2003（6）：41－43.

[47] 姜文来．农业水价政策及建议［J］．中国农业信息，2008（9）：8－10.

[48] 江煜，范文波，古丽马兰，王英，刘兵．新疆兵团各师农户对灌溉水价承受能力研究［J］．水利经济，2010（5）：43－45.

[49] 江野军，江四新．关于江西农业水价改革的思考［J］．价格月刊，2014（11）：1－6.

[50] 姜文来，雷波．农业水价节水效应及其政策建议［J］．水利发展研究，2010（12）：12－15.

[51] 江煜，王学峰．玛纳斯河灌区农户农业灌溉水价承受能力研究［J］．节水灌溉，2008（9）：23－26.

[52] 李梁．水资源约束下石河子垦区种植业结构优化研究［D］．石河子：石河子大学硕士学位论文，2017.

[53] 廖永松．农业灌溉水价改革的问题与出路［J］．中国农村水利水电，2004（3）：74－76.

[54] 廖永松．灌溉水价改革对灌溉用水、粮食生产和农民收入的影响分析［J］．中国农村经济，2009（1）：39－48.

[55] 蔺晓明．对灌区农业水价现状的分析与思考［C］．中国水利学会2010学术论文集（下册），2010：35－38.

[56] 刘晓猛．新疆乌苏市现行农业水价存在的问题及对策［J］．北京农业，2013：236.

[57] 李含琳．当前部分国家农业用水概述及启示［J］．甘肃金融，2011（10）：18－21.

[58] 李娟娟．农户种植结构变化及影响因素研究——基于湖南省灌区农户调查［D］．长沙：湖南农业大学硕士学位论文，2015：14－47.

[59] 李华．制定水利工程供水价格应体现以工补农政策［J］．价格理论与

实践，2010（1）：39－40.

［60］李永根．节水水价制定理论与方法初探［J］．南水北调与水利科技，2004（5）：40－42.

［61］廖永松．农业灌溉水价改革的问题与出路［J］．中国农村水利水电，2004（3）：74－76.

［62］罗其友．节水农业灌溉水价控制［J］．干旱区资源与环境，1998（2）：1－6.

［63］陆杰斌．中国水资源危机成因的经济分析及其解决办法［J］．中国农学通报，2005，21（5）：400－403.

［64］蔺晓明．对灌区农业水价现状的分析与思考［J］．中国防汛抗旱，2009（1）：35－38.

［65］刘妍．水权交易的相关理论和方法研究［D］．天津：天津大学博士学位论文，2007.

［66］卢丽荣．水价改革与节水技术推广的博弈［J］．水利经济，2011，29（5）：31－37.

［67］刘岚．湖南省农业水价改革的探讨［J］．湖南水利水电，2003（3）：46－47.

［68］刘灵伟．基于农户行为的农用地质量变化规律研究［D］．北京：中国农业大学硕士学位论文，2007：12－15.

［69］罗其友．节水农业灌溉水价控制［J］．干旱区资源与环境，1998（2）：1－6.

［70］李成贵．政府行为与农业结构调整［J］．调研世界，1999（7）：5－7.

［71］柳一桥．美国、法国和以色列农业水价管理制度评析及借鉴［J］．世界农业，2017（12）：93－98.

［72］黎靖．农业水价满意度评价模型及其应用［J］．南水北调与水利科技，2015，13（4）：793－797.

［73］李含琳．国内外农业生产的水成本评价及宏观决策意义［J］．中国农村水利水电，2012（2）：137－141.

［74］李艳，陈晓宏．农业节水灌溉的博弈分析［J］．灌溉排水学报，2005，24（3）：19－21.

［75］黎红梅，陈惠敏．中国粮食技术效率与灌溉用水效率交互影响——基于省区面板数据的 SFA－SEM 分析［J］．系统工程，2013，31（5）：117－122.

［76］李垚，曹文文，段清伟．农业节水灌溉制度的经济学分析——对衡水市桃城区水价改革实践的思考［J］．价格理论与实践，2012（9）：24－25.

［77］黎红梅，丁杰．湖南省农业水资源利用效率及差异分析［J］．湖南水利水电，2014（1）：45－49.

［78］廖永松，黄季．黄淮海流域片种植结构变化对灌溉需水的影响与预测分析［J］．中国水利水电科学研究院学报，2004（3）：26－30.

［79］黎红梅，何腾．我国农村水费征收模式的比较与路径选择——基于福利经济学的视角［J］．经济问题探索，2015（5）：74－79.

［80］刘军弟，霍学喜，黄玉祥，韩文霆．基于农户受偿意愿的节水灌溉补贴标准研究［J］．农业技术经济，2012（11）：29－40.

［81］李颖，孔德帅，吴乐，靳乐山．农业水价改革情景中农户的节水意愿——基于河北省地下水超采区的实地调研［J］．节水灌溉，2017（2）：99－102.

［82］黎红梅，李娟娟．南方农户种植行为变化的影响因素分析——基于湖南省典型灌区的调查［J］．农业现代化研究，2015，36（4）：617－623.

［83］刘渝，李凌卉．我国农业用水补贴“暗改明”的经济分析与方式比较［J］．价格理论与实践，2013（11）：43－44.

［84］刘乃全，刘学华．劳动力流动、农业种植结构调整与粮食安全——基于“良田种树风”的一个分析［J］．南方经济，2009（6）：15－24.

［85］李德信，刘元光，鲁海娟．建立农业水价补偿机制，促进灌溉事业良性发展［C］．中国水利学会 2010 学术年会论文集，2010：519－522.

［86］刘思妤，倪红珍，张春玲，陈根发．宁夏引黄灌区农业水价改革现状分析及思考［J］．节水灌溉，2016（9）：158－162.

［87］刘涛，曲福田，金晶，石晓平．土地细碎化、土地流转对农户土地利用效率的影响［J］．资源科学，2008（10）：1511－1516.

［88］廖玉芳，宋忠华，赵福华，杜东升，陆魁东．气候变化对湖南主要农作物种植结构的影响［J］．中国农学通报，2010（24）：276－286.

［89］李晶，宋守度，姜斌等．水权与水价——国外经验研究与中国改革方向探讨［M］．北京：中国发展出版社，2003.

［90］李梅，吴朝阳．我国进一步推进水价改革的思考［J］．经济问题，

2012（6）：37－42.

［91］李玉敏，王金霞．农村水资源短缺：现状、趋势及其对作物种植结构的影响——基于全国10个省调查数据的实证分析［J］．自然资源学报，2009（2）：200－208.

［92］刘洪彬，王秋兵，董秀茹，边振兴，于国锋，孙雁．大城市郊区典型区域农户作物种植选择行为及其影响因素对比研究——基于沈阳市苏家屯区238户农户的调查研究［J］．自然资源学报，2013（3）：372－380.

［93］刘红梅，王克强，黄智俊．农业灌溉水价格补贴方式选择的经济学分析［J］．山西大学财经学报，2006（10）：81－85.

［94］李鹏，汪志农，李强．大型灌区农业水价改革中存在的问题与对策［J］．安徽农业科学，2008，36（14）：6068－6072.

［95］刘钰，汪林，倪广恒，丛振涛．中国主要作物灌溉需水量空间分布特征［J］．农业工程学报，2009（12）：6－12.

［96］刘宇，王宇，周梅芳，邓祥征．张掖市水价改革的定量研究——基于引入水土账户的CGE模型［J］．资源科学，2016，38（10）：1901－1912.

［97］雷波，杨爽．农业节水对农业水价变动反映的理论探讨［J］．中国农村水利水电，2008（2）：17－19.

［98］刘海军，杨会颖等．陕西省关中灌区真实节水综合模式研究［J］．北京师范大学学报（自然科学版），2013，49（2/3）：210－213.

［99］李克南，杨晓光，刘志娟，王文峰，陈阜．全球气候变化对中国种植制度可能影响分析Ⅲ．中国北方地区气候资源变化特征及其对种植制度界限的可能影响［J］．中国农业科学，2010（10）：2088－2097.

［100］刘洪彬，于国锋，王秋兵等．大城市郊区不同区域农户土地利用行为差异及其空间分布特征——以沈阳市苏家屯区238户农户调查为例［J］．资源科学，2012，34（5）：880－889.

［101］李智，张慧芳．理论极限灌溉水价探讨［J］．水利经济，2011，29（2）：35－37.

［102］李婷，郑垂勇．农业水价改革绩效的熵权模糊综合评价［J］．水利经济，2015（3）：32－36.

［103］马孝义等．基于帕累托优化的农业用水定价机制与模型研究［J］．科技导报，2006（10）：50－53.

[104] 毛春梅. 农业灌溉水价改革与节水效果的关系分析 [J]. 中国农村水利水电, 2005 (4): 2-4.

[105] 马培衢. 农业两部制水价改革的福利效应分析——基于湖北漳河灌区末级渠系的调查 [J]. 水利经济, 2007 (4): 34-37.

[106] 苗慧英, 聂建中, 李素丽. 农业用水水价承受能力分析 [J]. 南水北调与水利科技, 2004, 2 (3): 42-44.

[107] 年自力. 灌区农业终端水价核算方法初探 [J]. 中国水利, 2006 (20): 52-53.

[108] 年自力, 郭正友, 雷波等. 农业用水户的水费承受能力及其对农业水价改革的态度——来自云南和新疆灌区的实地调研 [J]. 中国农村水利水电, 2009 (9): 158-162.

[109] 牛坤玉, 吴健. 农业灌溉水价对农户用水量影响的经济分析 [J]. 中国人口·资源与环境, 2010, 20 (9): 59-64.

[110] 倪红珍, 王浩, 阮本清等. 基于环境价值论的商品水定价 [J]. 水利学报, 2003, 34 (10): 101-107.

[111] 裴源生, 方玲, 罗琳. 黄河流域农业需水价格弹性研究 [J]. 资源科学, 2003, 25 (6): 25-30.

[112] 彭致功, 张宝忠, 刘钰等. 基于灌溉制度优化和种植结构调整的用水总量控制 [J]. 农业工程学报, 2018, 34 (3): 103-109.

[113] 秦远清. 湖南省水资源现状分析及对策研讨 [J]. 湖南水利水电, 2010 (3): 62-65.

[114] 邱书钦. 我国农业水价分担模式比较及选择——兼析国际农业水价分担模式经验借鉴 [J]. 价格理论与实践, 2016 (12): 52-55.

[115] 任梅芳, 胡笑涛, 蔡焕杰, 李志军. 农业节水灌溉水价与补偿机制水价模型 [J]. 中国农村水利水电, 2011 (7): 39-41.

[116] 孙梅英等. 农业灌溉水费计收与补贴并举的探讨 [J]. 中国水利, 2010 (22): 66-67.

[117] 孙伟. 中国农业节水技术推广关键影响因素研究 [D]. 哈尔滨: 东北农业大学博士学位论文, 2012.

[118] 史清华. 农户经济活动及行为研究 [M]. 北京: 中国农业出版社, 2001.

［119］孙亚武．对建立农业水价成本补偿机制的思考［J］．陕西水利，2011：159－160.

［120］沈满洪，何灵巧．外部性的分类及外部性理论的演化［J］．浙江大学学报（人文社会科学版），2002，32（1）：152－160.

［121］孙梅英，马素英，顾宝群，李月霞．农业灌溉水费“暗补”改为“明补”的必要性与可行性［J］．水利经济，2011（1）：35－37.

［122］孙天合，严婷婷，罗琳．农业水价综合改革现状及其展望［J］．中国农村水利水电，2017（12）：136－139，144.

［123］孙梅英，张宝全，常宝军．桃城区“一提一补”节水激励机制及其应用［J］．水利经济，2009（7）：40－43.

［124］田元君．山东省引黄灌区农业水价研究［D］．济南：山东大学硕士学位论文，2010：3－73.

［125］汤莉．农业灌溉水价核算方法研究［D］．乌鲁木齐：新疆农业大学硕士学位论文，2006.

［126］田贵良，顾少卫，韦丁，帅梦蝶．农业水价综合改革对水权交易价格形成的影响研究［J］．价格理论与实践，2017（2）：66－69.

［127］田文勇，张会幈，黄超等．农户种植结构调整行为的影响因素研究——基于贵州省的实证［J］．中国农业资源与区划，2016，37（4）：147－153.

［128］王宏烨．农业水价综合改革对农户节水意愿的影响研究［D］．济南：山东农业大学硕士学位论文，2017.

［129］王昕．宝鸡峡礼泉灌区农民水价承受能力分析［J］．陕西水利，2012（5）：159－160.

［130］王亚华．水资源特性分析及其政策含义［J］．经济研究参考，2002（20）：8－12.

［131］王建平．内蒙古自治区农业水价研究［D］．北京：中国农业科学院博士学位论文，2012.

［132］汪林等．水经济价值及相关政策影响分析［M］．北京：中国水利水电出版社，2009：34－36.

［133］吴建南．公共部门绩效评估理论与实践［J］．中国科学基金，2009（3）：149－154.

［134］魏新光．泾惠渠灌区需水与用水管理分析［D］．杨凌：西北农林科

技大学硕士学位论文，2011.

［135］王建平等．内蒙古农业水价改革研究［J］．安徽农业科技，2011(32)：50－53.

［136］王悟．绩效评估精确性及其影响因素分析［J］．管理评论，2004(16)：59－53.

［137］伍晶．农户生产行为浅析［J］．南方农村，1997（4）：47－49.

［138］王冠军．农业水价改革面临新形势［J］．水利发展研究，2010(12)：8－9.

［139］王继鹏．泰安市近30年气候变异特征及对种植结构影响研究［D］．济南：山东农业大学硕士学位论文，2011.

［140］乌玮琪．农业种植结构变化及其效果评价研究［D］．呼和浩特：内蒙古农业大学硕士学位论文，2012.

［141］王璠．工业化城镇化背景下我国农业发展中存在的问题及对策探讨［J］．农业现代化研究，2012，33（4）：397－401.

［142］吴连翠，蔡红辉．粮食补贴政策对农户种植行为影响的实证分析［J］．技术经济，2010（6）：68－73.

［143］吴伟华，崔鹏．南通市农业水价改革方向与对策探讨［J］．水利经济，2012，30（6）：23－25.

［144］王文浩，曹红霞，蔡焕杰．灌溉水价与灌区灌溉用水量关系研究［J］．灌溉排水学报，2013，32（1）：82－85.

［145］王晓娟，李周．灌溉用水效率及影响因素分析［J］．中国农村经济，2005（7）：11－17.

［146］王克强，刘红梅．建立精准的用水计量体系和累进的农业用水价格机制的调查研究［J］．软科学，2010（2）：99－102.

［147］王炎荣，梁新生．浅谈欧阳海灌区的资源开发与利用［J］．水利发展研究，2002（7）：40－42.

［148］王冠军，柳长顺，王健宇．农业水价综合改革面临的形势和国内外经验借鉴［J］．中国水利，2015（18）：14－17.

［149］王建勋，庞新安，刘彬．农业节水灌溉经济效益的分析和计算［J］．中国农学通报，2006，1（22）：372－375.

［150］王浩，阮本清，沈大军．面向可持续发展的水价理论与实践［M］．

北京：科学出版社，1999.

［151］王薇，孙力．山东省农业水价综合改革优势条件及存在问题［J］．中国农村水利水电，2015（12）：110－112.

［152］王建浩，时卫平，王西琴．关中地区农民水价支付意愿及其影响因素分析［J］．干旱区资源与环境，2018，32（3）：77－82.

［153］王密侠，汪志农，尚虎君等．关中九大灌区农业灌溉水价与农户承载力调查研究［J］．灌溉排水学报，2005，24（3）：1－4.

［154］王永静，闫周府．种植业用水结构演变与种植结构调整研究——以石河子垦区为例［J］．节水灌溉，2016（3）：61－64.

［155］王克强，刘红梅．中国农业水权流转的制约因素分析［J］．农业经济问题，2009（10）：7－13.

［156］王克强，刘红梅，黄智俊．我国灌溉水价格形成机制的问题及对策［J］．经济问题，2007（1）：25－27.

［157］邢安刚．种植业结构调整中的农户行为研究［D］．武汉：华中农业大学硕士学位论文，2005.

［158］肖幼．农业节水激励机制及其措施［J］．中国水利，2005（6）：113－115.

［159］徐向阳．灌溉节水激励模型研究［D］．长沙：中南大学博士学位论文，2009.

［160］萧遥．也谈农业水价改革问题［J］．价格与市场，2012（5）：9－11.

［161］姚刚．国外公共政策绩效评估研究与借鉴［J］．深圳大学学报（人文社会科学版），2008（4）：80－85.

［162］许朗，陈燕．农业水价综合改革现状、问题及对策——以安徽六安市农业水价综合改革试点为例［J］．节水灌溉，2016（5）：89－90，96.

［163］许学强，李华．试论新形势下农业水价改革［C］．中国水利学会2010学术论文集（下册），2010：1－7.

［164］解桂英，马平森，顾世祥，谢波．以水价改革促进云南省节水型社会建设［J］．中国农村水利水电，2013（9）：165－167，172.

［165］肖艳秋，张新焕，杨德刚．基于农户视角的农户灌溉区域差异及原因分析——以三江河流域为例［J］．中国生态农业学报，2011，19（6）：1437－1443.

［166］熊晓山，谢德体，宋光煜．基于参与性调查的农业结构调整中小农户

种植行为的选择与调控［J］．中国农学通报，2006（3）：430－434.

［167］邢夏洁，袁汝华．农业灌溉用水补偿博弈研究［J］．节水灌溉，2017（3）：70－73.

［168］许朗，张梦婷，师琪，路越．水价改革背景下农户灌溉方式选择行为的影响因素——基于开封县和丰县两地调查数据［J］．江苏农业科学，2017，45（17）：338－341.

［169］徐得潜，张乐英，席鹏鸽．制定合理水价的方法研究［J］．中国农村水利水电，2006（4）：83－84.

［170］尤小文．农户：一个概念的探讨［J］．中国农村观察，1999（5）：19－22，53.

［171］杨斌．基于粗糙集理论的农业灌溉水价承受能力研究［J］．中国管理科学，2009（17）：531－536.

［172］余安．农户节水灌溉技术采用意愿及影响因素［D］．杭州：浙江大学硕士学位论文，2012.

［173］虞国华．灌区农业灌溉水价研究［D］．杭州：浙江大学硕士学位论文，2012.

［174］袁浩芳．分析农业节水与作物种植结构调整［J］．农业与技术，2017，37（4）：68.

［175］于世佳．关于节水灌溉与农业种植结构的调整［J］．农民致富之友，2017（1）：170.

［176］于晶晶．县域农业可持续发展的多目标水价研究［D］．郑州：华北水利水电大学硕士学位论文，2016.

［177］尹小娟，蔡国英．基于CVM的农户水价支付意愿及其影响因素分析——以张掖市甘临高三地为例［J］．干旱区资源与环境，2016，30（5）：65－70.

［178］尹越，陈菁，施红怡，李普林，张蕴倩，邓鹏．基于能值理论与稻田灌溉多功能性农业水价机制分析［J］．排灌机械工程学报，2017，35（11）：993－999.

［179］伊热鼓，姜文来．农业水价效应研究进展［J］．中国农业资源与区划，2017，38（8）：224－229.

［180］喻玉清，罗金耀．可持续发展条件下的农业水价制定研究［J］．灌溉排水学报，2005，24（2）：77－80.

［181］于法稳，屈忠义，冯兆忠．灌溉水价对农户行为的影响分析——以内蒙古河套灌区为例［J］．中国农村观察，2005（1）：40－44.

［182］袁璋，许越先，刘爱军．我国经济作物种植结构的近期变化［J］．中国农业科技导报，2005（5）：39－45.

［183］于素花，赵秀生．流域水资源分配市场经济宏观调控模型的探讨［J］．农业技术经济，2005（6）．

［184］杨平富，郑国，程磊．漳河灌区末级渠系农业水费补贴机制的思考［J］．中国水利，2007（12）：52－54.

［185］张彬．关于建立农业灌溉水价双补贴机制的思考［J］．水利发展研究，2010（12）：10－11.

［186］周耀武．铁山灌区水资源开发利用现状及对策［J］．湖南水利水电，2008（3）：47－50.

［187］郑通汉．可持续发展水价的理论分析——二论合理的水价形成机制［J］．中国水利，2002（10）：38－42.

［188］赵作枢．灌区农业灌溉水价改革思考［J］．水利发展研究，2011（7）：5－7，11.

［189］朱强．浅析农业水价综合改革的问题与对策［J］．辽宁农业科学，2016（1）：58－61.

［190］左喆瑜．华北地下水超采区农户对现代节水灌溉技术的支付意愿——基于对山东省德州市宁津县的条件价值调查［J］．农业技术经济，2016（6）：32－46.

［191］张亮．加快经济发展方式转变的水价政策研究［J］．调研世界，2012（10）：57－61.

［192］张军福．桃曲坡灌区农业用水价格制定及相关问题研究［D］．西安：西安理工大学硕士学位论文，2005.

［193］钟宜钧．农业政策失效博弈分析［J］．农村经济，2002（8）：35－38.

［194］周晓花，程瓦．国外农业节水政策综述［J］．水利发展研究，2002，2（7）：43－45.

［195］周喜新，邓小华，周冀衡．湖南省主要农作物区域比较优势差异及地域类型划分［J］．湖南科技大学学报（社会科学版），2011（5）：84－89.

［196］张东，宫晓婧，冯永军，刘伟．天津市末级渠系农业水费补贴机制的

思考[J]. 天津农业科学，2009，15（1）：52－54.

［197］周汉唐，郭湛．河南省中牟县蒜农种植行为的经济人理论分析[J]. 农村经济与科技，2014，25（10）：108－110.

［198］赵春玲，胡建渊．地方政府保护主义经济行为的博弈分析［J］．经济体制改革，2002（4）：23－26.

［199］张希君，李含琳．西北地区农业生产的水成本评价及政策建议[J]. 农业现代化研究，2012，33（1）：82－85.

［200］赵文举，马孝义．农业节水实现的经济学解析与激励机制［J］．中国农村水利水电，2008（4）：49－50.

［201］周芳，马中．基于 CGE 模型的水价改革影响研究——以重庆市为例［J］．中国地质大学学报（社会科学版），2014，14（1）：47－54，140.

［202］周惠成，彭慧，张弛，肖建民．基于水资源合理利用的多目标农作物种植结构调整与评价［J］．农业工程学报，2007（9）：45－49.

［203］张春玲，阮本清，罗建芳．我国农业水价管理现状分析［J］．沈阳农业大学学报，2003，34（3）：207－210.

［204］郑璐倩，谈明洪．黑河中游地区作物用水效率比较及种植结构调整方向研究［J］．地球信息科学学报，2016，18（7）：977－986.

［205］张仁田，童利忠，陆小伟等．水定价方法对农业用水效率及公平性的影响分析［J］．水利科技与经济，2005，11（5）：257－261.

［206］赵鱼，武拉平．农资市场发育程度对农户粮食种植行为的影响——基于河北省样本农户的实证分析［J］．农业技术经济，2012（7）：56－62.

［207］赵连阁，王学渊．水价变化对灌区种植结构的影响——对辽宁丹东东港铁甲灌区的模拟分析［J］．农业经济问题，2006（3）：55－59.

［208］周铭，王洪发等．铜山源水库灌区农业用水补偿机制研究［J］．中国农村水利水电，2010（5）：42－44.

［209］卓汉文，王卫民，宋实，黄宝全．农民对农业水价承受能力研究［J］．中国农村水利水电，2005（11）：1－5.

［210］王娟，吴普特，王玉宝等．农户对节水型农业种植结构调整意愿的量化分析——以黑河干流中游为例［J］．中国生态农业学报，2012，20（8）：1105－1112.

［211］张永凯，薛波．水价调整对农业种植结构及用水效率的影响研究——

以张掖市节水型社会建设试点为例［J］．资源开发与市场，2016，32（6）：679－683.

［212］赵丹丹，周宏．农户分化背景下种植结构变动研究——来自全国31省农村固定观察点的证据［J］．资源科学，2018，40（1）：64－73.

［213］朱杰敏，张玲．农业灌区水价政策及其对节水的影响［J］．中国农村水利水电，2007（11）：137－140.

［214］张维康，张林，杨帆，刘宇荧，傅新红．中国农业水费：现存问题与研究评论［J］．中国农业资源与区划，2016，37（8）：61－66.

［215］张庆华，张殿德，张日峰等．农民用水者协会水价核算与水费征收研究［J］．水利经济，2003，21（4）：43－44.

［216］Ariel Dinar. 水价改革与政治经济——世界银行水价改革理论与政策［M］．石海峰等译．北京：中国水利水电出版社，2003.

［217］Asrar－UIHaq. Performance of farmers' organizations in Punjab，Pakistan：The challenge and way forward［J］. Irrigation and Drainage，2010，59（1）：23－30.

［218］Allan N. Ral. Agricurlture management economics—Activity analysis decision making［M］. Oxford：Oxford University Press，1994：80－82.

［219］Abu Zeid. Water pricing in irrigmion agriculture［J］. Water Resources Development，2004（4）.

［220］Arial Dinar，Dan Yaron. Adoption and abandonment of irrigation technologies［J］. Agricultural Economics，1992，6（4）：315－332.

［221］Alireza Nikoueia，Frank A. Ward. Pricing irrigation water for drought adaptation in Iran［J］. Journal of Hydrology，2013：29－46.

［222］Amir I.，Fisher F. M. Analyzing agricultural demand for water with an optimizing model［J］. Agricultural Systems，1999，61（1）：45－56.

［223］Abu－Zeid，M. A. Water and sustainable development：The vision for world water，life and the environment［J］. Water Policy，1998，1（1）：9－19.

［224］Abu－Zeid，M. A. Water pricing in irrigated agriculture［J］. International Journal of Water Resources Development，2001，14（17）：527－538.

［225］Bonnie G. Colby，Kristine Crandall，David B. Bush. Water right transactions：Market values and price dispersion［J］. Water Resources，1993，29（6）：1565－1572.

[226] Bromley, Daniel W. Institutional change and economic efficiency [J] . Journal of Economic Issues, 1989, 23 (3): 17 – 19.

[227] Becker N. , Lavee D. The effect and reform of water pricing: The israeli experience [J] . Water Resources Development, 2002, 18 (2): 353 – 366.

[228] C. J. Perry. Charging for irrigation water: The issues and options, with a case study from Iran [R] . International Water Management Institute Research Report Series, 2001 (52): 1 – 15.

[229] Cornish G, Bosworth B, Perry G, Burke J. Water charging in irrigated agriculture—An analysis of international experience [J] . Land and Water Development, 2004 (2): 11 – 13.

[230] Carter C. F. , Zhong. China's past and future role in grain trade [J] . Economic Development and Culture Change, 1991 (39): 791 – 814.

[231] C. S. Kim, Glenn D. Schaible. Economic benefits resulting from irrigation water use: Theory and an application to groundwater use [J] . Environmental and Resource Economics, 2000, 17 (1): 73 – 87.

[232] Consuelo Varela – Ortega, José M. Sumpsi, Alberto Garrido, María Blanco, Eva Iglesias. Water pricing policies, public decision making and farmers' response: Implications for water policy [J] . Agricultural Economics, 1998, 19 (1): 193 – 202.

[233] Latinopoulos. Economic valuation of irrigation water: Implications from a meta – analysis [J] . 8th International Conference on Environmental Science and Technology, 2003: 531 – 538.

[234] Dinar A. Political economy of water pricing reforms [M] . Oxford: Oxford University Press, 2000.

[235] Dinar A. The political economy of water pricing reforms [J] . American Journal of Agricultural Economics, 2001, 83 (1): 247 – 249.

[236] Eillis F. Peasant economics [M] . Cambridge: Cambridge University Press, 1988.

[237] Fraiture D. , Perry C. Why is irrigation water demand inelastic ay low price ranges [C] . Conference on irrigation water polices: Micro and macro considerations, 2002.

[238] Fafchamps Marcel, Forhad, Shilpi. The spatial division of labor in Nepal

[J] . The Journal of Development Studies, 2003, 39 (6): 23 -66.

[239] Frank A. Ward, J. Philip King. Economic incentives for agriculture can promote water conservation [A] . Proceedings of the New Mexico State University Water Conservation Conference, 1997: 21 -30.

[240] Frank A. Ward, J. Philip King. Economic incentives of agriculture can promote water conservation [J] . Agricultural Water Conservation Panel, 1997: 173 -176.

[241] Frija A., Wossink A., Buysse J., et al. Irrigation pricing policies and its impact on agricultural inputs demand in Tunisia: A DEA - based methodology [J] . Journal of Environmental Management, 2011, 92 (9): 18.

[242] Gareth Green, David Sunding. Explaining irrigation technology choices: A micro parameter approach [J] . American Journal of Agricultural Economies, 1996, 78 (4): 1064 -1072.

[243] Hewitt, Julie A., Hanemann, W. Michael. A discrete/continuous choice approach to residential water demand under block rate pricing [J] . Land Economics, 1995, 71 (2): 173 -192.

[244] Isha Ray. Farm - level incentives for irrigation efficiency: Some lessons India canal [J] . University of California, 2002, 121 (2): 64 -71.

[245] Juanico, Friedler. Water reuse - an integral part of water resources management: Israel as a case study [J] . Water Policy, 2001, 3 (1): 29 -39.

[246] J. Bertbel, J. A. Gómez - Limón. The impact of water - pricing policy in Spain: An analysis of three irrigated areas [J] . Agricultural Water Management, 2000, 43 (2): 219 -238.

[247] Jose A. Gómez - Limón, Laura Riesgo. Irrigation water pricing: Differential impacts on irrigated farms [J] . Agricultural Economics, 2004, 31 (1): 47 -66.

[248] Johansson R. C., Yacov T., Roe T. L., et al. Pricing irrigation water: A review theory and practice [J] . Water Policy, 2002 (4): 173 -199.

[249] Kuroynagi T. Economic effects of government investment in farm mechanization Japanese experience [J] . Journal of the Faculty of Agriculture, 1982, 60 (4): 353 -383.

[250] Kim C. S., Schaible G D. Economic benefits resulting from irrgation water use: Theory and an application to groundwater use [J] . Environmental and Resource

Economics, 2000 (17): 73 – 87.

[251] Konstantinos, Vasileiou, Panagiontis, et al. Optimizing the performance of irrigated agriculture in eastern England under different water pricing and regulation strategies [J]. Natural Resource Modeling, 2014, 27 (1): 128 – 150.

[252] Latinopoulos D. Economic valuation of irrigation water: Implications from a meta – analysis [A]. Proc. 8th Inter. Conf. on Environmental Science and Technology, Lemnos Island, 2003: 531 – 538.

[253] Prokopy L. S. Determinants and benefits of household level participation in rural drinking water projects in India [J]. The Journal of Development Studies, 2009, 45 (4): 471 – 495.

[254] London L. Agri chemical safety practices on farms in the western cape [J]. South African Medical Journal, 1994 (5): 45 – 56.

[255] Lainopoulos V. F. Price elasticity of water demand with respect to the design of water rate [J]. Journal of the New England Water Works Association, 1986.

[256] Molle. To price or not to price? Thailan and the stigma of "free water" [C]. Conference on Irrigation Water Polices: Micro and Macro Considerations, 2002: 2 – 17.

[257] Mahmoud A., Abu – Zeid. Water and sustainable development: The vision for world water, life and the environment [J]. Water Policy, 1998, 1 (1): 9 – 19.

[258] Margriet Caswell, David Zilberm. The choices of irrigation technologies in california [J]. American Journal of Agricultural Economics, 1985, 67 (2): 224 – 234.

[259] Margriet F. Caswell, David Zilberm. The effects of well depth and land quality on the choice of irrigation technology [J]. American Journal of Agricultural Economics, 1986, 68 (4): 798 – 811.

[260] Menizen – Dick, R. K. V. Raju, A. Gulati. What affects organizaton and collective action for managing resources evidence from canal irrigation systems in India [J]. World Development, 2002 (30): 649 – 666.

[261] Ohab – Yazdi S. A., Ahmadi A. Design and evaluation of irrigation water pricing policies for enhanced water use efficiency [J]. Journal of Water Resources Planning and Management, 2016, 142 (3): 1 – 10.

［262］ Pennacchio V. F. Price elasticity of water demand with respect to the design of water rate ［J］ . Journal of the New England Water Works Association, 1986, 100 (4): 442 –452.

［263］ Perry C. J. Changing for irrigation water: The issues and options, with a case study from Iran ［R］ . IWMI, Research Report Siries, 2001 (52): 26.

［264］ Perry C. J. The IWMI water resources paradigm – definitions and implications ［J］ . Agricultural Water Management, 1999, 40 (1): 45 –50.

［265］ Peter Rogers, Radhika de Silva, Ramesh Bhatia. Water is an economic good: How to use prices to promote equity, efficiency, and sustainability ［J］ . Water Policy, 2002, 4 (1): 1 –17.

［266］ Schleyer R. G. Chilean Water Policy: The Role of Water Rights, Institutions and Markets ［J］ . International Journal of Water Resources Development, 1996, 12 (1): 33 –48.

［267］ Rogers P. Water is an economic good: How to use prices to promote equity, efficiency, and sustainability ［J］ . Water Policy, 2001 (4): 1 –17.

［268］ Ron Aid D. Kay, William M. Edwards ［J］ . Farm Management, 1994: 30 –32.

［269］ Robert C. Johansson, Yacov Tsur, Terry L. Roe, Rachid Doukkali, Ariel Dinar. Pricing irrigation water: A review of theory and practice ［J］ . Water Policy, 2002, 4 (2): 173 –199.

［270］ S. Pop Kin. The rational Peasant: The political economy of rural society in Vietnam ［M］ . Berkley: University of California Press, 1979: 31.

［271］ Speelman S. , Buysse J. , Farolfi S. , et al. Estimating the impacts of water pricing on smallholder irrigators in North West Province, South Africa ［J］ . Agricultural Water Management, 2009, 96 (11): 1560 –1566.

［272］ Shira Z. B. , Finkelshtain I. , Simhon A. Block – rate versus uniform water pricing in agriculture: An empirical analysis ［J］ . American Journal of Agricultural Economics, 2014, 88 (4): 986 –999.

［273］ Tversky A. , Kaheman D. Advances in prospect theory: Cumuhtive representation undercertainty ［J］ . Journal of Risk and Uncertainty, 1992, 5: 297 –323.

［274］ Vedung E. Public policy and program evaluation ［M］ . New Brunswick

(U. S. A) and London (U. K.): Transaction Publishers, 1997: 1 -10.

[275] Von Thunen J. H. Isolated State: An English edition of der isolierte staat [M]. Oxford: Pergamum Press, 1966.

[276] Xinshen Diao, Terry Roe, Agapi Somwaru. Developing country interests in agricultural reforms under the World Trade Organization [J]. International Food Policy Research Institute, 2002: 1 -27.

[277] Yacov Tsur, Ariel Dinar. Efficiency and equity considerations in pricing and allocating irrigation water [R]. The World Bank, 1999: 48.